EDUCAR PARA SER

REBECA WILD

EDUCAR PARA SER

Vivencias de una escuela activa

Traducción
ANNA MONTANÉ

Herder

Título original: Erziehung zum Sein
Traducción: Anna Montané
Diseño de la cubierta: Arianne Faber

2ª edición, 4.ª impresión, 2019

ISBN: 978-84-254-2846-3

Imprenta: Reinbook
Depósito legal: B - 23.383 - 2011
Printed in Spain - Impreso en España

Herder
www.herdereditorial.com

ÍNDICE

PREFACIO

Cuando en el año 2000, es decir 23 años después de la creación del «Pesta», decidí escribir el libro *Calidad de vida*, ya intuía que mi primer libro, *Educar para Ser*, que describía nuestras primeras vivencias en una escuela abierta, estaba ya bastante anticuado. Pero luego muchas personas me aseguraron que fue justamente la historia de nuestro proceso personal, que nos llevó a dar los primeros pasos para crear una escuela alternativa, la que los había inspirado para buscar nuevos caminos en su propia relación con los niños, ya fuera privada o profesionalmente.

Por esta razón, siento ahora que es importante que se haga una nueva edición de este libro que escribí en el año 1982, considerando que los primeros cinco años del «Pesta» han sido transcendentales para confirmarnos que «una vida más feliz» es posible si nos atrevemos a confiar en nuestras intuiciones y si damos los pasos necesarios para ponerlas en práctica. Además es una verdadera necesidad para mí compartir nuestras experiencias con otras personas que están preocupadas por lo que pasa en el mundo y comentar, por ejemplo, que los niños que son respetados en sus necesidades auténticas durante el desarrollo no son agresivos, que incluso se llevan bien con los inválidos, con personas de otras razas y de otros trasfondos culturales.

El epílogo de esta edición da algunos descripciones de los procesos de nuestros hijos y del «Pesta» hasta el año 2010. Este prefacio trata de explicar cómo, a pesar de muchos obstáculos, nuestra decisión de seguir fieles a nuestras aspiraciones nos ha abierto el campo para descubrir cada vez nuevas perspectivas de las leyes y regularidades de la vida.

En mi segundo libro, *Aprender a Vivir con Niños*, mencioné muchas situaciones vividas en los hogares y en los ambientes relajados de la escuela. En realidad, por nuestras conversaciones con los padres y gracias a nuestra presencia alerta en el «Pesta», nos convencimos cada vez más de que estar cerca de niños que interactúan espontáneamente con el mundo y logran mantener el contacto con sus necesidades auténticas de desarrollo no es solo beneficioso para ellos, sino también para los adultos.

A través de los años, nuestras experiencias con los niños espontáneos que nos enfrentan, tanto en la escuela como en su hogar, con tantas situaciones inesperadas, y nuestras continuas conversaciones con los compañeros de trabajo y los padres de familia, nos han motivado a seguir profundizando en el significado de las «relaciones no directivas». Así, por ejemplo, nunca hubo una reunión sin hacernos preguntas sobre el tema de los «límites», sobre todo porque muchos adultos tenían la idea de que límites es sinónimo de «directividad». Esto me impulsó a escribir el libro *Libertad y Límites, Amor y Respeto*, en el cual traté de aclarar que el ambiente externo, las situaciones internas y las relaciones interhumanas representan un triángulo que requiere de parámetros claros para favorecer que sus tres lados puedan crecer en proporción e ir así creando ambientes relajados. Pues solo en un ambiente relajado logramos desarrollar un pensamiento interconectado y descubrir nuevas relaciones entre la realidad interna y externa. Las circunstancias complejas e imprevisibles en el «Pesta» nos han animado a interesarnos en todas las nuevas investigaciones neurológicas a nuestro alcance, las que nos ayudaron a comprender que el desarrollo humano, guiado desde dentro por las leyes biológicas, implica lo que ahora llamamos «los diferentes estadios embrionarios», comenzando por el desarrollo interuterino hasta los 24 años. Los que llegan a esta edad, después de haber gozado de una infancia y juventud adecuada, tienen ahora una realidad neurológica interna que les da la capacidad de un pensamiento interconectado, de autorreflexión y de empatía. En este estado pueden hacerse responsables de sí mismos y del entorno que los rodea de manera espontánea, y no por la imposición de otras personas. Gracias a innumerables y variadas interacciones desde dentro hacia afuera, su crecimiento ha sido un proceso de «individualización» —en lugar de una adaptación y sumisión a exigencias externas tan valoradas en el mundo actual. La individualización no es lo mismo que egoísmo, sino un proceso de maduración humana que lleva a la capacidad de cooperar con otros y enriquecerse mutuamente, en lugar de mandar a otros o someterse a la autoridad; una cooperación que sería comparable con el proceso de fecundación de un óvulo femenino por un espermatozoide masculino que lleva a la creación y el crecimiento de una nueva vida si las circunstancias no lo impiden.

Cuando comenzamos con el «Pesta», invertimos mucha energía en comparar nuestra práctica con los métodos educativos tradicionales y en defendernos contra tantos cuestionamientos de nuestro enfoque. Pero mientras que el «Pesta» seguía creciendo, nos dedicamos cada vez más a la creación de nuevos materiales y situaciones vitales para los intereses personales de los niños y jóvenes de acuerdo a sus etapas de desarrollo y a reflexionar sobre el significado de las actividades espontáneas que engendraban. Esto nos mostró paulatinamente el panorama del desarrollo humano que puede seguir adelante durante toda la vida, una realidad que está comprobada por las investigaciones neurológicas más recientes. Este potencial depende obviamente de nuestra disposición a poner en práctica nuestras ideas en cada nueva situación. Así es como descubrimos que la disposición de abrir el campo para la espontaneidad, en lugar de repetir lo que otros nos imponen, nos prepara para encontrar soluciones a problemas inesperados, inclusive cuando las circunstancias del mundo actual van cambiando. De este modo podremos colaborar oportunamente con personas cercanas y de otros trasfondos sociales en la creación de una nueva cultura, en lugar de simplemente someternos a la cultura existente como si fuera una jaula. En este estado de apertura comenzaremos a diferenciar entre «conocimiento» y «comprensión», entre «obediencia» y «responsabilidad personal», entre «imitación» y «creación», de manera que reflexionar sobre nuestras experiencias personales se nos vuelva tan natural como digerir la comida. Sobre todo al interactuar a diferentes niveles con los materiales concretos y semiconcretos de cálculo, podemos percibir la diferencia entre lo que nos enseñaron o hicieron creer y lo que comenzamos a comprender por experiencia propia. Tanto para niños, jóvenes y adultos esta es una estrategia para desarrollar, a la vez, una lógica personal y para precisar nuestro lenguaje, que desde pequeños hemos absorbido de nuestro entorno social, un idioma que tantas veces usamos inconscientemente y que nos dificulta relacionarnos no-directivamente con otras personas. Al crear y desenvolvemos en un ambiente respetuoso de la vida, que está siempre abierto a innovaciones, comenzamos a sentir la necesidad de procurar usar un vocabulario más cuidadoso. ¿Qué palabras podemos encontrar en lugar de «maestro y alumno», «enseñanza y conocimientos elevados», «control y disciplina» y otras parecidas tan normales en el entorno social que nos rodea?

Este afán de encontrar palabras coherentes lo sentimos en todas las situaciones al acompañar a los niños; porque un lenguaje menos automático está íntegramente relacionado con nuestro interés en sus procesos de maduración y en los nuestros. Y no solo eso: este afán nos da también el valor de verbalizar lo que actualmente pasa en nuestro planeta que, por la falta de pensamiento interconectado y de actitudes de empatía de los hombres, está en peligro de ser destruido.

PREHISTORIA

Estamos en 1982; hace dos semanas que en los Andes ecuatorianos han empezado las vacaciones de verano. La temporada seca llegó de forma repentina poco antes de que terminara el año escolar. El azul del cielo es oscuro y fuertes vientos alejan las blancas nubes y doblan, sin descanso, de un lado a otro, los esbeltos eucaliptos. Entre las largas hileras de árboles que rodean el edificio de la Escuela Pestalozzi el viento sopla tan fuerte que si uno cierra los ojos le parece estar oyendo el mar.

Atrás quedan cinco años de intenso trabajo. La construcción de una escuela alternativa, la búsqueda de nuevos caminos y las tareas diarias han reclamado nuestras fuerzas más que nunca. El sistema activo exige un nivel muy alto de preparación, una disposición inagotable para todo lo que es nuevo, una capacidad infinita para inventar, confeccionar, reunir, ordenar y conservar materiales. Los días parecen demasiado cortos y faltan manos para realizar el torrente de ideas que acostumbra a surgir cuando se trabaja con niños. Durante estos años, con frecuencia he sentido el deseo de escribir sobre nuestra experiencia y dar a conocer algo de la riqueza de observaciones que hemos podido hacer con los «niños en libertad». Sin embargo, hasta ahora, siempre había tareas más urgentes: conversaciones con los padres, reuniones de maestros, sesiones de estudio con profesores, padres y estudiantes de diversas facultades, conversaciones con grupos de indios procedentes de zonas apartadas del país, entrevistas con el Ministerio de Cultura; una larga lista de ocupaciones, directa o indirectamente relacionadas con la escuela, me ha mantenido ocupadísima tardes, noches y fines de semana.

Pero durante los últimos meses he sentido cómo se intensificaba mi deseo de compartir nuestras experiencias ecuatorianas con nuestros amigos europeos. También en los últimos tiempos, ha crecido el número de jóvenes que, procedentes de distintos países, han venido a visitarnos. Estos jóvenes han planteado muchas preguntas y nos han mostrado que también en los países desarrollados se nota una cierta falta de orientación y confusión con respecto al sentido y a la finalidad de los métodos de educación vigentes. Además, diversas revistas europeas, que en los últimos meses han llegado a nuestras manos, nos han corroborado lo que ya sabíamos por boca de las visitas.

El deseo de informar a nuestros amigos europeos acerca de nuestras experiencias de una forma más detallada de lo que lo hemos hecho hasta ahora, coincide con la creciente necesidad personal de llegar a un equilibrio —a través del recuerdo, la reflexión y la escritura de algunas vivencias— entre nuestra vida tan activa y una vida contemplativa, de llegar a ordenar pensamientos y sentimientos y tal vez, en ambos casos, poder ver las cosas de otro modo.

Hace poco vino a visitarnos un amigo joven de Hamburgo. Se hallaba ante la decisión de qué carrera estudiar y pensó que con un viaje por Sudamérica podía ganar nuevas perspectivas. Aquí, después de sus primeras impresiones, llegó a la conclusión de que un trabajo de este tipo nunca se habría podido realizar solo con la iniciativa de unos individuos. Más tarde, cuando durante largas conversaciones le contamos el nacimiento del «Pesta», vio claramente que no se trataba de una institución, sino de un trabajo que había crecido orgánicamente gracias a la coincidencia de necesidades internas y externas y que todavía se encontraba en evolución. En efecto, es un trabajo con un carácter altamente personal y estrechamente relacionado con la historia de nuestra vida y de nuestro proceso de maduración que le resultará familiar a todo aquel que tratando con niños —propios o ajenos— haya empezado a preguntarse por el sentido de la educación. A fin de mostrar un poco qué hay en el fondo de nuestras experiencias y hasta qué punto la coincidencia de lo exterior con lo interior fue decisiva para nosotros, voy a volver atrás y detenerme en el año 1959.

La película empieza en Alemania del Sur, una mañana soleada de septiembre, a finales de una temporada durante la cual he estado trabajando en calidad de improvisada guía de turistas para ayudarme a pagar mis estudios de germanística. Aquel día me habían adjudicado un autocar que iba a Neuschwanstein. Cuarenta extranjeros procedentes de todos los confines del mundo esperaban ansiosos poder vivir una experiencia agradable. Mientras los turistas contemplaban el arte rococó de la Wieskirche, los guías de los distintos autocares cobrábamos fuerzas con un prosaico bocadillo de queso. Un guía joven, que ya de buena mañana tenía ganas de diversión, parecía haberse propuesto privarme de mi paz dominical. Ligeramente molesta, intentaba librarme de sus incómodas aproximaciones cuando, de pronto, estaba a mi lado un joven de mi edad cuyo aspecto tenía algo extranjero y que yo nunca había visto entre los guías. De sus palabras ya no me acuerdo, en cambio sí que recuerdo muy bien el efecto que su voz tranquila produjo al achispado guía turístico. Algo en él hizo que el alborotador tomara la retirada; algo parecido a una forma especial de autoridad hizo que se sintiera inseguro. Por mi parte, miré agradecida al desconocido y, de repente, me sentí tocada por la presencia de una persona que, de una forma poco común, era, sencillamente, ella misma. La expresión de su cara, su porte, el timbre de su voz y la forma de vestirse transmitían armonía y dejaban adivinar que aquella persona era capaz de afrontar de una forma natural, sin tensión, las situaciones más diversas.

En el Alpsee, nos volvimos a encontrar. Aquel espléndido día de finales de verano preferimos remar en el lago y dejar que los turistas se maravillaran del castillo sin nuestra presencia. Estuvimos juntos durante una hora, libres de toda preocupación, riéndonos y hablando de cosas sin importancia. Antes de subirnos a nuestros autocares, el nuevo guía, que entretanto se había presentado con un nombre extranjero y un apellido que sonaba alemán, me propuso que un día fuéramos juntos al cine. Así fue como consiguió mi número de teléfono. Pero la planeada visita al cine se convirtió en un paseo de tres horas por las calles de Múnich. Durante el paseo, Mauricio me contó que era hijo de padres suizos y que había nacido en Ecuador. A los doce años había ido a vivir a Suiza para continuar allí su formación escolar. Sin embargo, nunca había logrado adaptarse del todo y seis años más tarde empezó a viajar por Europa. Allí donde se le acababa el dinero se ponía a trabajar y así aprendió varios idiomas. Pero más que otras lenguas, Mauricio buscaba sobre todo una identidad, algo que, debido a los contrastes entre su infancia en Ecuador, los años de adolescencia en Suiza y los años que había pasado viajando, no le estaba dado sin esfuerzo, sino que tenía que ser encontrado.

Ya durante aquel primer paseo hablamos de «aprender a ser uno mismo», de «buscar el ser auténtico» o de «ser sincero con uno mismo». En boca de unos veinteañeros, todas estas expresiones pueden parecer excesivamente filosóficas, sin embargo, estaban en perfecta consonancia con nuestro estado de ánimo. Mi propia infancia, pasada durante la guerra, me había enseñado a vivir plenamente cada día, a pesar de los miedos y las inseguridades. Aunque debo decir que los años de escuela a menudo ensombrecieron esta necesidad de hallar un sentido auténtico de la vida y, en lugar de favorecer, más bien oscurecieron la comprensión real de las cosas y la claridad en el pensar y en el sentir. Ya en la carrera, para mí, las lecciones sobre Platón de Romano Guardini fueron más importantes que las asignaturas del estudio de Filología. Durante las pocas semanas con las que aquel soleado inicio de otoño nos obsequió nunca dejé de sorprenderme de la claridad y determinación que tenía Mauricio con respecto a sus pensamientos y sentimientos, algo que, por otra parte, contrastaba con la inseguridad de su vida externa. A lo largo de nuestros encuentros, mi propia convicción de saber exactamente «qué quería hacer en la vida» sufrió un tambaleo considerable. De repente, la idea de un viaje que, tanto exteriormente como interiormente, era rumbo a lo desconocido, me pareció más real que los objetivos que me había propuesto hasta entonces.

Tres semanas más tarde la temporada turística se acabó, y nosotros nos despedimos. Mauricio quería aprovechar el otoño para hacer un viaje a pie hasta África, atravesando Italia, y yo regresé a mis estudios de germanística que pronto reclamaron toda mi atención, si exceptuamos una imprevisible distracción causada por las cartas que regularmente llegaban desde Italia. Eran cartas repletas de impresiones de viaje y reflexiones personales que no esperaban ninguna respuesta porque el que las escribía no tenía ninguna dirección fija y no era localizable por carta. Poco antes de las Navidades, en contra de lo previsto, Mauricio interrumpió su viaje y regresó a Suiza. El motivo de este cambio era que un amigo suyo, paralítico, capaz de realizar pinturas ayudándose con la boca, le había pedido que cuidara de él durante unos meses ya que su propio padre no podía hacerlo porque tenía la espalda lastimada a consecuencia de levantar regularmente al enfermo. Fue así como, inesperadamente, Mauricio empezó a escribir una dirección fija en los sobres de sus cartas, que seguían llegando con regularidad, y como yo comencé a responderlas. Aquel invierno pudimos visitarnos varias veces.

Durante aquellos meses, nuestro plan de emprender juntos una vida en Ecuador, el país natal de Mauricio, fue adoptando poco a poco formas más concretas. Imaginábamos que allí tal vez hallaríamos más libertad de movimiento y más posibilidades de decidir cosas que en Europa y que esta situación exterior podría ser de ayuda para nuestra búsqueda conjunta de una vida más auténtica.

En 1960 Mauricio partió hacia Ecuador, yo le seguí un año más tarde; en julio de 1961 emprendí un viaje hacia lo desconocido que todavía hoy no ha concluido. Estoy segura de que cualquier persona que haya viajado por Sudamérica conocerá aquella sensación de llegar a un país donde nada es igual que en casa: empezando por el aire, los olores, los sonidos, la lengua, la comida y el sentido del tiempo, y continuando con lo que es importante o no, lo que puede causar risa o llanto, el modo de correr o de bailar. El modo de vivir la vida es tan distinto que muchos turistas, una vez han superado las visitas y sacado fotos suficientes, se retiran agotados a la atmósfera neutra de un hotel.

Cuando el barco bananero en el que yo viajaba arribó al río Guayas y mientras esperaba de pie en la cubierta toda una soleada tarde tropical a que Mauricio, al que no veía desde hacía un año y medio, por fin saliera de alguno de los muchos botes que tomaban puerto, yo todavía flotaba entre dos mundos: aquí, un reluciente barco de vapor alemán blanco en el que podía encontrar todo aquello que me era conocido y me resultaba cómodo y, no muy lejos de nosotros, aquel país desconocido que había de convertirse en mi patria. De cuando en cuando pasaba junto a mí un oficial y trazando un gran arco me señalaba el río marrón y la próxima Guayaquil, que por aquel entonces ofrecía un panorama con muy pocas construcciones modernas y me decía: «Mejor que regrese con nosotros. Este es un país sucio. Sus habitantes, son todos unos canacos. ¡Estoy seguro de que no podrá adaptarse!» La idea no era descabellada, Mauricio no aparecía. Todas las explicaciones que a uno se le pueden ocurrir cuando está esperando a alguien, como en mi caso, eran imposibles de imaginar porque yo no tenía ni la más mínima idea de las circunstancias externas en las que Mauricio, en persona, había de presentarse. En sus cartas, que durante aquellos largos meses llegaron regularmente y a menudo, a las circunstancias externas de la vida en Ecuador solo había dedicado breves observaciones, las justas para enmarcar lo que le ocupaba en su interior. En una carta me escribía: «Si aquí esperas encontrar algo hermoso o que te sea familiar, será mejor que te quedes allá. No esperes más que mi amor y la esperanza de llegar juntos a la realización de algo cuyo aspecto todavía desconocemos». Por cierto, hay que decir que, con nuestros veintidós años, teníamos ideas muy vagas de aquello que queríamos realizar, sin embargo, suponíamos que ante nosotros se trazaría un camino hacia dentro y hacia fuera. Nuestras ideas procedían de la tradición cristiana y la mística, pero también estábamos influenciados por la sabiduría oriental y la psicología junguiana. Aunque dentro de este evidente caos nos orientábamos con dificultad, teníamos una gran confianza en que, de forma inesperada, se nos irían abriendo puertas.

Nuestra primera cita, después de tanto tiempo escribiéndonos cartas y especulando sobre «nuestro camino común», no fue nada festiva, sino más bien marcada por las circunstancias de una vida turbulenta. Con antelación, Mauricio se había informado en la compañía de vapores de la llegada del «Pericles», incluso había marchado un día antes de Quevedo, que dista doscientos kilómetros de Guayaquil, para que en el taller hicieran una revisión a su VW, que ya no estaba muy nuevo. Pero en el barco tenía que celebrarse una fiesta portuaria para los proveedores de bananas y por eso había atracado un día antes de lo previsto. Mauricio, polvoriento del viaje, ya había dejado el coche en el taller y, entrada la tarde, regresaba al hotel paseando por el muelle cuando, de pronto, descubrió a lo lejos un barco que había llegado. Contó las letras del nombre rotulado en el barco y coincidían con el número de letras de la palabra «Pericles». Se echó a correr, avanzó hasta poder descifrar el nombre del barco y cuando lo supo, inmediatamente cogió un bote para acercarse. En las escaleras del barco tuvo que vérselas con el oficial de guardia que a aquellas horas ya no dejaba entrar a nadie. Mauricio ganó la pelea. Mientras abajo sucedía esto, arriba, yo, que al romper la noche había dejado de esperar, invitaba a tomar una botella de vino a una compañera de viaje inglesa de la que me había hecho amiga durante las tres semanas de travesía. De repente, oí que gritaban mi nombre y empecé a correr hacia la salida del barco. Por miedo a los ladrones, todas las puertas de abordo estaban perfectamente cerradas. Cada vez que encontraba una puerta tenía que pedir que me la abrieran y justo había pasado, la cerraban de nuevo. Lo mismo le sucedía a Mauricio, abajo. Cuando después de aquel abrir y cerrar de puertas interminable, nos abrazamos ante la mirada estupefacta del camarero, parecía un verdadero milagro.

Ahora teníamos prisa por abandonar el barco. Al pisar tierra firme, inmediatamente se agolparon sobre mí las impresiones más extrañas. Durante los pocos días que pasamos en Guayaquil compramos todo aquello que nos pareció imprescindible para amueblar nuestra casa. Verdaderamente muy pocas cosas, un cargamento humilde que, no obstante, colocado en el VW, hacía su efecto. Finalmente, estuvimos preparados para nuestra partida hacia Quevedo donde habríamos de tener nuestra primera residencia común. Por aquel entonces era un pequeño pueblo, centro de las plantaciones de banana para la exportación y, a lo ancho y a lo largo, rodeado por la selva virgen.

Por primera vez en mi vida iba en coche bordeando extensos arrozales, praderas inundadas todo el año por ríos donde vacas y caballos, con las patas hundidas en el agua, buscaban su alimento en pequeñas islas verdes. En todos los pueblos se nos tiraba encima una ruidosa avalancha de vendedores que querían abastecernos con provisiones para el resto del camino. Yo, aparte de los huevos duros, era incapaz de reconocer como algo comestible ninguno de los platos que nos ofrecían. Más adelante, el camino atravesaba plantaciones de cultivos la mayoría de los cuales veía por primera vez en mi vida: mangos, café, cacao, tapioca y, después, las primeras bananas. Al cabo de cuatro horas de viaje llegamos a nuestro destino. En aquella época, Quevedo apenas contaba con siete mil habitantes, y ya desde la carretera podía divisarse la localidad entera. Lo primero que nos llamó la atención fue una pequeña torre de agua que, en principio, servía para abastecer de agua a la población pero, en realidad, esto solo ocurría de tarde en tarde. La impresión general que me produjo el pueblo, para mí, solo era comparable con imágenes del lejano Oeste pero con la diferencia de que, aquí, la mayoría de las casas eran de bambú y eso les daba un aspecto tropical. Entre las chozas de bambú se podían distinguir unas pocas casas de ladrillo y madera y, aisladamente, alguna casa de cemento. Las calles estaban sin pavimentar y como entonces era temporada seca, los automóviles, al pasar, levantaban grandes polvaredas de las que los peatones se protegían cubriéndose con un pañuelo. Más tarde habría de comprobar que, durante la temporada de lluvias, este polvo se convertía en un barro viscoso que exigía de los peatones grandes trabajos de salto y desviación. En este ambiente, era sorprendente ver lo bien que se sentían los niños de Quevedo, pequeños y medio desnudos, con los cerdos, los perros y las gallinas. Hacían tan buenas migas con los animales que solo se separaban de ellos cuando un camión bananero o un *jeep* les discutía la calle y, entonces, la defendían a voces.

Nuestra primera vivienda se hallaba en la primera planta de una de las «mejores» casas de Quevedo. Abajo había una pequeña tienda en la que se podía comprar lo más imprescindible para el día a día. El propietario de la tienda, un simpático abuelete, también vivía allí con sus hijos y sus numerosos nietos. Parecían una familia feliz, aunque toda su riqueza consistía en unas pocas camas, una mesa que cojeaba y dos hamacas. Arriba habían construido un piso sencillo que ahora ocupábamos nosotros. Mauricio había pagado una suma considerable para que nos instalaran agua corriente, pero ésta solo funcionaba de vez en cuando.

El día de nuestra llegada a Quevedo cenamos en el único restaurante del lugar, un restaurante chino. Después, dimos una pequeña vuelta por el pueblo, que al caer la tarde se había animado y pronto estuvimos de regreso a casa. También la instalación en el nuevo hogar fue rápida ya que el mobiliario que teníamos era sencillo: una mesa con cuatro sillas, una hamaca muy cómoda, una estantería de madera lisa sujeta a la pared con cadenas en la que colocamos nuestros libros y el tocadiscos y, en las paredes, dos cuadros pintados con la boca, regalo de boda de nuestro amigo inválido de St. Gallen. En el dormitorio teníamos una cama, un armario, una silla y una gran mosquitera de color blanco que era el adorno más atractivo de la habitación. En la cocina también había estantes de fabricación casera para colocar los enseres más imprescindibles, una cocina de queroseno y una pila de madera para lavar. En estas estancias tan modestas y en compañía de unos pocos amigos celebramos una boda sencilla. No pudimos considerarla una fiesta pobre porque nosotros nos sentíamos ricos y tampoco resultó extraña a nadie porque, exceptuando unas pocas familias, el país entero vivía en condiciones muy humildes.

Cuando recordamos este primer año de nuestro matrimonio nos parece un año de vacaciones. Nuestro ideal era que debíamos contentarnos con el mínimo de lujo material posible. Este «mínimo» lo cubríamos con las ganancias de un negocio de madera que más o menos funcionaba así: De cuando en cuando, Mauricio, acompañado de un grupo de jóvenes, iba con el coche a la selva para inspeccionar las existencias de ciertos tipos de madera; un amigo suyo, comerciante de madera en Guayaquil, le había prometido comprárselas. Después de esta inspección, los jóvenes hacían a diario un viaje a la selva, cargaban en su anticuada camioneta tanta madera como habían talado y, cada tarde, hacia las cuatro, llegaban a Quevedo con el cargamento haciendo un gran alboroto. Nosotros íbamos en bicicleta al río, que estaba muy cerca, y medíamos, inspeccionábamos y pagábamos los troncos. Realizado este control, descargaban los troncos a orillas del ancho río y los ataban. De este modo fue formándose una armadía de un tamaño considerable que cuando llegó la época de lluvias pudo ser transportada hasta Guayaquil en un viaje de aventuras que duró varios días.

Veinte años atrás, la vida en Ecuador era increíblemente barata. En comida gastábamos a diario entre uno y dos marcos, y el alquiler, la gasolina y viajar eran igual de baratos. Por aquel entonces, recorrer en autobús los doscientos kilómetros que nos separaban de Guayaquil costaba poco más de un marco. Esta vida tan sencilla era justo lo que nos gustaba. Nos sentíamos libres de organizar el día según quisiéramos. A la salida del sol íbamos en bicicleta río arriba hasta donde el agua todavía era clara y profunda y nos bañábamos a nuestras anchas. Llegados a casa nos dedicábamos intensamente a practicar el yoga y después, tomábamos un desayuno sencillo compuesto de frutas, copos de avena y cebada tostada. Más tarde yo iba al mercado y ponía a prueba mi limitado español de la escuela y de vuelta a casa ensayaba en el lento fogón de queroseno mis primeras artes culinarias sin que nadie me ayudara. Mientras, Mauricio se dedicaba de una forma autodidacta al estudio de las religiones comparadas, aprendía a escribir a máquina y a tocar la flauta.

Las tardes las dedicábamos a leer y a aprender español. Cada día, después de medir la madera, nos dábamos otro baño en el río bajo el caluroso sol de tarde. Después de la cena, a menudo nos pasábamos horas en la hamaca, hablando, visitábamos amigos o éramos nosotros los que recibíamos visita. De vez en cuando íbamos al cine del pueblo a ver una película, solamente había uno y los altavoces vibraban tanto que era obligado leer los subtítulos porque no se entendía ni una palabra.

El futuro no nos preocupaba, vivíamos de día en día de una forma que solo parece posible en el trópico y disfrutábamos de una vida en la que no había responsabilidades que nos agobiaran, una vida casi exclusivamente dedicada a nuestros propios intereses. Este idilio solo se veía ocasionalmente interrumpido por los desplazamientos de inspección a la selva y por breves viajes de negocios a Guayaquil. Sin embargo, poco a poco empezamos a sentir un cierto malestar. Era evidente que evitar el «mundanal ruido» o la necesidad de ganar más dinero nos acercaba tan poco a nuestro anhelado «camino interior» como nuestros ejercicios diarios de yoga o la lectura de libros que describían ese tipo de caminos. Tampoco llegaba ningún bebé que nos exigiera una mayor responsabilidad. Poco a poco, el *müsli* matinal empezó a sabernos insípido y nuestro casi no dar ni golpe nos hacía más y más perezosos o ¿acaso era sencillamente que la calurosa temporada de lluvias nos robaba las fuerzas? Y sin embargo, ¿en qué dirección debíamos buscar sentido y enriquecimiento? Progresivamente aceptamos un poco más de trabajo: clases privadas de inglés y de música para los habitantes del pueblo que estuviesen interesados. Pero, en el fondo, estábamos esperando algo y no sabíamos qué era.

En aquella época hicimos amistad con una familia holandesa que vivía, no muy lejos de Quevedo, en una granja muy grande del mismo estilo que las de los holandeses instalados en Indonesia. Rodeadas de jardines tropicales, las casas que habitaba la familia eran de un gusto exquisito. La granja estaba totalmente cerrada por la selva virgen; aproximadamente 1 300 Ha eran plantaciones de bananas y cacao. Durante una de nuestras visitas nuestro amigo holandés, con gran precaución, preguntó si Mauricio no estaría interesado en sustituirle en su cargo de dirección de la granja, de ese modo, él quedaría libre y podría aceptar una oferta muy interesante en Surinam. Nos explicó que si se ocupaba de buscar un sucesor para su puesto, él podía romper el contrato con toda tranquilidad. Nosotros solo veíamos pegas: Mauricio no tenía ni idea de agricultura tropical, de protección de cultivos, de temas de exportación o administración. Sin embargo, nuestro amigo supo combatir con gran éxito todos los inconvenientes que expresábamos. Nos dijo que él sí que había estudiado agronomía pero que, en realidad, el verdadero aprendizaje había empezado con la práctica. Además, continuó, un biólogo amigo suyo que trabajaba en otra granja podía venir una vez al mes en avión e introducir a Mauricio en las técnicas de protección de cultivos más importantes.

Así son las cosas en Ecuador: dos semanas más tarde acompañábamos a nuestros amigos al aeropuerto y nosotros nos mudábamos con nuestras escasas pertenencias a la granja agrícola. La casa era muy amplia y estaba equipada con todo lo necesario; casi sin darnos cuenta nuestro círculo vital se había ensanchado. A sus veintitrés años, Mauricio se había convertido de repente en un hombre con muchas responsabilidades. Con gran entusiasmo, aprendimos todo lo que era necesario saber en nuestro nuevo campo de trabajo: plantar, mantener y proteger los cultivos de 1 000 Ha de bananas y 300 Ha de cacao. También tuvimos que aprender a controlar las cosechas —mensualmente se embarcaban rumbo a Alemania, América y Japón entre 30 000 y 50 000 bananas de distintos grados de madurez— y la organización del transporte en camiones; Guayaquil quedaba a 250 km de distancia y muchas veces, debido a las lluvias tropicales, las carreteras estaban cortadas. Para hacer todas estas tareas y cuidar la plantación de cacao, que todavía era joven, Mauricio tenía a su mando unos cien trabajadores que vivían en tres campos. Una de las responsabilidades más difíciles era dar cada día por radio a nuestros agentes de Guayaquil una valoración de las bananas recolectables; en gran parte, el éxito económico de la granja dependía de esta valoración.

Todas estas responsabilidades nos animaron de una forma increíble. Teníamos trabajo para dar y tomar. Cada día aprendíamos alguna cosa. Además, nos gustaba hacer vida social con nuestros vecinos holandeses y, a menudo, nos sorprendía la llegada de coches llenos de visitantes inesperados que querían pasar un día agradable en nuestra casa o incluso una semana de vacaciones. Por suerte, invitar a comer a estas visitas inesperadas no suponía ningún gran problema; durante los paseos por las plantaciones llenaban sus estómagos con las bananas más hermosas en tal exceso que, cuando se sentaban a la mesa, ya solo podían comer porciones muy pequeñas. Aquella época que pasamos en la granja celebramos innumerables fiestas: festejamos el nacimiento de niños, bodas y los motivos más diversos. Se bailaban danzas típicas, había mucha música y se gritaban muchos vivas; eran fiestas tan animadas como solo lo pueden ser en países sudamericanos. Pero también pasábamos noches tranquilas, solos en la granja, y entonces nos rodeaba el ruido natural de la selva que empezaba no muy lejos de nuestra casa y se extendía hasta las primeras cordilleras andinas.

A menudo, después de la jornada de trabajo o durante los fines de semana, ensillábamos los caballos y cabalgábamos a través de la espesa selva por una senda abierta con tractor hasta llegar a «nuestra cascada»; allí las aguas de la zona se unían y precipitaban en un único y gran estruendo. Tras la larga carrera a caballo nos refrescábamos en el agua helada de un estanque natural, entre bambús y helechos de varios metros y, cuando empezaba a oscurecer, regresábamos a casa felices y agotados. A veces nos cansábamos de la exuberante naturaleza y cogíamos el landrover; atravesando las plantaciones de bananas llegábamos a Quevedo y allí, sin avisar —como aquí es costumbre— hacíamos una visita a nuestros antiguos amigos o nos acercábamos al cine y nos dejábamos sorprender por alguna película que se pudiera ver. De cuando en cuando, para no olvidar del todo qué se siente en una ciudad con calles asfaltadas, tiendas y alumbrado, nos tomábamos un par de días libres y viajábamos hasta Guayaquil.

Así es como vivíamos cada uno de nuestros días, con los sentidos y los pensamientos dirigidos hacia fuera, sin problemas económicos y sin preocuparnos demasiado por un sentido más profundo de nuestras vidas. No nos rompíamos demasiado la cabeza preguntándonos si pasaríamos el resto de nuestras vidas entre bananas, selva y plantaciones de cacao. No obstante, cada mañana nos reservábamos una hora para los ejercicios de yoga y de ese modo —tal vez más por costumbre que por el convencimiento de que así llegaríamos a alguna parte— dábamos a nuestra vida personal un espacio fijo. Al cabo de un año y medio empezamos a notar que la humedad del clima de la selva era perjudicial para nuestra salud. Nos habíamos percatado de esta realidad cuando, precisamente, una mañana de domingo apareció un joven suizo y propuso a Mauricio un trabajo en una empresa de importación. De nuevo expresamos las mismas objeciones: Mauricio no tenía ninguna experiencia en la vida de los negocios. Pero cuando tuvimos ocasión, hablamos con el jefe de la empresa y otra vez se nos aseguró que, si uno ponía suficiente interés, el mejor modo de aprender el trabajo era con la práctica.

No tardamos mucho en mudarnos a un moderno y lujoso ático situado justo al lado del muelle de Guayaquil. Mauricio se convirtió en el típico hombre de negocios; cambiaba su camisa blanca de cuello duro dos veces al día, trabajaba en un despacho con aire acondicionado, y yo acepté un empleo como secretaria trilingüe de dirección (también aquí la experiencia se ganaba con la práctica) en una sociedad exportadora de bananas. Ahora una sirvienta se ocupaba de la casa, y nosotros vivíamos una vida que a innumerables personas de todas partes del mundo les parece de lo más normal: trabajo, descanso después de la jornada laboral, diversión, fines de semana en el mar, de vez en cuando un buen libro, una animada discusión tomando una copa con los amigos; una vida sin grandes riesgos y sin grandes consecuencias.

Sin embargo, al cabo de pocos meses empezamos a sentir que esta vida no estaba en consonancia con nuestras expectativas. Nos habíamos formado una idea de la vida de negocios lo suficientemente completa como para darnos cuenta de que, con nuestro trabajo, ni nos ayudábamos mucho a nosotros mismos, ni ofrecíamos un gran servicio al país que habíamos elegido como patria adoptiva. A menudo, por intereses del negocio teníamos que actuar en contra de personas por las que sentíamos tanto aprecio como por nuestros compatriotas europeos. Lentamente comprendimos que nuestro ideal de llegar a una realización personal tenía que estar estrechamente relacionado con las necesidades del sitio en el que se desarrollaba nuestra vida. El trabajo diario en un negocio que en un país subdesarrollado —donde la pobreza, la discriminación, la falta de perspectivas o el desprecio hacia uno mismo estaban ampliamente extendidos— tenía como único objetivo sus propias ganancias, hizo que sintiéramos más y más intensamente la necesidad de responsabilizarnos socialmente. Cada vez más frecuentemente pasábamos tardes enteras en la azotea de nuestro ático con la mirada puesta en el río Guayas donde, todas las noches, los vapores bananeros eran cargados por indígenas sudorosos que daban grandes voces y nos preguntábamos qué es lo que realmente debíamos hacer para llegar a tener una vida en armonía y poder unir todas aquellas necesidades —las interiores y las exteriores— de realización. Algunos amigos venían a nuestra casa y nos podíamos pasar noches enteras discutiendo. Sin embargo, de los jóvenes que se dedicaban a los negocios, solo unos pocos tenían la tendencia a reflexionar sobre cómo podía repercutir su trabajo en ellos mismos y en el bienestar de otras personas.

Nos hicimos amigos de un sacerdote anglicano que realizaba un trabajo lleno de sentido en un barrio pobre de Guayaquil y, progresivamente, llegamos a la decisión de iniciar unos estudios de carácter social para, después, regresar a Ecuador, la patria de Mauricio, y aplicar aquí los conocimientos y experiencias adquiridos. Vinieron ahora cinco años de estudios en Estados Unidos y Puerto Rico y un año de prácticas en colaboración con la Iglesia anglicana de Colombia y de Ecuador. Más tarde surgió un gran proyecto de agricultura orgánica con producción de biogás en una zona muy deprimida de los Andes ecuatorianos. Después de estas experiencias, que se alargaron durante diez años, llegamos a la conclusión de que, a partir de ahora, nuestro trabajo tenía que surgir de nuestra propia iniciativa, con plena libertad de acción y total independencia a la hora de entender el contexto y las necesidades de este país. Esto significaba renunciar a un trabajo fijo y a la seguridad personal en muchos sentidos. Finalmente, después de dar muchas vueltas, llegamos a concebir el proyecto del que este libro quiere informar: una escuela alternativa cuyo origen y crecimiento son consecuencia de la coincidencia de nuestras propias necesidades con las necesidades de nuestro entorno.

Al final de nuestro primer año de estudios en Nueva York nació nuestro primer hijo. A pesar de que este acontecimiento desbarataba un poco nuestros planes iniciales, estábamos absolutamente fascinados. A fin de evitar la ciudad gigantesca —para un niño que crece, demasiado inhospitalaria— decidimos continuar nuestros estudios en Puerto Rico. Financiábamos la carrera en parte con una beca y, en parte, dando clases de música. De modo que disponía de mucho tiempo para dedicar a nuestro hijo. Sin embargo, después de tantos años de haber vivido única y exclusivamente con nuestros intereses de adultos, experimentamos lo que experimentan innumerables parejas de todas partes del mundo: aquel pequeño conseguía desbaratar todos nuestros hábitos, nuestras opiniones y nuestros planes diarios de trabajo. Esta situación estuvo a punto de desembocar en una pequeña crisis cuando aquel dulce bebé dejó de hacer su dormidita diaria para convertirse en un niño pequeño muy activo, que parecía que nunca paraba quieto y que estaba desarrollando una clara voluntad de autodeterminación que no siempre armonizaba con nuestras propias necesidades. Fue entonces cuando una amiga me dio a conocer un libro de Maria Montessori. Tras la lectura de este libro abandonamos dos cosas: en primer lugar, la idea de que el pequeño era una especie de usurpador de nuestros derechos privados y, en segundo lugar, la teoría de que como educadores del niño debíamos regular, sistemáticamente y a tiempo, sus ganas de moverse y su curiosidad, basándonos en las opiniones fijas de los adultos e intentando encauzar ambas cosas en canales seguros.

El día que tomamos la decisión de que nuestro hijo no tenía que adaptarse a nosotros, sino nosotros a él, todo cambió. Nos sentimos aliviados y alegres; las escenas con las que el niño quería afirmarse fueron disminuyendo hasta que finalmente desaparecieron por completo. Discretamente cortamos las patas de su cama, así, sin la ayuda de nadie, podía bajar de ella tan pronto como se despertaba o, por el contrario, irse a dormir siempre que le entrara sueño. Cada vez nos fijamos más en qué era lo que le llamaba la atención y nos divertíamos colocando a su alcance todo aquello que parecía interesarle. Estaba tan ocupado que raramente teníamos que prohibirle que tocara alguno de nuestros tesoros personales. Progresivamente aprendimos a fijarnos en las iniciativas que el niño tomaba para investigar su mundo. Ya no intentamos más anticiparnos a sus deseos, mostrar, aclarar e interpretárselo todo, dejamos de hacerle notar a cada paso que nuestra experiencia de la vida era mayor que la suya.

Externamente cambiaron muy pocas cosas —una visita que desconociera nuestra anterior situación apenas habría notado la diferencia—, sin embargo, en muy poco tiempo dio todo un giro. Nuestro hijo, aunque era muy pequeño, se dio cuenta inmediatamente del cambio y, sin vacilar, entró en la nueva fase que Maria Montessori llama «normalización». Ahora, él mostraba de una forma clara que se alegraba de nuestra presencia, y nosotros nos alegrábamos de la suya.

Llegados a este punto, quizá algún lector esté pensando que aquí se hablará de educación antiautoritaria. Pues bien, me gustaría anticipar que la alternativa que nosotros llamamos «educación activa», no es equiparable a lo que en Europa o en los Estados Unidos se conoce como educación antiautoritaria. A lo largo del libro tal vez consiga aclarar que entre la educación tradicional, basada en la autoridad, y su contraria, la que rechaza totalmente la autoridad, se extiende un país muy grande, repleto de posibilidades. Es el país en el que el adulto aprende a respetar la calidad de vida y las estructuras mentales y emocionales propias de cada uno de los estadios de desarrollo del niño; es el lugar donde el niño siente en su propio cuerpo qué es el respeto y, a partir de esta experiencia, aprende a respetarse a sí mismo y también a los adultos. Así pues, los capítulos que siguen tratarán de explicar cómo podemos conseguir crear para nuestros hijos un ambiente en el que permanezcan llenos de curiosidad y crezcan seguros de sí mismos y del mundo que les rodea, de cómo permitirles que experimenten el mundo y lo transformen de un modo que tenga sentido para ellos, sin que ello implique que los adultos tengamos que desaparecer del mapa para que la nueva generación se sienta a gusto.

Para nosotros, los adultos, el trabajo de procurar a nuestros hijos un ambiente aceptable no resulta nada fácil. Tal vez nosotros mismos hemos experimentado tantos cambios que en nuestro propio mundo ya no nos sentimos en casa y buscamos seguridad educando a nuestros hijos siguiendo pautas probadas y acreditadas. Y, sin embargo, precisamente esta sensación de malestar de la que ya somos conscientes y, más aún, el intentar pensar un futuro inimaginable tal vez nos anime a contemplar la posibilidad de nuevos métodos educativos. En este sentido la escuela activa es una propuesta: ni se orienta en modelos de educación antiautoritaria, ni tiene tampoco como modelos las escuelas tradicionales basadas en la disciplina. En ella, la actividad de los niños es tan importante como la de los adultos. No obstante, en la escuela activa, el adulto se compromete a un aprendizaje continuo que consiste en saber captar las necesidades de los niños y también a emplear todas sus fuerzas en satisfacer esas necesidades en la medida de lo posible. Eso conduce a una movilización de fuerzas tanto en los adultos como en los niños a través de la cual ambas partes —así como su entorno— se ven transformadas. En este proceso, el presente se convierte en algo tan lleno de significado que para sentirnos libres y animados ya no tenemos que esperar a que suene la campana del recreo o a que lleguen las vacaciones.

A partir de nuestra insignificante experiencia con nuestro primer hijo fue creciendo un trabajo —al principio casi sin la menor intención— que empezaba a corresponderse con lo que habían sido nuestros ideales de juventud: vivir nuestra vida de una forma plena y auténtica y, a la vez, tener en cuenta las necesidades de nuestro entorno más próximo y, en un sentido más amplio, las necesidades del país y colaborar para subsanarlas. La lectura del primer libro de Maria Montessori trajo consigo toda una serie de acontecimientos: un curso Montessori para niños de preescolar en el St. Nicholas Center de Londres; la adquisición de material Montessori para casa; un primer grupo de juego en Puerto Rico y, más tarde, cuando nuestro primer hijo ya estaba en edad de ir a la guardería, la creación de un pequeño jardín de infancia en Cali (Colombia). Allí, a pesar de mi poca experiencia práctica, los resultados obtenidos con un número de niños, que fue creciendo, fueron tan convincentes que los padres y nosotros mismos nos sorprendimos.

Por ejemplo: Venía al jardín de infancia una niña pequeña, gorda y mimada, que durante tres meses no hizo otra cosa que barrer, fregar y lavar platos. Un día, su padre, un señor muy distinguido, al venir a buscarla me preguntó con expresión seria: «¿Podría usted tal vez explicarme qué es lo que hacen aquí con mi hija?». Debido a mi falta de experiencia, inmediatamente me sentí insegura y acorralada e intenté impartir a aquel señor una pequeña lección sobre el sistema Montessori. Pero él se limitó a mover la cabeza diciéndome que todo aquello no le interesaba para nada. «Mire usted», aclaró, «antes de que mi hija viniera a su jardín de infancia yo le era indiferente y ahora me quiere. Solo quería saber cómo lo ha conseguido.»

De aquel primer jardín de infancia recuerdo también otro niño de cuatro años que durante dos meses se limitó a estar sentado o a dar vueltas, sin hacer nada. Aparentemente no le interesaba nada; nunca cogía material, nunca participaba en ninguna actividad en grupo. Incluso si llegaba una pelota a sus pies toda su reacción consistía en lanzar una mirada de aburrimiento. Además, tenía la particular costumbre de atribuirse a sí mismo el nombre de su hermano, que era dos años mayor que él y, a mí, el de la maestra de su hermano. Este niño sometió a una dura prueba mis conocimientos, básicamente teóricos, sobre la «actividad espontánea» del niño. A menudo, a fin de evitar proponerle una ocupación que a mí me parecía interesante, mentalmente me ataba las manos a la espalda. Era evidente que aquel pequeño se había propuesto ahogar mi confianza, recién adquirida, en que el niño, como describe Maria Montessori en sus libros de forma impresionante, tiene la capacidad de autoeducarse. Yo misma, intentando evitar cansarme demasiado, le di tres meses de tiempo para no hacer nada. Unos días antes de que finalizara este período de gracia, por primera vez, devolvió una pelota que había ido a parar a sus pies. Al día siguiente se lanzó famélico sobre los materiales que estaban preparados en los casilleros y todos sus movimientos demostraron que durante sus «pasivas» observaciones había aprendido muy bien cómo se utilizaba cada uno de los objetos. Una semana más tarde él era el organizador e iniciador de todos los juegos en grupo y a lo largo del día se le oía gritar innumerables veces con voz clara: «Yo, yo, yo quiero». Al final del año escolar sus padres nos invitaron a cenar y nos expresaron su agradecimiento. Según su opinión, en aquellos diez meses el pequeño Pablo había hecho progresos tan grandes que, en autoconfianza, iniciativa, capacidad de reacción, de observación y de trabajar en equipo, aventajaba ampliamente a su hermano mayor, alumno de una de las mejores escuelas de Cali.

A pesar de que con los niños de Cali tuve muchas experiencias positivas y sorprendentes, entonces no se me ocurrió dedicarme de una forma más profunda al problema de la educación. El año que habíamos planeado pasar en Cali había terminado y nosotros nos fuimos a vivir a Quito dejando nuestro primer jardín de infancia en manos de una persona que conocíamos bien. A nuestro hijo, que por aquel entonces tenía cinco años, lo matriculamos en el jardín de infancia de la escuela alemana. Aunque en esta escuela no se conocían los principios Montessori, pensamos que esto le facilitaría el contacto con la lengua y la cultura alemanas.

Si en aquella época hubiésemos estado un poco más atentos, pronto nos habríamos dado cuenta de que cada semana que pasaba Leonardo se mostraba más inseguro y apático. Con unos pocos conocimientos más habríamos identificado sus frecuentes dolores de cabeza y de barriga, su necesidad de dormir más por las mañanas, su diaria resistencia a subir al autobús de la escuela y a ponerse el uniforme como síntomas claros de un «cansancio escolar». Pero nuestros propios deseos y nuestras diversas ocupaciones nos cegaban y éramos incapaces de percibir los claros signos de alarma que daba nuestro hijo.

Justo cuando Leonardo alcanzó la edad escolar empezamos nuestro proyecto de agricultura orgánica. Nos mudamos a una granja, en la montaña, a sesenta kilómetros de Quito. Leonardo empezó a ir a la escuela de salesianos del pueblo más cercano, a diez kilómetros de la granja, junto con sesenta niños de mejillas coloradas, hijos de mestizos e indios que abarrotaban la estrecha aula y un robusto maestro que en caso de emergencia cogía el palo y los mantenía en fila. En este grupo, Leonardo recibió pocas represalias, exceptuando las que provenían de sus compañeros de clase que a menudo se burlaban de sus cabellos rubios. Pero aparte de esto, tenía suficientes espaldas detrás de las que esconderse cuando no quería ser molestado. Así, Leonardo, junto con muchos otros niños —los niños ecuatorianos todavía hoy van a la escuela en condiciones muy deficientes— disfrutó de la ventaja que supone tener un maestro que está al cargo de una clase de entre cincuenta y ochenta niños y que no puede tener controlados cada uno de los alumnos, ni siquiera lo intenta. Igual que reclutas que hacen el servicio militar y no piensan que estén pasando «los mejores años de su vida», ni el maestro ni los alumnos tienen la menor duda de que las horas de clase son algo verdaderamente desagradable. En estas escuelas ecuatorianas, absolutamente repletas y primitivas, nadie tiene el menor reparo en decir que la letra con sangre entra. En esta situación, los niños se arman de indiferencia, tanto como pueden, y por lo demás viven su propia vida.

Durante los casi cinco años que Leonardo fue a aquella escuela rural, y a pesar de las muchas horas que pasaba allí, muy pocas veces nos dimos cuenta de las señales de aviso de una neurosis escolar. Ya el primer curso se empeñó en hacer el largo camino de la escuela en bicicleta: diez kilómetros de ida y diez de vuelta y, en parte, empinados. Se levantaba mucho antes de que amaneciera y a las seis de la mañana, hiciera el tiempo que hiciera —y en los Andes, especialmente en la época de lluvias, puede ser muy desagradable— salía de casa. Por las tardes, jugaba libremente en la granja y se divertía con las vacas, los caballos, las gallinas, el tractor y el camión. Aprendió a controlar la producción de la leche y de los huevos, ayudaba en las disecciones cuando moría alguna vaca, ayudaba a las vacas y a las yeguas a parir y los fines de semana acampaba con sus amigos a orillas de un estrecho que había cerca de la granja para así, a la aurora, poder espiar al cóndor y a los zorros de montaña.

La granja colindaba con un pueblo típicamente andino. Durante una época este pueblo había vivido de una pequeña industria de sombreros de pita que, posteriormente, se había instalado en otro lugar. Con sus casas de barro, su servicio de aguas y de electricidad generalmente defectuoso, su plaza abandonada y el edificio de la escuela tan miserable, el pueblo ofrecía un aspecto desolador. La granja daba trabajo a cincuenta familias y, por lo tanto, para los habitantes del pueblo significaba una cierta esperanza. La directora de la escuela local me pidió que la ayudara a instalar un jardín de infancia en una aula que estaba vacía. Con ilusión aproveché la ocasión que se me brindaba para aplicar las experiencias de Colombia a otra situación de características muy distintas. Introduje a una joven practicante en el sistema Montessori. En la ebanistería de la granja se confeccionaron los muebles más imprescindibles. Cada niño trajo un par de ladrillos que unidos a tablas de madera servirían como estanterías para colocar el material Montessori. De forma razonable, complementamos el material con todo clase de utensilios y juguetes de fabricación casera. En este jardín de infancia tan sencillo donde los niños iban descalzos, despeinados y con la nariz siempre goteando, pudimos ver repetido el ejemplo clásico de Maria Montessori de su primera «Casa dei bambini» en Roma. Vimos como, poco a poco, aquellos pequeños descuidados, miedosos y poco habladores se iban convirtiendo en personas alegres y seguras de sí mismas. Un año más tarde pasaron al primer curso e inesperadamente fueron los primeros niños capaces de tender un puente entre la maestra y los niños indios recién llegados a la escuela. A los niños que no sabían nada de español les hacían señas con las manos. A aquellos que venían de casa sin conocer la mesa y la silla, el papel o el lápiz, les ayudaban a utilizar todos estos objetos. Generalmente, los niños indios, después de una primera etapa en la que parece que a través de la escuela conectan con el «otro Ecuador», abandonan la carrera y regresan a una vida donde no existe la escritura. De una forma espontánea los «niños Montessori» se interesaron por estos niños, les ayudaron con los trabajos de la escuela y se hicieron sus amigos.

Cuando cinco años más tarde el proyecto de la granja llegó a su fin, nuestro segundo hijo tenía ya dos años y medio. En la tranquilidad de la granja habíamos tenido tiempo de leer cosas nuevas sobre psicología infantil, cuestiones educativas, investigaciones neurológicas y sobre otros temas similares. Además, nuestro trabajo nos había puesto en contacto directo con los problemas sociales existentes en Ecuador. A menudo habíamos hecho la amarga experiencia de ver lo difícil que resulta realizar un trabajo profundo con los adultos que, a parte de proporcionarles el pan, les dé verdadera confianza en sí mismos y les facilite posibilidades de autoayuda. En cambio, se había hecho evidente que los niños rápidamente aprovechan la menor ocasión para renovarse a sí mismos y a su entorno y para sacar el mejor partido de todo. De modo que si queríamos hacer algo positivo para nuestro entorno y, a la vez, aplicar nuestros talentos, todo indicaba hacia una misma dirección: debíamos proporcionar a nuestro hijo pequeño un auténtico jardín de infancia Montessori. Este jardín de infancia no solo debía cubrir sus propios gastos sino también los de un jardín de infancia paralelo para niños pobres. De nuevo encargamos en la ebanistería de la granja todo el mobiliario necesario y en Quito nos pusimos a buscar una casa grande que pudiera albergar tanto a nuestra familia como a un jardín de infancia para veinticinco niños. Como es natural, acostumbrados a vivir en la granja, ahora buscábamos una casa con un jardín grande, pero ya por entonces el precio de ese tipo de casas estaba por las nubes. Ecuador se había transformado en un país petrolífero. Con la creciente entrada de dólares, por cada casa en buenas condiciones pedían su anterior alquiler pero multiplicado y, mientras tanto, el nivel de pobreza del país crecía de forma brutal.

De modo que nos aventuramos a abrir nuestro jardín de infancia en una zona rural. El valle de Tumbaco, a treinta minutos de distancia de Quito por una carretera llena de curvas, nos gustaba especialmente. Hasta entonces aquella había sido una zona de fincas idílicas con frutas subtropicales de todo tipo y casas de fin de semana. Pero desde hacía poco cada vez más familias se atrevían a bajar a vivir al valle a fin de evitar las desventajas de la creciente Quito. No obstante, tanto para el trabajo como para la escuela tenían que seguir desplazándose a la gran ciudad. Nosotros fuimos los primeros que pensamos en instalar un jardín de infancia en el campo. Esta idea no tenía nada de habitual, por eso no es de extrañar que el primer día de clase solo vinieran tres niños. Con el tiempo, el número de niños creció, cada vez más gente reconocía las ventajas de un ambiente rural, con un clima ideal, un paisaje adornado por montañas y eucaliptos, aire puro y también —de eso nos dimos cuenta más tarde— un sistema basado en la libertad y en el no-dirigismo que ponía a disposición de sus hijos una gran oferta de material.

EL MITO EDUCATIVO DOMINANTE

En su libro *Las escuelas no ayudan,* Ivan Illich habla de un mito educativo que desde hace doscientos años venimos adorando como si se tratara de una vaca sagrada. Precisamente en Ecuador este mito ha llegado a su máximo esplendor.

Regularmente los periódicos informan del «dramático fracaso de la educación pública» y hablan de que aproximadamente solo un 27 por ciento de los escolares cursan los seis años de enseñanza obligatoria. Esta penosa situación la atribuyen al exceso de alumnos por clase, a la insuficiente formación de los maestros y, de vez en cuando, también a un sistema educativo inapropiado. A menudo, se pueden leer artículos de varias páginas con la queja de que incluso los estudiantes que ya han terminado el bachillerato parecen haber aprendido muy poco de lo que durante doce años de escolarización se les ha intentado inculcar. Pero, a pesar de estas y otras muchas quejas, parece que esté prohibido poner en duda que la escuela o, mejor dicho, ir a la escuela, sea el único camino que existe para conseguir reconocimiento social, éxito económico, para servir a la patria y finalmente para realizarse personalmente.

La ley prevé la escolarización para todos; antes eran seis años de enseñanza obligatoria y desde hace poco han pasado a ser doce. También, desde hace tres años, para los niños que ya han cumplido los cinco años es obligatoria la asistencia a un jardín de infancia. Sin embargo, en la provincia de Pichincha cuya capital es Quito y es, con mucho, la más desarrollada, en el momento en que se aprobó está ley solo se disponía de ciento cincuenta maestras de jardín de infancia insuficientemente preparadas. En otras provincias del país la situación es mucho peor porque, así y todo, la mayor parte de ventajas culturales están concentradas en la capital.

Las leyes del país están en gran contradicción con las posibilidades que existen para poder llegar a terminar los estudios. La población rural es la que abandona más pronto la carrera por el deseado certificado de estudios. La mayoría de bajas se da en los pueblos. En las escuelas estatales de las ciudades tiene lugar una lucha encarnizada por conseguir la admisión en un aula y, una vez que se ha conseguido, es cuestión de procurar tener el comportamiento adecuado para no perderla. Para conseguir una plaza en una de las escuelas privadas de prestigio, que por diversos medios procuran protegerse de alumnos indeseados, es preciso ser un artista. La selección se realiza por medio de relaciones sociales, pagos muy elevados y, a menudo, participaciones muy considerables en la financiación de la escuela, también se recurre a tests psicológicos y se exige un comportamiento intachable.

Una vez conseguidas ciertas ventajas nadie quiere echarlas a perder tontamente y para llegar a obtener una formación escolar reconocida se hacen grandes sacrificios: en las zonas rurales, para ir a la escuela es frecuente tener que hacer largas caminatas y regularmente obsequiar a los maestros con productos agrícolas; para ir a las escuelas de la ciudad son precisos largos viajes en autobús. Para el «día del maestro», para su santo y aniversario, por Navidades y poco antes de la entrega de notas es habitual hacer regalos caros. En las escuelas de prestigio se valora muchísimo que los padres, elegantemente vestidos, participen en actos sociales, organicen tómbolas para sufragar los gastos de ampliación de la escuela y con regularidad se interesen por la opinión experta de maestros y psicólogos escolares sobre el progreso de sus hijos. Se supone que con este comportamiento ideal los padres ahorran a sus hijos algunas preocupaciones. Lo importante es que renovadamente demuestren que, en cuestiones de educación, su confianza en la institución a la que pagan considerables sumas dinero es absoluta.

Es una suerte de ley no escrita que la escuela constituye la voz más autorizada para opinar sobre los niños y que posee en exclusiva la capacidad de proporcionar una educación impecable. A menudo los padres prometen por escrito utilizar con eficacia su propia autoridad para dar apoyo, en caso de que sea necesario, a los elevados objetivos de la escuela. En la práctica esto significa que los padres se sienten responsables de que los deberes estén hechos. Muchas veces se ponen manos a la obra y trabajan hasta muy tarde para que todo quede debidamente terminado y al día siguiente el maestro esté satisfecho. Naturalmente, eso conlleva que en casa el ambiente acostumbre a ser tenso y, sin embargo, nadie tiene la menor duda de que los responsables de esta situación son los niños. Cuando los padres, incluyendo los más cariñosos, no entienden del todo lo que se pide en los deberes echan la culpa a sus hijos. Solo un tanto por ciento muy pequeño de padres se atreve a poner en duda que tanto empollar y escribir tenga realmente sentido. Aun así, la mayoría de las veces estas dudas se disipan con el comentario de que «tampoco la vida es siempre de color rosa y lo mejor es que los niños se acostumbren desde el comienzo a la disciplina y a una vida dura.»

En Ecuador el signo externo que indica orden, disciplina y pertenencia a una determinada orden educativa es el uniforme escolar. Lo más habitual es que al poco tiempo de llevar uniforme los niños lo odien. ¿Quién no se harta de ir durante años vestido, día tras día, con el mismo estilo y de los mismos colores? Por otra parte, en especial para los niños que van a escuelas de prestigio, este uniforme es desde el principio un importante indicador de su posición social y a ellos les gusta mostrarse en público con él. En todas las escuelas se da mucho valor a que los niños lleven cada día el uniforme completo. Diariamente se pasa revista y se escogen al azar algunos niños para comprobar que no haya algún par de zapatos marrones, en lugar de negros, o incluso algunos calcetines de color equivocado que estén dejando por los suelos el honor de la escuela. Además, en las mejores escuelas se hace una distinción entre el uniforme de diario y el uniforme del día de pasar revista. Pero también en las escuelas rurales más apartadas un sencillo uniforme es imprescindible para dar un aire de dignidad al aprendizaje de los conocimientos más elementales. A diario se realiza una somera revisión: cabellos bien lisos y cepillados, pañuelos bien planchados, camisas almidonadas, zapatos brillantes y, no muy de tarde en tarde, también se controla la ropa interior.

La fe de los adultos en el poder de la educación institucionalizada es prácticamente inquebrantable y, de forma sistemática, se va transmitiendo de generación en generación. Si alguna vez alguien expresa dudas al respecto, inevitablemente oirá el siguiente argumento: «Eso es algo que puedo ver en mí mismo, lo bien que me ha ido la escuela. Mire usted, de mí han hecho una persona como es debido».

Hace pocos días vino una madre a dar de baja de nuestro jardín de infancia a su hijo de cuatro años. Pensaba que ya era hora de preparar al niño para el examen de admisión en una de las escuelas de prestigio de Quito porque, si no, podría perder su plaza. La madre estaba quejosa porque decía que, antes de venir a nuestro jardín de infancia, su hijo —el niño había asistido un curso— estaba más adelantado, conocía todas las letras y sabía contar hasta veinte. Era evidente, decía, que el sistema libre lo había perjudicado porque ahora ya no quería estudiar y solo tenía ganas de jugar. Una de las cosas que a la madre le parecían especialmente escandalosas era la afición que tenía el niño a jugar con agua y arena... Este no es ningún caso aislado, sino que más bien muestra el miedo tan extendido que existe a perder el tren del milagro de la educación.

Pero si se mira detenidamente ¿qué hay detrás de este mito? ¿Cuál es el verdadero objetivo que se oculta detrás de este deseo de llegar a un saber, una moral y una cultura más elevadas? En este país siempre se está mejorando el currículum —el plan de estudios—, se hacen venir a expertos extranjeros y los maestros no paran de hacer cursos, se imprimen nuevos libros y formularios estadísticos y se inauguran nuevos modelos de escuela cuyos métodos nunca fueron aplicados aquí. Sin embargo, con todo esto, el plan de estudios «oculto» permanece intacto. Se trata de un plan triple que no admite ninguna protesta: la escuela educa a nuestros hijos para la obediencia (sepas que hay alguien que sabe mejor que tú qué, cómo, cuando y cuánto tienes que aprender), educa para la puntualidad y para el trabajo rutinario. Para las lagunas de conocimientos se pueden hallar soluciones: clases de refuerzo o tal vez la posibilidad de hacer un examen oral para mejorar la mala nota de un examen escrito. Pero aquél cuyo comportamiento no demuestre que está dispuesto a conformarse con todo, pronto perderá su plaza en la escuela ecuatoriana (¿tal vez también en otras?).

En los últimos tiempos, aquí se habla y se escribe mucho sobre métodos educativos, se dice que están anticuados, que, en lugar de dictar tanto, las cosas se deberían aprender con sistemas pedagógicos mejores, se lamenta que la enseñanza consista sobre todo en memorizar para que luego el maestro pregunte. Sin embargo, nadie se atreve a ir personalmente a hablar con un maestro que utilice estos métodos anticuados. Los niños son los primeros que cuando los padres se quejan de la falta de sentido de los deberes les suplican: «¡No vayáis a ver al maestro que luego me coge manía y me trata peor que a los demás!». De este modo, el mito de que existe una «buena formación escolar» permanece más fuerte que la prueba concreta y real de lo contrario. Ya se sabe, ¿quién se atrevería a hacer daño a la «vaca sagrada»?

¿Cuáles son las consecuencias visibles de estas situaciones? En los niños, empezando por los que están en edad de ir al jardín de infancia, se pueden descubrir todos aquellos síntomas que ya John Holt, basándose en niños americanos, describió en múltiples ocasiones: los «listos» aprenden toda clase de trucos para que los adultos —maestros y padres— tengan la impresión de éxito educativo. Una inteligente niña de diez años, que hace medio año vino de una prestigiosa escuela de Colombia a la nuestra, contaba su experiencia así: «Antes los maestros creían que yo era buena en cálculo y yo misma también me lo creía un poco porque sacaba buenas notas. Pero ahora sé que, en realidad, no entendí nada del todo bien. Como ahora calculo con material me doy cuenta de cuándo entiendo algo de verdad».

Aquel que aprende más rápidamente a utilizar palabras, símbolos matemáticos y argumentos lógicos es el que cosecha más reconocimiento y dedicación. Los niños más sensibles, interiormente, se sienten como engañados y, de hecho, antes o después alguien tendrá que pagar por ese engaño. Sin embargo, con frecuencia, las muestras exteriores de orgullo por un saber que la mayoría de las veces no es auténtico triunfa sobre la conciencia, más sutil, del no saber.

Muchos niños —a menudo los más sinceros o más débiles emocionalmente— son eliminados antes de tiempo de la carrera y, como en Ecuador no existe ninguna o casi ninguna formación alternativa, muchos de ellos desaparecen por completo del programa educativo. Otros experimentan una dolorosa desintegración de su personalidad, se acostumbran a vivir y a aprender con un miedo permanente y odian el aprender. Algunos empiezan a tartamudear, otros sufren incontinencia de orina, dolores de cabeza o de estómago. No son pocos los que se enganchan a la droga.

Cuando, con doce años, nuestro hijo mayor empezó a dar muestras de inseguridad personal y neurosis escolar (eso ocurrió cuando en una prestigiosa escuela de Quito un maestro lo trató de forma bastante cínica; el maestro en cuestión se vanagloriaba de que solo la mitad de sus alumnos podía seguir su clase) en casa le aseguramos que si él decidía colgar los hábitos, podía hacerlo sin ningún temor. Y, efectivamente, durante más de un año dejó de ir a la escuela y en este tiempo recobró la confianza en sí mismo. Se interesó de nuevo por todo lo que hay en el mundo y más tarde, él, por su propia cuenta, decidió volver a la escuela para obtener un «trozo de papel».

Las consecuencias del sistema educativo ecuatoriano son a la larga perjudiciales no solo para el individuo, sino para todo el país. Crea las condiciones ideales para una burocracia monstruosa que procura trabajo a todos aquellos que son capaces de resolver problemas con palabras, papel y lápiz —recientemente también con ordenadores— aunque esto origine nuevos problemas y más difíciles de solucionar. Además, la muy extendida insatisfacción personal lleva al consumismo, cosa que para un país como Ecuador significa que tiene que cargar con sus propios problemas y también con problemas con el extranjero. Pero, ¿qué tipo de educación desearíamos que existiese en un país como Ecuador? Si pensamos en que se trata de un país que intenta abrirse nuevas puertas, pero que corre el peligro de quedar atrapado entre los valores de ayer y los de hoy, entre los valores propios y los procedentes del extranjero, desearíamos que nuestros hijos entraran en contacto no solamente con palabras bonitas, sino con una realidad concreta, que llegaran a ser personas que se atrevieran a tomar decisiones aun cuando la posibles alternativas contradigan las expectativas que generalmente están de moda.

En *Recuerdos, sueños, pensamientos,* Carl Gustav Jung juzga nuestra situación con las siguientes palabras: «Pero por regla general el individuo es tan inconsciente que desconoce por completo sus posibilidades de decidir y por ese motivo, siempre anda buscando, miedoso y desorientado, reglas externas a las que atenerse. Aparte de la general insuficiencia humana, la culpa de esta situación, en buena medida, la tiene la educación porque se centra exclusivamente en aquello que generalmente se sabe y, en cambio, no habla de la experiencia personal del individuo. Así, se enseñan ideales de los cuales la mayoría de veces se sabe con seguridad que nunca podrán ser realizados y que, por oficio, los predican aquellos que saben que ellos mismos nunca los han realizado y nunca los realizarán. Esta situación se acepta sin el menor reparo.»

PRIMERAS EXPERIENCIAS EN LOS JARDINES DE INFANCIA PESTALOZZI

Nuestro hijo Rafael tenía dos años y medio, de modo que había llegado la hora de proporcionarle un jardín de infancia que cumpliera aquellos requisitos básicos que se correspondían con nuestra forma de entender la vida y con nuestras convicciones, un jardín que permitiera el desarrollo armónico de lo interior y lo exterior. Lo que nosotros conocíamos y, además coincidía con nuestra forma de sentir, se basaba en el sistema Montessori. Por aquel entonces, aparte del curso teórico, yo ya había hecho en Londres un curso práctico y aprovechado la ocasión para traer a Ecuador muchos materiales complementarios. No nos faltaron críticas, ni tampoco consejos bienintencionados: ¿Montessori no estaba superado desde hacía tiempo? ¿No sería mejor fijarse en las reformas modernas? A los pedagogos sudamericanos progresistas les parece que los métodos más nuevos, que provienen directamente de los laboratorios del behaviorismo, son suficientemente buenos. De las insuficiencias humanas, solamente tienen en cuenta las repercusiones externas e ignoran, tanto como pueden, los incómodos procesos internos, así, obtienen resultados sorprendentes. Durante el proceso educativo —concentrado en la obtención de la reacción «correcta» a los estímulos externos— se persevera de una forma metódica y absolutamente científica en la consecución de los fines propuestos y todo aquello que forma parte del individuo, pero que no es mensurable, se deja a un lado. En realidad, es un hecho demostrable que los resultados de este tipo de métodos son mucho más positivos que los del antiguo «sistema de pizarra y tiza», aquel método en el que el maestro siempre cae en la tentación de escucharse cuando habla y con sus estados mentales —eso se describe de una forma totalmente impresionante en el famoso estudio *Pigmalion en clase*— a veces influencia positivamente la evolución de los alumnos, pero, demasiado a menudo, también negativamente.

La diferencia fundamental entre estos métodos y el método activo que nosotros preferimos consiste en que, para nosotros, el aspecto principal de la educación no es descubrir cómo se pueden introducir en un individuo contenidos dignos de saber de forma máximamente rápida y sin sufrir. A nosotros nos importa, sobre todo, cómo los niños y las personas jóvenes pueden crecer en un mundo rápidamente cambiante de tal modo que su ser y, con él, su capacidad de adaptarse de una forma positiva a las nuevas circunstancias, no se vean debilitados por el proceso educativo, sino más bien reforzados. En sus observaciones sobre nuestros problemas actuales, C.G. Jung, destaca, con una cierta urgencia en el tono, que nuestro desconocimiento de las propias fuerzas psíquicas y de nuestro mundo interno es justo lo que nos hace unos seres tan susceptibles e incluso, a menudo, tan peligrosos. Nuestro miedo a los procesos desconocidos que, de forma prácticamente inadvertida, tienen lugar en nuestro interior nos pone preferentemente en manos de aquellos poderes que nos prometen seguridades y nos quitan responsabilidades. Así, sacrificamos sin reparos nuestra autonomía a una autoridad externa si con ello nos podemos ahorrar el dolor del autoconocimiento, los sufrimientos que conllevan nuestro crecimiento individual interior y nuestra responsabilidad personal.

Así pues, resistimos valientemente a la tentación de basar nuestro jardín de infancia en las técnicas más modernas. Aunque corríamos el peligro de que nos tacharan de «anticuados» y de «poco científicos» confiamos en nuestra propia intuición que nos aconsejaba no valorar demasiado los resultados rápidos e inmediatos.

Pero ¿qué aspecto debía tener un jardín de infancia que se proponía ser útil a los niños pequeños en el proceso de conocimiento de su propio ser y, a la vez, en la conquista del mundo en el que crecían? Nosotros no teníamos ninguna duda de que la idea montessoriana del desarrollo de un niño era perfectamente combinable con una «educación para ser». Maria Montessori respeta todas las fuerzas naturales interiores del niño que, desde un principio, lo dirigen en el proceso de crecimiento. Confía al propio niño la conducción de su pequeño automóvil mediante la cual aprende a conocer las capacidades que posee para dominar sus propias circunstancias vitales y a ensayar con ellas. Muestra como la naturaleza guía al niño a través de todos aquellos «períodos sensitivos», a lo largo de los cuales éste aprende a medir sus propias fuerzas con respecto a las situaciones de su entorno. Muestra cómo los sentidos se van convirtiendo en las «ventanas del alma» y cómo el niño absorbe sin dificultad todo aquello que es útil para su propio crecimiento. En la «cámara oscura» de su propio inconsciente va elaborando todo aquello que le es provechoso. Mientras tanto, a veces pasa un tiempo en el que el niño no parece mostrar ningún interés por cosas que en aquel momento no se corresponden con sus necesidades internas. Muchas veces, el lenguaje de los primeros libros de Maria Montessori es más místico que científico. Mucho antes de que una disciplina científica estudiara sistemáticamente la comprensión creciente del niño y la progresiva estructuración de su cerebro, Maria Montessori ya reconoció, a menudo de forma intuitiva, algunos de los fenómenos más importantes del proceso del conocimiento humano. Demostró, por ejemplo, lo importante que es para el crecimiento del niño un entorno que sea adecuado para él. Dio derecho al niño a la actividad individual, a que escogiera libremente sus ocupaciones y siguiera su propio ritmo. Mostró la importancia de que el adulto tenga una actitud autocrítica e interesada en el desarrollo del niño, aprenda a reprimir su necesidad de controlar cada situación e intente satisfacer, sin condiciones, la necesidad que tiene el niño de experiencias sensoriales, de movimiento y de dedicación.

Cuando el niño pequeño no necesita luchar por ver satisfechas todas estas necesidades, su transformación o, como dice Montessori, «normalización» está asegurada. El niño se vuelve activo sin ser inquieto. Sus movimientos se ordenan; su naturaleza se vuelve armónica. A menudo el niño empieza a pasar largos ratos concentrado en sus actividades sin dar muestras de cansancio. Respeta a los otros así como a los objetos que tiene a su alrededor y, con ello, parece sentirse bien en su propia piel, cosa que incluso se exterioriza en una salud estable. Los libros de Maria Montessori, con sus descripciones, llenas de amor, de estos procesos de normalización, no dejan de impresionarnos. Sin embargo, en estas páginas me gustaría informar de nuestras propias experiencias en Tumbaco e intentar transmitir algo de los procesos de los niños que en los últimos años han compartido su vida con nosotros.

Pues bien, empezamos a trabajar con un método del que, hace cinco años, en Ecuador solo se conocía el nombre. Nuestro jardín de infancia se hizo conocido porque la noticia de su existencia fue pasando de boca en boca. Al final del primer año escolar ya teníamos en nuestros ambientes preparados cincuenta niños. Durante el primer año nos acompañaron dos jóvenes maestras que nosotros mismos habíamos introducido en el método. Por las tardes y, en parte, los fines de semana nosotros mismos trabajábamos en Quito y del dinero ganado con nuestro trabajo construimos una casa desarmable para el jardín de infancia. Las aportaciones de los niños que pagaban cubrían los gastos del alquiler, los sueldos de los maestros y el jardín de infancia paralelo. Una de las maestras se ocupaba del transporte de los niños que vivían en Quito y Mauricio del de los niños de las distintas zonas del valle de Tumbaco. Construimos un taller de ebanistería y contratamos fijo a un ebanista que, desde entonces, ha confeccionado todos nuestros edificios, muebles y materiales y, también, objetos para otros jardines de infancia. Así fue como los dos jardines de infancia sobrevivieron el primer año.

Desde un principio tuvimos claro que «Montessori en Ecuador», a pesar de que era un método de aplicación cara, no podía convertirse en un modelo de educación para clases acomodadas. Por eso, nosotros mismos hicimos el sacrificio de buscar trabajo en otras partes y así pudimos sacar adelante el jardín de infancia paralelo y no solo eso: también pudimos conceder numerosas becas para Pestalozzi I que contribuyeron a la integración social. Sin embargo, después de la experiencia del primer año, nos dimos cuenta de que, a pesar de las dificultades económicas, debíamos concentrar todas nuestras fuerzas en el trabajo de Tumbaco. La confección de nuevos materiales, las conversaciones con padres y maestros de otras escuelas, la formación de nuestros maestros y las sesiones de terapia para niños con problemas cada vez nos llevaban más tiempo. El segundo año iniciamos el curso con setenta niños en Pestalozzi I y veinticinco en Pestalozzi II. Todo indicaba que nuestro trabajo había empezado a remover una necesidad real de la sociedad de aquí.

Quizá consiga hacer palpable al lector, al menos un poco, la experiencia que niños y adultos hicimos en los jardines de infancia Pestalozzi a lo largo de los dos primeros años y que, finalmente, despertaría en nosotros el deseo de hacer posible la educación alternativa también a niños en edad escolar.

Una mañana típica de los niños de preescolar tiene aproximadamente el siguiente aspecto: A partir de las 7.30, tres autobuses con el distintivo «Pestalozzi» recorren las calles de Quito y las accidentadas carreteras del valle de Tumbaco. Los niños del Pestalozzi II viven todos en el mismo pueblo campesino y van a pie a su jardín de infancia por caminos que no son peligrosos. A las 8.30 recibimos los niños en la puerta. Estas pequeñas personas bajan, a menudo haciendo un gran esfuerzo pero con mucho cuidado de que nadie los ayude, los elevados escalones del autobús. Por todas partes se oyen saludos. Algunos niños se nos lanzan a los brazos para darnos un beso de todo corazón, otros prefieren que les hagamos cosquillas, también hay los que en casa parece que han disfrutado de una sobredosis de amor adulto y saludan indiferentes, contentos de que aquí por fin los dejen en paz. Los maestros, cuya mayoría también ha llegado con el autobús escolar, se distribuyen inmediatamente por las zonas de trabajo que cada semana se reparten de acuerdo con un plan rotativo.

Los niños traen de casa su desayuno en lo que aquí llaman «lonchera». Algunos, los que les ha parecido que el viaje en autobús era demasiado largo o los que en casa no han tenido apetito para desayunar, buscan un sitio agradable para hacer el segundo desayuno: se sientan en el césped, en la mesa de picnic o se suben a lo alto del pórtico de escalada. Mientras comen, aprovechan para intercambiar con sus amigos sus vivencias más recientes, un huevo duro o un mango. Otros guardan inmediatamente sus pertenencias en sus casillas y se ponen a trabajar o a jugar. Pero bien ¿quién les dice ahora lo que deben hacer en primer lugar? A su disposición tienen una gran oferta de posibilidades. Cada mañana se hallan ante la situación de tener que decidirse por una actividad y dedicarse a ella mientras ésta tenga interés, después dejarla y buscarse otra. Las primeras decisiones ya es preciso tomarlas en el camino que va de la puerta de entrada a la casilla. ¿Se queda el niño fuera? Con el calor del sol de mañana, que en Tumbaco raramente falta, se está de lo más agradable. ¿Y si primero fuera a mirar los conejos y les diera un poco de hierba fresca? O ¿debería ir a controlar si la perra ya ha tenido pequeños, si el asno se está peleando con los llamas o si las semillas que ayer sembramos ya han brotado?

Unos cuantos niños ya están jugando en el cajón de arena. Otros excavan túneles en los grandes montones de arena que hay delante de la casa, mientras tanto, otros, protegidos con grandes delantales de goma, ponen todo su empeño en llenar cubos con agua de la mesa y llevarlos al cajón de arena para embellecerlo con ríos y lagos.

O ¿qué tal si probara el subibaja, el trampolín, el pórtico de escalada, el tobogán o el pequeño estanque en el que ya están unos niños jugando con unos barquitos que ellos mismos han confeccionado? ¿Qué puede hacer el niño?, ¿jugar solo?, ¿juntarse con otros?, ¿inventarse él mismo un juego y después invitar a otros para que jueguen con él? Fuera están de servicio dos maestros pero no parece que ninguno de los dos esté organizando las actividades de los niños. ¿Qué hacen pues? Aunque al parecer no tomen ninguna iniciativa relacionada con las actividades de los niños, ahora se los ve aquí y ahora se los ve allá totalmente atentos y de ningún modo pasivos. Uno de ellos se encarga de los niños que acaban de llegar al jardín de infancia o bien a pie o en coche, con sus padres, y que es preciso apuntar en la lista de asistencia. Los dos vigilan permanentemente el terreno donde juegan los niños y se sienten responsables de que se respeten las reglas de la casa: que ningún niño pegue a otro o lo moleste en la actividad que éste ha elegido, que para jugar con agua los niños se pongan delantales, que los desperdicios se tiren en las papeleras. Buscan con la mirada a aquellos niños que a lo mejor están tristes y necesitan consuelo, ayudan a transportar los utensilios y objetos que los niños desean, hablan con algunos niños que están solos, juegan con ellos si éstos lo desean. A menudo se los ve en medio del ajetreo tranquilamente sentados: observan y, de vez en cuando, anotan algo.

Una situación similar es la que domina en los distintos espacios que los niños tienen a su disposición. En la «casa vieja», que es también nuestra vivienda, hay tres salas habilitadas con pequeñas mesas y sillas, colchonetas y estanterías llenas de material que invita a jugar. Allí están colocados todos los típicos materiales Montessori: para la vida de cada día, para ejercitar los sentidos, para preparar a la lectura y escritura, materiales de todo tipo para contar, pero también, juegos de habilidad, juegos para jugar en grupo, juegos para pensar, lego y otros juegos de construcciones, todo tipo de materiales naturales que sirven para clasificar, comparar o simplemente para ser tocados y admirados; una máquina de escribir, lápices de colores y papeles, un rincón muy agradable destinado, que el sol de mañana calienta con sus rayos, destinado a los libros y una pequeña sala de estar con un sofá, unos sillones, un clavicémbalo y plantas de flor. En cada sala hay una «maestra» que amablemente le pregunta a un niño si necesita, ayuda, o que muestra a otro que se lo ha pedido cómo se utiliza un material o un juego nuevo y que, si es preciso, recuerda a los niños que el material que ya se ha utilizado debe ser colocado de nuevo en su sitio. No siempre resulta fácil descubrir en qué parte de la sala está la maestra porque casi nunca está de pie. Unas veces está en cuclillas sobre la alfombra con un pequeño grupo de niños, otras, está sentada en uno de los pequeños taburetes junto a un niño y se inclina, igual que el niño, sobre su trabajo. Nunca se oye su voz por encima de las de los niños hablando en un tono educativo, siempre procura pasar desapercibida y no alterar con su presencia la atmósfera que los niños han creado ni robarles la iniciativa.

En la «casa nueva» se respira un ambiente parecido. Se trata de una ligera construcción hexagonal de madera y con grandes ventanales en todos los lados por los que penetra nuestro paisaje montañoso, el sol y el canto de los pájaros. En el centro de la casa, hay un grupo de mesas y taburetes bajos donde se realizan todo tipo de actividades manuales: pasteles o pan, plastilina, cerámica, pegar, pintar, cortar, tejer y coser. Aquí tiene lugar el trabajo «sucio» y se pueden ver muchas manos pequeñitas moviéndose con gran vivacidad.

Alrededor de las mesas hay una serie de centros de interés que invitan a jugar a los juegos más diversos y a realizar actividades serias: un rincón con cubos de madera de todos los tamaños, colores y formas, trenes y coches. Al lado, una casa de muñecas con todos los accesorios, una tienda en donde los niños no paran de comprar y vender, armarios y estanterías con materiales de todas clases para hacer manualidades, un «rincón de la familia» con comedor, mesa de planchar y plancha, vajilla, fregadero, tablillas y cuchillos para cortar verduras, un rincón casi escondido con muñecas, camas para las muñecas, vestidos, ropa de cama, biberones, teléfono y otros accesorios similares. Aquí, sin que nadie los moleste, los niños pueden jugar y reproducir todo aquello que ven hacer en su vida cotidiana fuera del jardín de infancia. Al lado del rincón de las muñecas hay un guiñol, caballetes para pintar y un banco de trabajo a prueba de bomba con martillos, sierras, clavos y madera. Fuera, una casita invita a jugar en secreto y a divertirse sin ser molestado.

Pero ¿qué es lo que regula toda esta actividad y cómo consigue un niño pequeño, de entre tres y seis años, decidir qué es lo que debe hacer, cuánto tiempo pasa con una actividad, de quién se hace amigo, si desea ayuda o prefiere resolver en solitario sus dificultades, o si incluso prefiere pasar un rato sin hacer nada y dedicarse a observar lo que hacen los otros? En este ambiente preparado que ofrece tantos atractivos, pero en el que los adultos no ejercen ningún tipo de presión, se pone claramente de manifiesto que todo niño, si anteriormente no ha recibido un trato demasiado irrespetuoso o desatento, posee una guía interior que orienta su conducta. Esta guía lo encamina hacia una actividad u otra, le posibilita seguir su propio ritmo y encontrar un nuevo equilibrio en cada una de las actividades que realiza. Si se le permite que siga esta guía, el niño, a pesar de su corta edad, consigue actuar como una persona segura de sí misma, alegre, dispuesta a ayudar y capaz de disfrutar en toda su plenitud cada día de su vida. Por supuesto que no todos los niños, sino más bien solo unos pocos, llegan a nuestro jardín de infancia así de «bien tratados». Con solo tres o cuatro años, muchos ya han perdido la confianza en su propia guía interior debido a la permanente intervención y el continuo saberlo todo con que los adultos expresan su amor. Algunos es probable que desde que vinieron al mundo no hayan recibido de sus padres ni la más mínima dedicación, aquella que les debía enseñar a tomar confianza en la vida.

Antes de que el niño pueda someterse a la difícil tarea de tomar decisiones por sí mismo, debe tener cubiertas todas aquellas primeras necesidades que lo oprimen desde su interior. Forma parte de nuestro trabajo corresponder a los deseos del niño si notamos que estas necesidades no las tiene cubiertas. Por ejemplo: si a un niño le ha faltado el calor del amor materno, durante semanas o incluso meses se arrimará siempre que pueda a una maestra y tal vez, semana tras semana, seguirá fielmente a la misma maestra en su itinerario de un espacio a otro. Aprovechará toda ocasión para sentarse en su regazo y preferirá su compañía a cualquier actividad interesante que se le proponga. Nuestras maestras saben que estas necesidades tienen que satisfacerse y lo hacen en la medida en que lo puedan combinar con las otras responsabilidades de su zona de trabajo. La experiencia nos ha enseñado que incluso el niño más sediento de amor poco a poco se va separando y convirtiéndose en un niño independiente al que le gusta realizar actividades, pero primero es preciso concederle tiempo suficiente para colmar sus necesidades anteriores.

Otra manifestación típica del niño inseguro es muchas veces la agresividad. Nunca olvidaremos cómo una niña de dos años y medio llamada Laura llegó a nuestro jardín de infancia. Sin el menor reparo pegaba a todos los niños que se le acercaran. Pronto supimos que desde que ella había nacido sus padres no sabían qué decidir, si separarse o permanecer juntos por la niña. Los dos habían empezado su matrimonio con el común acuerdo de que cada uno conservaría su libertad. Cuando nació Laura, la madre se dio cuenta de que, para ella, aquella norma ya no era aplicable y sintió que su marido la dejaba en la estacada porque en cambio él no dejó que la niña alterara su forma de vida. Todos los maestros del Pestalozzi se pusieron de acuerdo en dar a Laura la seguridad que le faltaba. La terapia, que en su caso resultó milagrosa, consistía en que donde quiera que Laura se encontrara un adulto la tocaba suavemente, la acariciaba, la tomaba en su regazo y la tenía abrazada tanto tiempo como la niña quería. Aunque la situación de su casa no mejoró en lo más mínimo, al cabo de unas semanas, la enfermiza agresividad de Laura había desaparecido.

En el caso de Eric, un niño de cuatro años, al principio no podíamos entender de ningún modo por qué era tan inseguro y agresivo. Procedía de una familia ejemplar. La madre, profesora de universidad igual que el padre, había renunciado a trabajar para atender a sus dos hijos y se dedicaba con total entrega a su educación. Al comienzo Eric venía al jardín de infancia acompañado por ella. Era fácil ver lo mucho que el pequeño dependía de su madre y la estrecha relación que había entre ambos. La madre miraba con gran atención a su alrededor buscando aquello que, según su opinión, podía interesar a Eric y cuando lo encontraba le hablaba más o menos así: «Mira Eric, ¡qué bonita es esa mariposa! ¿Ves de que color es? Mira, es amarilla y azul y tiene un poquito de negro. Mira, mira como revolotea y como brilla en el sol ¿no es maravilloso?» Eric ponía cara feliz y confirmaba: «Qué mariposa más bonita. Azul y amarilla. Brilla. Es maravilloso». Después esperaba atento para ver si su madre le mostraba otra cosa bonita. No esperaba en vano, su madre ya había encontrado un juego muy bonito para él y después, un trabajo de manualidades muy interesante, y así toda la mañana. Tan pronto como la madre dejó de acompañar a Eric al jardín de infancia, el niño se sintió mal. Andaba por el jardín como un alma en pena, sin saber qué hacer, y sin poder separarse en toda la mañana de su anorak acolchado que su madre le había puesto para protegerle de las frías mañanas de Quito. Tan pronto como se le acercaba un niño, le pegaba, después se daba cuenta de lo que había hecho y se ponía a llorar.

Los niños que proceden de familias pobres manifiestan otro tipo de inseguridad. Vienen al jardín de infancia con la recomendación de «ser bueno, no tocar nada, hacer todo lo que diga la señorita, y no armar ruido». Al principio, estas advertencias son las que resuenan en los oídos de los niños del Pestalozzi II cuando entran en su jardín de infancia; todos los juegos y materiales están colocados de forma que invite a cogerlos, sin embargo, en un primer momento los niños no se atreven a tocarlos. Pero también en el Pestalozzi I hay bastantes niños que en casa han escuchado miles de veces: «¡Deja eso!, ¡no toques!, ¿qué has hecho otra vez?» A estos niños nos dedicamos de una forma especial. Les dejamos que vayan por las salas mirando y observando las actividades de los otros niños, a veces los rodeamos con un brazo para que sientan que estamos con ellos y les describimos en voz baja las cosas o las actividades que están mirando. Al principio, evitamos recomendarles un juego determinado. Intentamos adivinar si verdaderamente disfrutan observando a los otros y si con el tiempo ellos solos podrán decidirse por una actividad. Sin embargo, si advertimos que la decisión les resulta claramente dolorosa —generalmente eso se refleja en la expresión de su rostro y su postura— les damos a escoger entre dos posibilidades. Valoramos su edad y, si es posible, sus intereses y les mostramos dos cosas distintas con las que pueden jugar. Es posible que esta sea la primera vez que se encuentran en una situación en la que claramente tienen que decidir.

Los niños de familias acomodadas, en las que no faltan juguetes, pero a los que, sin embargo, no se les han respetado sus necesidades reales, a menudo tardan un tiempo en concentrarse en una actividad y sacar provecho de ella. Tocan cosas aquí y allá, cogen muchas cosas de los estantes y después no quieren devolverlas a su sitio y al final no llegan a decidirse por nada. Sus movimientos son desordenados, la expresión de su cara es de tristeza o aburrimiento. No obstante, si se les tolera que se comporten así pero recordándoles cuáles son las reglas de la casa (lo que se coge hay que devolverlo a la estantería, no puedes coger los juegos de otro niño sin pedirle permiso) y no se les obliga a realizar actividades que lleven mucho tiempo, existen buenas posibilidades de que, de repente, encuentren algo que de verdad les atraiga, aunque solo sea un instante. Este es un momento importante para ellos. Inesperadamente experimentan cómo se siente una persona, cuando fuera y dentro, es decir su actividad exterior y su verdadera necesidad interior por un momento coinciden. En este momento, la certeza de que cuentan con el respeto de una persona adulta que ha estado observándolos es de una importancia capital. Los niños pequeños aún tienen un sentido sano para percibir este tipo de respeto que precisamente los acepta como son. Este sentido les proporciona la seguridad necesaria para encontrar su propio camino. Así pues, una de las tareas más importantes de los adultos es la de proteger al niño cuando éste llega a vivir momentos de verdadera concentración. Para el niño, es una experiencia tan positiva que, a partir de ahora, intentará repetirla siempre que pueda. Las ocasiones aumentarán, el período de tiempo y la intensidad de la concentración es cada vez mayor y llega un día en que el niño ya no necesita más la protección directa del adulto. A partir de ahora se puede concentrar, incluso en aquellos momentos en los que parece que a su alrededor el mundo se está derrumbando. Este estado va acompañado de una sensación de paz y armonía tal que hace que aquel mismo niño que antes causaba desorden y malestar, ahora hasta pueda interrumpir voluntariamente su propia actividad y ayudar a otro niño.

Más difícil que los niños desordenados o hiperactivos lo tienen aquellos niños que, ya en esta edad tan tierna, han sustituido la acción por el hablar. Allí están, sentados en medio de la laboriosidad general, sin mover ni un dedo y hablando animadamente. Sin embargo, no hablan, por ejemplo, de lo que están viendo sino de lo que ayer hizo la tía o de lo que dice el abuelo, resumiendo: hablan de todo excepto de sus propias experiencias. Estos son los mismos niños que, después de llevar meses en el jardín de infancia, nunca encuentran su casilla, los que nunca se ensucian, los que no se apartan cuando se cruzan con otro niño que va cargado de material, los que no se enteran cuando llegan los autobuses para volver a casa, los mismos a los que hay que llevar eternamente sus trastos.

El cuadro quedaría incompleto si no mencionara las dificultades de los niños que, en sus casas, pasan diariamente muchas horas delante del televisor. A estos niños les resulta difícil orientarse en el espacio y en el tiempo, percibir los atractivos del ambiente preparado y disfrutar de ellos de una forma provechosa. Los reconocemos por la expresión de su cara y por sus movimientos. Y, efectivamente, lo primero que preguntan algunos de ellos es dónde está el televisor. Tan pronto como estos niños comprenden la libertad que aquí se les ofrece hacen exactamente aquello que les dicta la naturaleza, que siempre tiende a crear un equilibrio entre exterior e interior. La televisión sobrecarga a esos niños con estímulos que solamente les penetran a través de la vista y el oído y, mientras, el resto de su organismo no recibe ningún estímulo. Así pues aprovechan las posibilidades del ambiente libre para proporcionar a su cuerpo el equilibrio necesario. El exceso de imágenes deficientes interiorizadas que no guardan ninguna relación con las experiencias reales que estos niños viven a través de su cuerpo tiene que exteriorizarse, salir fuera. Como que aquí nadie los obliga a hacer o a aprender algo en concreto pasan la mayor parte del tiempo buscando un equilibrio que les resulte soportable. Representan a Batman o a Superman y convierten letras y números, los cubos de madera y, en general, todo lo que a su alrededor tienen a su disposición en personajes y cosas de los programas de televisión.

El caso más preocupante que tuvimos fue el de Andy. En su casa tenían cinco televisores y como mínimo siempre había uno funcionando. Andy necesitaba por cada hora de televisión, una hora de juegos en libertad. Se subía en lo alto del pórtico de escalada y cada día representaba lo que el día anterior había visto en la televisión, incluidos los numerosos anuncios publicitarios que sabía imitar a la perfección. Andy cumpliría pronto los seis años y todavía no «había aprendido nada». Seis semanas antes de que terminara el curso vino su madre y nos pidió que les enseñáramos urgentemente inglés porque el niño tenía que hacer la prueba de acceso en el Colegio Americano. Aquí tengo que aclarar que en el jardín de infancia, siempre que es posible, nos dirigimos a cada niño en su lengua materna, con lo cual los niños siempre están escuchando otros idiomas y, a menudo, preguntan cómo se dice esto o lo otro en inglés, alemán o francés. Sin embargo, nosotros no tenemos por principio ofrecer clases de idioma en sentido estricto como las que habitualmente se imparten en las «mejores» escuelas de aquí ya desde el jardín de infancia.

De modo que le recordamos a la madre de Andy: «Cuando inscribió al niño, nosotros ya le advertimos de que aquí no enseñábamos idiomas. Además, usted ha participado en varias reuniones de padres y ha discutido con nosotros sobre nuestro método». Pero la madre, asustada, nos pidió que, por favor, hiciéramos una excepción. Para ella, la admisión en la Escuela Americana era algo importantísimo. Así que hicimos un trato con ella: «Usted se ocupa de que durante estas semanas Andy no mire la televisión y nosotros le enseñamos inglés». Tal como suponíamos, los padres no respetaron el trato y Andy continuó haciendo de Batman hasta fin de curso. Buscaron un profesor privado para que enseñara inglés al niño y la madre se enfadó con nosotros. Sin embargo, al año siguiente, vino a mitad de curso y nos pidió que aceptáramos en el jardín de infancia a su segundo hijo. Nosotros nos sorprendimos: «¿Pero no estaba usted decepcionada porque dejamos jugar a Andy tanto como él quiso?». La madre lo admitió, pero dijo que ahora veía las cosas de otro modo. Nos contó que Andy no solo era el mejor de su clase en todas las asignaturas sino que, además, llamaba la atención de todos por su camaradería, independencia y por su vena artística.

El problema de los niños televisivos no se limita a los niños ricos del Pestalozzi I, los efectos de la televisión también se notan en el Pestalozzi II. Incluso en las pobres casas de barro, donde a menudo no hay ni los utensilios más necesarios y donde no es extraño que toda la familia duerma en la misma cama y comparta la única habitación que tienen con gallos, conejos y gallinas, cada vez es más habitual encontrar un televisor. En algunas casas en las que todavía no hay luz eléctrica el televisor funciona con baterías. Todas las hermosas y caras ilusiones de un mundo extraño penetran en estas casas en las que ni siquiera hay agua corriente. Mucho antes de que estén equipadas debidamente con los bienes más imprescindibles, la televisión hace propaganda de las más nuevas batidoras o aspiradoras, de juguetes automáticos, desodorantes y otros artículos de lujo, así como de alimentos fabricados industrialmente que son innecesarios e incluso, a veces, perjudiciales para la salud.

Sin embargo, los efectos de la televisión sobre los niños de la población rural pobre no son tan fatales como sobre los niños más mimados de ciudad. El continuo contacto con la naturaleza y con las actividades concretas y visibles de los padres, en cuya vida ellos participan de forma inmediata, sumado a las pequeñas responsabilidades de la casa o del campo que ya toman desde muy pequeños, representan para su organismo un asidero a la realidad. Así pues, una vez superada la timidez inicial que les impide tocar los objetos que se les ofrecen, su reacción a los atractivos del ambiente del jardín de infancia, tan minuciosamente preparado, es completamente sana.

En una de nuestras reuniones mensuales de padres tratamos brevemente el polémico texto de Jerry Mander: *Four Arguments for the Elimination of Television.* Este libro, resultado de una investigación que duró años sobre los efectos de la televisión en la vida del individuo y de la sociedad, fue una contribución importante para que en algunas «familias Pestalozzi» se limitara de una forma drástica el uso del televisor.

Todavía podría enumerar muchas más variaciones de dificultades que pueden robar la espontaneidad de los niños pequeños durante su primer tiempo en el jardín de infancia. Sin embargo, me parece más importante mostrar cómo una educación abierta no tiene por qué encubrir o reprimir las condiciones previas del niño. En lugar de esto, permite al niño que «saque fuera» todo lo que se oculta en su interior y posibilita que, poco a poco, vaya ganando confianza para realizar su propia actividad.

En la práctica, la primera hora y media que los niños pasan en el jardín de infancia se dedica regularmente a la actividad libre. Durante este tiempo, los niños se encuentran en la situación de tener que sentir por sí mismos qué es lo que se acuerda con sus intereses más íntimos. Los adultos «se hacen pequeños» y conscientemente dejan al niño que tome la iniciativa para elegir y dar forma a su actividad. El niño tiene que aprender qué es lo que él, por su cuenta, puede hacer a partir de una realidad concreta y cuáles son las dificultades a superar. Para ello, el adulto le proporciona los materiales, le da ejemplos de su uso y vela por la seguridad necesaria para que el niño pueda desarrollar su actividad sin ningún peligro.

Nuestra tarea consiste en aprender lo importante que es, durante este proceso, mantener una actitud reservada. Nuestras lecciones sobre la utilización de los materiales muestran con claridad cada movimiento pero nos servimos de un mínimo de palabras: «Ponemos el bloque sobre esta mesa. Sacamos fuera todos los cilindros (el niño sigue con la mirada las acciones del adulto, el cual con movimientos precisos y armónicos va sacando de sus cavidades los cilindros de distintos tamaños y colocándolos, haciendo el menor ruido posible, sobre la mesa). Ahora los mezclamos (el niño ayuda a mezclar). Ahora los volvemos a colocar en el agujero que les pertenece (las manos del adulto comprueban las dimensiones de cada cilindro y la profundidad de los agujeros. Colocan un cilindro en una cavidad, corrigen algún error que se haya dado, hasta que finalmente todos los cilindros están de nuevo en su sitio). ¿Quieres probar tú solo?» Hasta aquí no se pronunció ni una sola palabra sobre las diferencias entre los cilindros, sobre grosor, delgadez, altura o profundidad. Lo importante es la actividad del niño, que con los sentidos bien agudizados experimente «en su propio cuerpo» la realidad. Más tarde, cuando el niño ya está impregnado de su propia experiencia y empieza a descubrir paralelismos en el material específico que manipula, el adulto aprovechará la ocasión para dar una pequeña «lección» informal: «Esto es alto, esto es bajo». Y así sucesivamente con todos los materiales que van invitando al niño a nuevas actividades. Los materiales mantienen ocupados y perfeccionan todos sus sentidos y, así, no solo coordinan los movimientos del niño sino que, además, le ayudan a ordenar y a organizar su pequeño mundo. A través de este proceso, junto con el entorno del niño, se estructura su propia capacidad de comprensión y se sientan las bases para acciones inteligentes.

Con los ojos vendados Mónica había estado aparejando muy interesada las pequeñas muestras de tela. Una vez hecho el trabajo salió corriendo al jardín. A través de la ventana yo podía seguir con la mirada lo que estaba haciendo fuera. Empezó a jugar con las matas que crecen a lo largo del muro, palpaba las hojas y después se dispuso a arrancar un montón de ellas. Un observador profano en nuestra educación seguro que le hubiese gritado: «¡Deja de arrancar hojas!». Al rato, regresó orgullosa a su sitio de trabajo con un cargamento de hojas. Volvió a coger del estante las muestras de tela y cuidadosamente empezó a palpar la superficie de las hojas con las puntas de los dedos. Después, las comparó con las telas y descubrió diferencias y similitudes y rebosante de alegría invitó a los niños que tenía más cerca a que compartieran con ella sus descubrimientos.

Naturalmente aquí no puedo describir todos los materiales que los niños utilizan cada día de este modo o de un modo parecido. Pero me gustaría destacar que estos materiales solo tienen sentido si con anterioridad a su utilización el niño ya ha tenido ocasión de almacenar numerosas impresiones sensitivas y experiencias no estructuradas. A un niño que, debido a la pobreza de su entorno o al desconocimiento de los adultos, no haya experimentado libremente con una serie de objetos y sobre todo con materiales naturales, el trabajo con materiales estructurados le servirá de muy poco. Por eso, procuramos ofrecer a nuestros niños materiales no estructurados siempre nuevos y variados: semillas y pepitas de todo tipo, tapones de botellas, cajas, cartones y botellas de todos los tamaños y formas, cintas, alambres, flores, hojas y raíces... Si quisiera enumerar todo lo que durante estos años ha pasado por las manos de nuestros niños, la lista sería interminable.

Es importante que los materiales estructurados tengan una presentación vistosa y atractiva, así como el «control de errores» que llevan incorporado y con el cual el niño se independiza de las eternas correcciones del adulto sabelotodo. En cambio, por lo que respecta a los materiales no estructurados es muy importante el «factor sorpresa». Aparecen en el ambiente de forma imprevista, tienen un aspecto siempre cambiante, invitan a descubrimientos y posibilidades de juego siempre nuevos. Nadie se enfada si son utilizados para los fines más diversos e imprevisibles. Cualquiera que tenga trato con niños pequeños (o mayores) puede dar testimonio de lo que pueden dar de sí unas cuantas cajas de cartón colocadas inesperadamente en el suelo. Primero, los niños tal vez intentarán ver si las solapas se abren y se cierran, si se puede colocar una caja dentro de la otra, cómo queda una torre si se colocan las cajas una encima de la otra. Es posible que durante un rato se dediquen a entrar y salir de las cajas, comprueben cuantos niños caben a la vez dentro, cómo se sienten con las solapas cerradas y después abiertas. Más tarde, puede ocurrir que empiecen a llevar las cajas por todas partes como si condujeran un coche (cosa que generalmente ataca a los oídos de los adultos). Al cabo de un rato las cajas servirán para practicar el salto de obstáculos, lo cual puede acabar con una caída general y una batalla de cajas. Otros niños convertirán las cajas en una cama para muñecas o, sirviéndose de colores, pegamento y otros ingredientes, en un castillo, un hospital o una base de cohetes.

¿Quién se atreve a decidir cuándo aprende más un niño: cuando está sentado en la mesa como es debido y trabaja laboriosamente con material estructurado o cuando se pasa toda una mañana sacándole partido a una cajas viejas, utilizándolas para todos los fines imaginables?

No importa por donde un niño empiece con su actividad; lo más importante es que se dedique a ella con entusiasmo, que sea un acto completo. Y para nosotros esto significa sencillamente que, dada una situación, el niño se escuche a sí mismo y que desde su sentir se decida por una actividad, que realice su acción con total entrega y que cuando él decida, la dé por terminada. Todo esto contribuye a la satisfacción del niño y al desarrollo de su personalidad. Pero además, el niño debe respetar su entorno y por eso se le exige que deje en orden aquello que ha servido para su propio gozo. Así pues, la acción completa incluye tanta responsabilidad como la mano de un niño sea capaz de tomar. Pero esta responsabilidad auténtica surge de la libre elección de la propia actividad y es algo muy distinto de cuando, después de persuadir al niño para que haga un trabajo determinado, además se lo obliga a que lo deje todo en orden. Es fácil de leer en la cara de los niños qué mezcla de sentimientos despierta esta táctica.

Con ello hemos llegado al problema de la disciplina que, como es lógico, no puede faltar en ninguna discusión sobre educación. «¿Pero los niños cómo pueden aprender disciplina en un sistema libre?», reza la temerosa pregunta de todos los adultos. Es cierto que, desde un principio, evitamos la arbitrariedad de una disciplina basada en la autoridad de los adultos, y que incluso la consideramos perjudicial. No obstante, en la escuela activa, el niño tiene que respetar las reglas de la casa que son bastante explícitas y surgen de la necesidad de crear un espacio seguro para cada persona. Los límites de la libertad de cada individuo los establece, única y exclusivamente, la consideración de los derechos legítimos de los otros y de la propia seguridad. Al principio, son los adultos los que vigilan que estas reglas se cumplan, pero muy pronto la vigilancia la llevan a cabo los propios niños. Los niños experimentan en su propio cuerpo la necesidad y el sentido de estas «limitaciones de la libertad». Pronto se exhortan unos a otros: «En esta escuela no puedes quitar nada», «aquí no se pega», etcétera. De esta disciplina funcional, necesaria para el bienestar general, surge la posibilidad de una verdadera autodisciplina. Lo mismo que sucede con el adulto que, si se ocupa de cosas creativas, a menudo trabaja de una forma más intensa y persistente que un empleado, ocurre también con el niño «creativo», es decir, con el niño que, como dice Maria Montessori, a través de su actividad «se crea a sí mismo». Esta autodisciplina que se va formando con cada uno de los actos autónomos hace del niño una persona que, más tarde, podrá asumir las concretas responsabilidades de su mundo porque, ya hoy, se le permite que se responsabilice de sus propias acciones.

A menudo, esta disciplina funcional choca con la incomprensión de los especialistas en educación y no solo esto, también el hecho de que en el «sistema abierto» juegan y trabajan juntos niños que se llevan hasta tres y cuatro años de diferencia, en lugar de ser divididos en grupos homogéneos según edad y nivel de inteligencia. Aún así, el material estructurado tiene la peculiaridad de que atrae a los niños de acuerdo con sus capacidades y experiencias, de modo que se crean unas ciertas divisiones. Los materiales sensoriales son preferidos mayoritariamente por los más pequeños, en cambio, los materiales que conducen a la escritura, lectura y cálculo, por los mayores. Ocupados con material de cálculo para avanzados, que permite contar hasta 10 000, suelen estarlo únicamente los niños de entre cinco y seis años. En cambio, no es raro ver a niños mayores jugando con los materiales de cuando eran más pequeños, como si quisieran hacer una pequeña excursión a su «juventud». A menudo se ofrecen como «maestros» a los pequeños o se mezclan alegremente con ellos y juegan juntos. También es habitual ver a los pequeños observando cómo trabajan los mayores y quién sabe a qué conclusiones llegan. Así pues, el «sistema abierto» utiliza el gran dinamismo que genera la agrupación vertical de los niños: los niños pequeños aprenden más fácilmente de los niños mayores que de los adultos, porque la distancia entre ellos no parece tan insuperable. ¿Quién no ha oído a una madre preguntando a su hijo mayor si éste entiende lo que quiere decir su hermano pequeño? Por su parte, los mayores pueden compararse con los pequeños y darse cuenta de lo que han avanzado. Se ejercitan en el respeto hacia los más débiles de entre los pequeños y ellos mismos, si lo desean, pueden ser pequeños, de vez en cuando, sin tener que avergonzarse por ello.

Es cierto que en esta agrupación vertical no hay demasiado lugar para las conocidas competiciones en las que se disputa quién es mejor que el otro, quién recibe más elogios, quién saca notas mejores. Así, en cambio, los más débiles o lentos evitan el trauma precoz de que «no sirven para nada». Con todo, la competición sana, aquella que cada niño escenifica con sus propias fuerzas, no queda suprimida, es decir, cada día el niño quiere hacer sus cosas un poco mejor que el día anterior. Cada año admitimos, en los dos jardines de infancia, un pequeño grupo de niños que padecen distintas discapacidades. Ya que aquí no ofrecemos una terapia específica y predefinida, el número de admitidos tiene que ser muy limitado. Sin embargo, para cada uno de estos niños, solo la posibilidad de realizar actividades libremente, de trabajar con materiales concretos y de tener trato con niños sanos representa una terapia muy efectiva. Algunos que anteriormente han recibido tratamiento terapéutico especializado muestran, al poco tiempo de venir al jardín de infancia, una rápida mejoría. En algunos casos, los padres decidieron interrumpir las terapias extraescolares.

Para los niños sanos esta convivencia con los niños discapacitados es un ejercicio muy valioso para aprender a respetar. Muchas veces perciben más claramente que los adultos qué es lo que el niño discapacitado puede hacer por sí mismo y para qué cosas necesita ayuda. Con gran seriedad, preguntan por el tipo de discapacitación y por cómo empezó. Nunca hemos notado que un niño discapacitado fuera objeto de burlas o ridiculizado por los otros niños —una prueba clara de que el niño que se siente respetado, también es capaz de respetar a los otros.

A menudo nos acordamos de mi pequeño compatriota que aquí llamaremos Hans. Un día, cuando tenía tres años, chocó con otro niño que iba corriendo y cayó de cabeza dentro de la piscina vacía de un hotel de Quito. Después de las peligrosas operaciones que le realizaron en una clínica americana, le salvaron la vida, pero el transplante de células cerebrales prometía un éxito inseguro y solo esperanzas de una curación total que no podría notarse hasta después de una larga terapia. Hans y su madre se trasladaron a Alemania y allí recibió durante diez meses tratamiento terapéutico, después, en Ecuador, la familia pudo reunirse de nuevo. Cuando vino a nuestro jardín de infancia de Tumbaco, solo había recuperado una parte muy pequeña del vocabulario. El brazo y la pierna derechos solamente podía moverlos de forma muy limitada. Andaba inseguro, cojeando, y no podía subir escalones. El brazo derecho solo podía moverlo dándose impulso desde la articulación móvil. La mano la tenía torcida hacia adentro y, al tacto, se notaba que la tenía fría y sin vida. A fin de proteger el orificio del tamaño de un puño que tenía en el cráneo tenía que llevar puesto un casco acolchado. Según los informes médicos, su capacidad de concentración no superaba uno o dos minutos y solo con recompensas podía llegar a los cinco minutos.

Desde el primer día Hans se interesó vivamente por la mesa de agua que tenemos fuera, sobre el césped, pero valientemente se negaba a ponerse el delantal de goma. Para evitar una batalla permitimos que se mojara. A partir de aquel momento fue increíble ver con qué persistencia Hans pasaba agua de un contenedor a otro, cómo progresivamente fue inventándose nuevas dificultades con embudos, pequeñas aberturas, con cedazos y mangueras y cómo iba involucrando su brazo prácticamente paralizado en nuevas tareas. Al cabo de un mes, su capacidad de concentrarse jugando con agua era ya de una hora completa. Y aquel que intentaba apartar a Hans de su juego antes de que éste lo decidiera era sencillamente ahuyentado. Con el trabajo hecho, Hans dejaba que un adulto lo sentara en su regazo y le acariciara y diera masajes a su brazo entumecido y a su mano totalmente helada. Hans lloraba y reía y con el tiempo se volvió hablador. Más tarde, además de con agua, empezó a jugar con arena y otros materiales. Cuando al final de curso viajó a Alemania para que le hicieran la revisión médica y para continuar con la terapia, los médicos de allí casi que no podían creer que se tratara del mismo niño que ellos habían dejado meses atrás. Hans no solo había ampliado su vocabulario de un modo impresionante, sino que, además, podía utilizar su brazo de muchas maneras, en realidad de un modo que los médicos habían dado ya por imposible. Al año siguiente, Hans aprendió también a distinguir con quién tenía que hablar español y con quién alemán. Su caso es un ejemplo impresionante de como la naturaleza dota al niño con nuevas e inesperadas posibilidades de desarrollo, si nosotros le concedemos la libertad de que él decida por sí mismo el cómo, el cuánto y durante cuánto tiempo.

El peso principal de la práctica diaria en el jardín de infancia descansa, pues, sobre las múltiples acciones que los niños han elegido por sí mismos, y no pocas veces inventado, y que realizan en un ambiente bien preparado y ordenado. Más tarde, durante la segunda mitad de la mañana, se ofrecen trabajos en grupo organizados por los adultos. Cuando pasan las inspecciones regulares, muchas veces vemos lo confundidos que están los funcionarios; acostumbrados a órdenes severas y rígidas planificaciones, buscan en nuestro jardín de infancia algo que les resulte conocido, algo que ellos puedan identificar con un plan de

En la mesa de agua los niños siempre están probando cosas nuevas.

estudios. Cuando descubren nuestros trabajos en grupo, es evidente que se sienten aliviados: «¡Pero sí que tienen ustedes un plan de estudios! ¡Me alegra mucho comprobarlo!». Y con gran diligencia anotan el descubrimiento en sus libros.

A las diez, Mauricio pasa cantando por todas las salas y por el jardín anunciando la hora del zumo. Los niños que ya han acabado con su trabajo, dejan su mesa y silla libres y ayudan a llevarlas al jardín. El que prefiere seguir trabajando, coge su material y se retira a una habitación tranquila. Los niños van a buscar a la cocina jarras con zumo y galletas, atraviesan la sala de estar, después suben unos cuantos escalones, pasan por la siguiente sala y, finalmente, bajan unos cuantos escalones más, cruzan la puerta y llegan al jardín. Las primeras semanas se ven algunas manchas en el suelo pero, día a día, los niños van mejorando su arte de transportar zumo hasta que, al final, estos accidentes apenas ocurren. Nosotros ya hace tiempo que nos hemos acostumbrado a la procesión del zumo, pero algunas personas que nos visitan y que solo conocen el lado destructivo de los niños pequeños no salen de su asombro. Hace poco, una visita se quedó absolutamente impresionada ante el espectáculo que le ofreció uno de nuestros niños más pequeños. El niño, que todavía no estaba aseado del todo —solo llevaba puestos los pañales y había pasado largo rato guardando el resto de la ropa en su casilla— se subió a una silla para alcanzar una jarra llena de zumo, se bajó y, con absoluto control de sus movimientos y sin derramar ni una gota, tomó el camino hacia afuera.

Después de la pausa del zumo se anuncia, otra vez con una cantinela, el comienzo del «proyecto». En la «casa nueva», con gran amor, cada día se hacen preparativos para que los niños puedan realizar manualidades, trabajos bien planteados de pintura, costura o tejido. En este caso todos los niños trabajan la misma técnica y con materiales similares, y la mayoría de los maestros se ponen al servicio de los niños para ayudarles. Si quieren participar, deben adaptarse a la técnica y a los materiales concretos que se ofrecen este día. Sin embargo, qué cosa confeccionarán en esas condiciones no está fijado de antemano. La participación en el proyecto, así como en los otros grupos de trabajo, es voluntaria. La mayoría de los niños reaccionan con entusiasmo, pero algunos no hacen ni el menor caso de la invitación y no dejan que se les interrumpa la actividad que ellos mismos han elegido. Otros, antes de decidir si participan o no, primero se informan de lo que aquel día hay.

Un poco más tarde hay una nueva invitación: es tiempo de música o de danza, depende del día de la semana, es decir, cantar y tocar instrumentos siguiendo el sistema Orff, movimientos libres con música, expresión corporal o danzas populares. Tanto la música como la danza son trabajos en grupo estructurados. El que quiera tomar parte debe someterse a la disciplina del momento, sin la cual el grupo no podría funcionar. La mañana en el jardín de infancia termina con una historia que es contada en cada rincón en un idioma distinto. Aunque es cierto que la mayoría de los niños hablan español nos parece una bonita costumbre que los niños que hablan otros idiomas puedan oír la historia en su lengua materna.

Y así termina la mañana para los pequeños. Cuando es hora de irse a casa, algunos tienen que realizar un gran esfuerzo para separarse de su actividad y recogen sus cosas a disgusto para subir al autobús. Todos los maestros ayudan para que este difícil momento no se convierta en una situación estresante y se eche a perder el entusiasmo que ha reinado durante toda la mañana.

REPERCUSIONES EN LOS ADULTOS

Hasta ahora he intentado ofrecer una imagen de los inicios de la Escuela Pestalozzi y explicar cómo para nosotros, personalmente, el primer impulso que nos llevó a interesarnos por cuestiones educativas surgió de la necesidad inmediata de tener que abrir caminos transitables a nuestros propios hijos. En la filosofía y el método de Maria Montessori hallamos una primera alternativa, sobre ella edificamos nuestro trabajo y tanto a nosotros como a los demás prometía soluciones satisfactorias. Sin embargo, pronto descubrimos que, no solo para los niños, también para nosotros mismos había comenzado un proceso que, con el paso del tiempo, ponía de manifiesto nuevas necesidades, daba lugar a nuevas inquietudes, exigía buscar nuevas respuestas y conseguir nuevos equilibrios, un proceso que, si cabe, todavía hoy se encuentra en su fase inicial.

A nuestros padres y maestros les proyectamos varias veces un «documental Montessori» holandés que aquí se puede prestar a través del Ministerio de Cultura. Cada vez que vieron la película todos quedaron impresionados del buen gusto, el orden, el atractivo y la armonía que tenían ambiente y personas en una atmósfera Montessori. Uno se siente estimulado a imitarla y a hacerlo todo igual de bonito; no solo desea crear un ambiente verdaderamente atractivo, sino también llegar a encarnar el ideal de maestro Montessori: siempre vestido aseadamente, siempre tranquilo, amable y seguro y, así, día a día, con la misma disposición de ánimo, reunir un grupo de niños limpios, tranquilos y amables que, imperturbables, avanzan por el camino de la perfección y el saber elevado.

Una de nuestras maestras, por aquel entonces una mujer que estaba por encima de los cincuenta, después de veinticinco años de trabajar como secretaria de dirección y de educar a cinco inteligentes hijos, había sentido un deseo muy intenso de, por fin, hacer algo que «realmente la pudiera satisfacer interiormente». Después de su primer año con nosotros me confesó que, durante meses, había intentado imitar mi forma de estar con los niños y que le había supuesto grandes conflictos tener que admitir, para sí misma, que esto no solo era imposible, sino que, además, perjudicaba su relación con los niños. Cuando después de una lucha interior se decidió a ser ella misma, los niños empezaron a tomarle confianza de verdad. Sin embargo, a partir de aquel momento, para ella empezó propiamente el proceso del que aquí se quiere hablar: el adulto empieza a contemplarse a sí mismo —del mismo modo que tiene que aprender a ver a los niños con mucho interés— y a preguntarse: «¿Soy ahora yo mismo o estoy imitando a un modelo preconcebido?» Y pronto van viniendo nuevas preguntas: ¿Por qué este niño me irrita más que otro? ¿Por qué hay días que me produce satisfacción estar con los niños y otros que me resulta pesado? Más pronto o más tarde, todos, nosotros y nuestros maestros, sentimos la necesidad de ser auténticos con los niños. Sin embargo, esto suponía que debíamos confrontarnos con nosotros mismos y con nuestras emociones inconscientes.

Primero de forma intuitiva y más tarde de forma más consciente nos dimos cuenta de lo importante que era ofrecer regularmente a nuestros maestros la oportunidad de comentar sus experiencias diarias. El primer año esto ocurría informalmente. Una vez a la semana almorzábamos juntos y, seguidamente, comentábamos los aspectos prácticos del trabajo, planeábamos proyectos, el transporte y dábamos consejo sobre otras cuestiones técnicas. Pronto empezó a preocuparnos el comportamiento de algunos niños y nuestras propias reacciones en situaciones críticas o incomprensibles. Una aplicación fiel del método Montessori no siempre parecía lo adecuado. Más bien vimos la necesidad de abrirnos a nuevos conocimientos y realizar nuestro trabajo de forma creativa. A la hora del café intercambiábamos espontáneamente las inseguridades personales y nuestros miedos a cometer errores, pero también descubrimientos positivos. De estas conversaciones nació el deseo de crear un círculo de estudios dedicado a cuestiones educativas, a la psicología infantil o a aquellos temas que fueran importantes por su relación con el trabajo o con el propio proceso personal de los participantes en él.

A comienzos del segundo año escolar se había convertido en tradición que, cada semana, regularmente, tuvieran lugar dos sesiones de trabajo, y los maestros nuevos que se incorporaron a las sesiones aceptaron este ritmo. Nos sentíamos como una comunidad de trabajo. Muchos almuerzos y tazas de café tomadas juntos colaboraron a que, cada vez con mayor interés, nos intercambiáramos los resultados de nuestros estudios y los aplicáramos a los niños y a nosotros mismos. Las permanentes comparaciones entre el trabajo de los dos jardines de infancia, con sus diferentes necesidades, dieron pie a reflexiones muy fecundas. Pronto se unió al grupo de estudio un pequeño grupo de padres que se mostraron interesados en que del jardín de infancia surgiera una escuela de primaria. Así pues, cada vez estudiamos con más profundidad la praxis educativa dominante en la escuela primaria de Ecuador y la comparamos con los conocimientos de la moderna psicología infantil y con alternativas probadas en otros países y éstas, a su vez, con las particularidades de la situación ecuatoriana. Más adelante contaré como estos estudios finalmente desembocaron en la creación de nuestra propia escuela alternativa de primaria. Pero ahora me gustaría explicar, con un poco más de detalle, las pequeñas y grandes crisis por las que pasan aquellos adultos que han empezado a confrontarse con el problema de una educación alternativa y se dedican a él cada vez con más entrega.

Con el crecimiento de los jardines de infancia, y más tarde de la escuela de primaria, creció también el número de maestros que compartían responsabilidades con nosotros. El pasado curso escolar éramos doce maestros, aparte de Mauricio que hace las veces de director, chófer, terapeuta y padre de todos según convenga. Desde hace dos años, en las vacaciones de verano se imparte un curso de introducción al sistema escolar activo para unas veinticinco personas. Últimamente, de los participantes de este curso salen los maestros que se incorporan a nuestra escuela. La duración del curso es de aproximadamente ciento veinte horas que comprenden una iniciación tanto teórica como práctica al sistema activo, discusiones y una introducción al método Orff y a la medicina preventiva. Una vez realizadas dos semanas de prácticas en un jardín de infancia, el curso es reconocido por el Ministerio de Cultura con un diploma oficial.

A lo largo del curso tenemos muchas ocasiones para establecer un contacto personal con los participantes. Trabajos presentados, participación en las discusiones, aplicación del material didáctico y conversaciones privadas, todo son elementos que nos ayudan a hacernos una idea de los aspectos personales y de los estilos de trabajar de los distintos interesados. Sin embargo, puede suceder que un maestro, después de unas pocas semanas de trabajar, se dé cuenta de que «ser uno mismo» diariamente puede ser muy doloroso. De repente, algunos entran en una crisis existencial y necesitan ayuda. A medida que el grupo de maestros crecía, sentimos una cierta necesidad de responsabilizamos de nuestros colaboradores, especialmente si se manifestaban síntomas de crisis. A menudo, una conversación personal, una cena juntos o una excursión conseguían mantener abiertos los canales de comunicación que en las sesiones en grupo de maestros no siempre se abrían de forma espontánea. De este modo, más de una vez pudimos evitar que una maestra o un maestro abandonaran el trabajo en sí y a los niños.

Con el paso del tiempo también las sesiones de estudio han sufrido cambios. Del deseo espontáneo de mantenernos al corriente de las nuevas investigaciones y experiencias con un método abierto fuera de Ecuador, surgió un estudio formal que incluía presentar periódicamente trabajos por escrito sobre los que después se discutía. El tercer año hubo maestros que consideraron este tipo de estudios demasiado duros, de modo que intentamos dar un carácter abierto a todos los estudios y dejamos a la responsabilidad de cada maestro el que presentara un breve resumen del contenido de cada libro leído para que el grupo pudiera decidir sobre qué libro queríamos discutir juntos. Sin embargo, este «sistema libre para adultos» estaba condenado al fracaso porque solo unos pocos sabían trabajar sin tener una presión concreta que les viniera de fuera. A los pocos meses, volvimos pesarosos al antiguo «sistema duro». Naturalmente, los resultados no fueron tan satisfactorios como lo habrían podido ser si la aportación de cada uno al estudio hubiese surgido de un auténtico interés y de una verdadera sed de conocimiento. El año pasado fue satisfactorio percibir un nuevo impulso: las colaboraciones dejaban entrever intereses más personales y eran mucho más vivas. Durante este año algunos de nuestros maestros visitaron varias escuelas públicas y privadas tanto de Quito como de zonas rurales y regresaron con experiencias impresionantes y material con el que poder realizar comparaciones, ambas cosas muy valiosas para nuestros estudios.

A pesar de todos estos esfuerzos para que el trabajo con los niños pequeños tenga también pleno sentido para los maestros en tanto que adultos y, así, impedir que, por falta de comprensión, caigan en el cumplimiento mecánico de sus deberes, nos queda por superar una dificultad: la de relajarnos cada día lo suficiente en el trato con los pequeños para llegar a su longitud de onda. Una y otra vez constatamos que hacemos una equivalencia —aunque sea de forma inconsciente— entre trabajo y tensión. Tan pronto como nos relajamos, notamos como nuestras propias necesidades insatisfechas pasan a un primer plano. De modo que el maestro que trabaja en el sistema libre se encuentra, él mismo, en un proceso de reeducación: en un estado relajado, tiene que aprender a anteponer las necesidades de los niños a las propias.

El cuadro quedaría incompleto si no hablara de las repercusiones que el sistema de educación libre tiene en los padres que han matriculado a sus hijos en un jardín de infancia Pestalozzi. ¿Qué motivos tienen los padres para enviar a sus hijos a un jardín de infancia situado en una calle no exenta de peligros y que a muchos les queda muy apartado, un jardín en el que no se lleva uniforme y no hay ni verja ni campana? ¿Por qué los llevan a un sitio del que los niños a menudo regresan sucios, con los calcetines mojados, los cabellos pegados por el sudor, sin deberes por hacer y a la pregunta, llena de expectativas, «¿qué cariño, qué has hecho hoy?» responden o bien «nada» o un lacónico «jugar». Por lo que respecta a los niños del Pestalozzi II la cosa está clara: a este jardín de infancia incluso los más pequeños pueden ir a pie. Así pues, en principio, los padres no se plantean ninguna otra alternativa, sino que aceptan agradecidos lo que se les ofrece. No obstante, primero se aseguran de que detrás de esta suerte no se escondan alguna misión de otra confesión o incluso agentes comunistas.

Por lo que respecta a los motivos de los padres, en el Pestalozzi I, hubo distintas etapas. La «primera oleada» trajo, sobre todo, niños residentes en Tumbaco que, con nuestro jardín, se ahorraban un incómodo viaje en autobús hasta Quito. En cambio, los padres que vivían en Quito consideraron que la vida en el campo sería más sana para sus hijos e idílica de verdad. Algunos padres nos tomaron confianza y, en gran parte, ello se debe a que muchos ecuatorianos siguen sintiendo fascinación por todo aquello que parece venir del extranjero. Unos cuantos eran nuestros amigos personales desde hacía años y ya hacía mucho que se habían interesado por nuestras ideas.

Con la «segunda oleada» vinieron padres con nuevas motivaciones. Para algunos, «Pestalozzi» era el jardín de infancia que ahora estaba de moda y no querían ser menos que sus conocidos. Otros habían oído que con el sistema Montessori los niños aprenden más pronto a escribir, leer y contar. En Ecuador, para ciertas capas sociales, estas son las mejores garantías para hacer una carrera exitosa, cosa que aquí significa hacerse abogado, médico o empresario y así tener en las manos la clave para una vida respetable, segura y, en buena medida, cómoda. Sin embargo, con la segunda oleada también llegaron padres que en su juventud habían sido víctimas del sistema autoritario. Estos eran los padres que, por ejemplo, habían estudiado en escuelas pertenecientes a alguna orden y sentían odio por la religión o que, debido a los palos recibidos, se les había quitado la ilusión de aprender. Algunos habían entrado en contacto con la psicología y comenzaban a extrañarse de que sus hijos, que siempre se habían mostrado alegres, después de un año de jardín de infancia, se volvieran apáticos y desconfiados. También hubo padres que sencillamente siguieron una intuición natural y sintieron que, en Tumbaco, sus niños podrían ser niños de verdad y vivir experiencias que valían la pena. También he de mencionar una serie de padres que trabajaban de sirvientes y que habían comenzado a notar ciertas transformaciones en los hijos de los amos (ahora ordenaban su habitación, querían ayudar en la cocina, o recientemente trataban al servicio y a su familia con respeto). Estos padres empezaron a interesarse por este tipo de educación y pidieron una plaza libre para sus hijos.

Nuestros niños, pues, proceden de casas muy distintas y vienen con todo tipo de hábitos, intereses y comportamientos. Algunos no tienen baño en sus casas y hacen sus necesidades en medio del jardín hasta que alguien les indica cómo deben utilizarse los servicios. Otros tienen mucho miedo de ensuciarse sus ropas recién planchadas. Otros todavía no han hecho nunca nada ellos solos porque la sirvienta lo hace todo. Hay niños que vienen al jardín de infancia con una carpeta llena de libretas y se empeñan en llenarlas para que sus padres se muestren satisfechos. De cuando en cuando tenemos niños que tropiezan con el más mínimo obstáculo y que ni siquiera saben qué es un saltamontes. Algunos vienen cargados de conflictos serios y jugando en la arena, discuten, por ejemplo, si Dios existe o no: «Mi abuela dice que tengo que rezar cada día. Mi padre dice que no tengo que creérmela para nada porque Dios no existe. Y en tu casa ¿qué dicen?»

Hacia el final del primer año de nuestro estimulante trabajo con niños comenzamos a darnos cuenta de que, junto con cada niño, también estábamos tratando con sus padres y de que debíamos incorporarlos de una forma consciente en nuestro trabajo. Así pues, empezamos a convocar reuniones mensuales para padres en el único restaurante respetable que había en Tumbaco. Les ofrecimos pequeñas introducciones a los fundamentos del sistema abierto, aquí desconocido. En las siguientes discusiones, los padres mostraron una gran necesidad de hablar de sus propios problemas. A menudo eran incapaces de mantener una frontera entre lo que era puramente personal y lo que era de interés general. Al año siguiente, antes de cada reunión, repartíamos fotocopias de textos que nosotros mismos habíamos redactado y en los que se informaba de los temas que se discutirían. Periódicamente invitábamos a un conferenciante de la universidad. Otro año dimos a los padres la oportunidad de conocer el material didáctico que utilizamos y de que ellos mismos trabajaran con él para que se hicieran una idea concreta de cómo aprenden sus hijos. De vez en cuando, eran los mismos padres los que tenían temas que debían ser tratados y discutidos.

A través de todos estos métodos, conseguimos, hasta cierto punto, incluir a los padres en el proceso que sus hijos seguían diariamente de una forma libre y natural. Muchas veces, todo esto les hacía reflexionar y pedían conversaciones en privado para que se les aconsejara sobre sus inseguridades y temores en el trato con los niños. De repente nos encontramos ante una bola de nieve que no paraba de crecer. Ni siquiera los domingos podíamos librarnos de la avalancha de visitantes. Para poder dar abasto con todas las entrevistas intentamos dividirnos: uno atendía a los padres en el despacho y el otro en la sala de estar. Mientras tanto, el pelotón de niños que se esperaban se divertían en el jardín de infancia y luego ya no querían regresar a casa. De pronto, para un número insospechado de personas nos habíamos convertido en personas de confianza, confesores, consejeros matrimoniales y, además, punto de destino para la excursión dominical. Incluso haciendo la compra en Quito o en el mercado semanal de Tumbaco nos implicaban en un improvisado servicio de asesoramiento o nos rogaban que fuéramos urgentemente a casa de alguien porque toda la familia, abuelos y tías inclusive, había entrado en crisis a causa de la educación infantil.

Un día, nuestro hijo pequeño, para cuya educación habíamos creado el jardín de infancia, pidió hora con su padre a través de la secretaria y reservó una hora semanal de terapia de juego no dirigida; entonces, nos dimos cuenta de que nos habíamos excedido. A partir de este momento, los fines de semana escondíamos el coche y establecimos horas de visita fijas para los padres y, aunque no siempre todos las respetaban, al menos pusieron un poco de freno a aquella incontrolada intromisión de padres en nuestra vida privada.

¿Cómo se explica este fenómeno que seguro que también se produce en otras escuelas abiertas? Tal vez la causa principal de esa necesidad de hablar y explicarse resida en el hecho de que, en nuestro mundo moderno, se dan muy pocas ocasiones para las conversaciones personales. ¿Cuántas visitas al médico o cuántos tratamientos psicoterapéuticos no se solicitan que simplemente cubren la necesidad de hallarse en una situación en la que uno pueda hablar de sí mismo o en la que por fin alguien —aunque sea pagando— escuche pacientemente? Y en efecto, las conversaciones con los padres de los «niños Pestalozzi» tienen mucho de esta necesidad, pero también dan testimonio de la inseguridad y confusión a las que nos pueden llevar nuestros propios hijos cuando el jardín de infancia les prepara un ambiente en el que sus necesidades son tomadas en serio. En cambio, en casa, los niños muchas veces viven con personas cuyas propias necesidades son mucho más importantes que las de sus hijos. Así, por ejemplo, un niño de tres años y medio le dijo a su maestra estas palabras: «¿Sabes una cosa? En casa me lo hago en los pantalones porque tengo que castigar a mi madre, pero aquí prefiero ir al baño.» Un día su madre le pegó en la cara y el niño le gritó: «Para que lo sepas, en mi escuela no pegan». Al día siguiente, lo sacaron del jardín de infancia; la madre no quería que le robaran el derecho a tratar a su hijo como a ella se le antojase. Actualmente este niño está estudiando en una escuela militar.

A pesar de nuestros esfuerzos, muchos de los padres de los niños que vienen a nuestro jardín de infancia no se dan cuenta de que el «sistema activo» les ofrece también a ellos, y no solo a los niños, un enriquecimiento personal. Estos son los padres que tiran las hojas informativas a la papelera, los que nunca tienen tiempo para asistir a las reuniones de padres y que tan pronto como sus hijos tienen la edad requerida los envían a una escuela tradicional. Algunos se dan perfecta cuenta de que aquí corren el peligro de entrar en contradicción con su propia educación, su propia familia y los valores de su círculo de conocidos y pronto se ponen a salvo: a ellos y a sus hijos. A menudo encuentran una buena disculpa: «No se puede mandar a los niños al jardín de infancia por una calle tan peligrosa.» O: «Mi hijo siempre enferma con el cambio de clima.» O: «Mauricio pega a los niños», o incluso: «Yo esperaba que, ya que se trata de un jardín de infancia alternativo, mi hijo recibiría una educación socialista.»

Sin embargo, hay padres que, inesperadamente, «entran en el proceso». Empiezan a aprovechar la ocasión de que conviven con una nueva generación para volverse a sentir ellos mismos como niños, para mirarse la vida con los ojos del niño y para buscar nuevas posibilidades de convivencia entre lo viejo y lo nuevo. Estas alternativas no siempre coinciden con los consejos de los abuelos (en Ecuador tienen mucho peso), con las costumbres que uno mismo tiene arraigadas, ni incluso con las opiniones de los conocidos. Una madre expresó sin tapujos esta situación: «Desde que mis hijos van al Pestalozzi hemos cambiado de amigos.»

Pero ¿qué es lo que es tan malo para que, a veces, algunos padres de los niños que vienen al Pestalozzi se sientan tan fuera de su sitio? En todas las sesiones de estudio y discusiones, en las cuales traemos a colación Montessori, Piaget, Janov, Bettelheim y otros, sencillamente intentamos explicarles que su pequeño hijo es una persona digna de respeto, aunque a menudo sea difícil entenderla, y que si se obstinan en protegerse de este «intruso» en sus vidas mediante su propia autoridad se perjudican a sí mismos y al niño. Igual de perjudicial es delegar la responsabilidad del bienestar de sus hijos a los especialistas, se trate de maestros o psicólogos.

Intentamos concienciarlos de lo que propiamente causa los conflictos más habituales entre los adultos y los niños: de que los adultos viven bajo la presión de una vida moderna, a menudo muy ajetreada, con un horario inflexible, de cómo, bajo esta presión, se ven obligados a ahorrar tiempo y trabajo para poder competir con los otros, de que ellos mismos acortan todo aquello que sea pensar y sentir y solucionan sus problemas en teoría antes de realizar algo práctico, de como en gran parte el pensamiento abstracto ha substituido a los sentimientos y de como cada persona tiene que luchar contra sus miedos y preocupaciones y raramente encuentra soluciones que le satisfagan.

En cambio, el mundo de su hijo: un ritmo de vida que, en gran parte, todavía no tiene estructuras internas de comprensión del tiempo, y que está absolutamente dirigido hacia la experiencia del momento, la necesidad de estar permanentemente en movimiento, de coger algo, de hacer ruidos, de probar algo nuevo; un hacer carente de finalidad, que sale del puro impulso de actividad, que parece que él mismo es la finalidad; una repetición inexplicable de acciones aparentemente sin ninguna utilidad; una incapacidad bastante habitual de captar las necesidades de los otros, especialmente de los adultos. Y además, la fuerte voluntad del niño para conseguir, de algún modo, aquello que él parece que siente como una necesidad interna y que, a menudo, el adulto no comprende.

También las herramientas que manejan los adultos y los niños son durante sus primeros años de vida muy distintas: el adulto trabaja con símbolos que son incomprensibles para el niño. Por contra, el niño se expresa a través de juegos que el adulto raramente comprende y constituyen un mundo en el que casi nunca le atrae penetrar. El adulto es un maestro sirviéndose de muchos objetos, de máquinas complicadas cuyo uso acostumbra a ser peligroso o incomprensible para los niños y, sin embargo, siempre les atrae de una forma mágica. El niño, en cambio, se siente en casa en un mundo de fantasía que al adulto le parece infantil o incluso peligroso. El adulto se siente a gusto con las abstracciones y las explicaciones lógicas con las que, muchas veces, aturrulla a sus hijos. Los niños, en cambio, necesitan ocasiones en las que a través de su propia actividad puedan sacarle a las cosas sus secretos y hacer sus propios descubrimientos.

Así es como las generaciones viven a menudo en conflicto. Un conflicto en el cual el adulto, por su mayor estatura, su capacidad de decisión, autoridad y experiencia, primero tiene la ventaja de controlar la situación. Sin embargo, no por mucho tiempo, porque incluso los niños más pequeños encuentran maneras y caminos de resistirse y defender su propio mundo. Unos se especializan en obedecer y gustar a los padres; otros, en rebelarse. Unos atraen sobre sí la atención del mundo de los mayores mediante permanentes exigencias, mentiras, lágrimas o peleas con los hermanos; algunos no quieren comer, otros comen demasiado. Y así, podríamos confeccionar una lista infinita.

Ante esta situación de todos conocida —«pasa en las mejores familias»— nosotros proponemos la buena voluntad por parte de los padres. Aconsejamos que los padres tomen tan en serio a sus hijos como ellos mismos desean ser tomados y que, sin renunciar a sus propios y legítimos derechos, miren de comprender de una vez las necesidades de sus hijos y, en la medida que puedan y sean compatibles con el bienestar general, intenten satisfacerlas. De este modo, los padres que empiezan a seguir nuestros consejos, a menudo totalmente prácticos, entran en un proceso a través del cual cada vez van uniendo más el pensar con el sentir. Progresivamente van acercándose a una comprensión de la vida oculta de sus niños, y con ello, de su propia vida hasta retroceder a su infancia que, aunque a menudo está sepultada, retorna en sus reacciones inconscientes. A través de la práctica diaria pronto se dan cuenta de que, con cambios muy pequeños a favor de los niños, consiguen grandes éxitos y de que pueden crear para ellos y para sus hijos un espacio de vida común en el cual ambos, padres e hijos, se respetan y se sienten a gusto.

«Desde que diez minutos antes de las comidas anuncio a nuestros hijos qué hay para comer, el tiempo que pasamos juntos en la mesa es mucho más armónico. Los niños vienen a la mesa de buen humor, comen sin ponerle pegas a todo y disfrutan del tiempo que pasamos juntos comiendo y conversando.» Y así, a una buena costumbre le siguen muchas otras. Casi de forma imperceptible, «el campo de batalla de las generaciones» se convierte en una familia, en la cual cada miembro, incluidos los invitados, se siente a gusto.

Sin embargo, debemos contar con el hecho de que las dudas no desaparecen y que padres que ya creían estar seguros del «nuevo sistema» y podían dar buenos consejos a sus vecinos, si se da una situación poco habitual, de nuevo se sienten perdidos y otra vez aparecen a las horas de visita del Pestalozzi. Una preocupación que nunca cesa es cómo sus hijos superarán el cambio al sistema escolar tradicional. Nosotros intentamos tranquilizarlos pues la experiencia ha demostrado que los niños que proceden del sistema libre son totalmente capaces de adaptarse a otras situaciones y superan el cambio sin ninguna dificultad. Es más, en la mayoría de casos, se han convertido en alumnos ejemplares. No obstante, siempre existen padres que han perdido la confianza en la escuela tradicional o que ellos mismos han hecho tan malas experiencias que desean evitar que a sus hijos les ocurra lo mismo. Estos padres fueron, y siguen siendo, un gran apoyo para la construcción de nuestra escuela alternativa de primaria. Sin embargo, antes de informar sobre esta nueva experiencia, me gustaría referirme a algunas investigaciones que durante los últimos años nos han sido de gran ayuda para nuestro trabajo con niños y padres. Nos ayudaron a comprender mejor nuestras propias vivencias, a ver más claras las relaciones y a explicarlas mejor. A algunas de las investigaciones que nosotros hemos descubierto en los últimos tiempos, ya me he referido en el libro *Aprender a vivir con niños*. Aquí desearía informar sobre unos pocos estudios que, después de nuestras primeras experiencias con la pedagogía Montessori, pronto nos ayudaron a ampliar y aclarar nuestra concepción. Retrospectivamente nos hemos dado cuenta de que la compresión que adquirimos de las distintas relaciones resultó muy útil para nosotros, para los padres y no menos para nuestras discusiones con las autoridades y que ha sido una aportación esencial para que la escuela sobreviva.

EDUCAR Y SENTIR

En las páginas que siguen quisiera explicar cómo, progresivamente, fue cristalizando el concepto de nuestro trabajo. Pero primero desearía destacar de forma especial que, en nuestro caso, la teoría nunca ha precedido a la práctica sino al contrario: a través de la práctica surgían siempre nuevas preguntas a las que buscábamos respuestas y para las cuales recibimos informaciones procedentes de muchas y variadas direcciones. No tardamos mucho en darnos cuenta de que, si se quiere que un niño se desarrolle según su ley interior, toda evolución está relacionada con necesidades que deben ser satisfechas. Pero, ¿cómo definir estas necesidades? ¿Cómo aprender a distinguir las necesidades auténticas de las ficticias? ¿Cuándo debíamos «ir con el niño»? ¿Cuándo debíamos poner límites? Poder dar respuesta a este tipo de preguntas no solamente es muy importante para el bienestar del niño, también lo es para el del adulto.

Entre los primeros autores que nos ayudaron a resolver estas cuestiones se encuentran Arthur Janov y Michael Holden con su obra *La nueva conciencia*. Janov trabajó durante muchos años como psicoanalista y más tarde desarrolló una técnica que se hizo conocida con el nombre de «terapia primaria». Posteriormente dirigió el Instituto Primario de Los Angeles; Michael Holden dirigía una sección de investigación neurológica que estaba unida a este Instituto. Del trabajo conjunto de estos dos médicos surgieron conocimientos muy valiosos sobre el desarrollo de las estructuras cerebrales y a partir de las observaciones que ellos dieron a conocer se ve claramente lo mucho que las experiencias de la infancia determinan la vida, es decir, el sentir y el pensar del adulto. La influencia es tan grande que, finalmente, muchas de nuestras tensiones, miedos o formas de comportamiento inapropiadas tienen que ver con experiencias infantiles y, a menudo, incluso tienen su origen en experiencias prenatales. La descripción que los autores dan de cada caso terapéutico nos deja estupefactos porque reconocemos que estos «casos» también hoy se repiten permanentemente ante nuestros ojos; los vemos, por ejemplo, en nuestros propios hijos y en los niños con los que diariamente tenemos contacto —en el supermercado, en la sala de espera del médico, en casa de nuestros amigos. A cada paso, todos los niños, generalmente sin que nosotros nos demos cuenta, tienen experiencias que marcarán su vida. Se nos muestra de forma clara que depende de nosotros el que nuestros hijos crezcan o no con las mismas cargas que pesan sobre nuestra propia vida. Se trata, pues, del modo en que ponemos a nuestros hijos en el mundo, de cómo los tratamos, de qué es lo que esperamos de ellos y de qué ambiente les creamos.

El punto esencial del trabajo de Holden y Janov son las experiencias de la primera infancia y su influencia en el proceso de desarrollo de los «tres cerebros». En lo que sigue me referiré brevemente a aquellas informaciones del libro que atañen de una forma especial a nuestro trabajo. Sin embargo, quiero anticipar que para nosotros estas informaciones solamente fueron un primer impulso para acercarnos al desarrollo del hombre desde la comprensión de su realidad biológica y, así, ganar una nueva perspectiva desde la que contemplar cada una de las situaciones de la vida de un niño.

La idea es sencilla: Cada niño es un ser complejo que constantemente nos plantea nuevos problemas, pero, como organismo, sus necesidades más elementales tienen que concordar con las de toda la vida orgánica que hay sobre la tierra. Si no respetamos este principio fundamental, no podemos esperar que un organismo se desarrolle sin problemas y tenga «un sentimiento positivo de la vida»; por otra parte, la desatención sistemática de las necesidades básicas de la vida acaba amenazando no solo a la fuerza vital del individuo, sino a la de toda la especie.

Hasta ahora, el resumen más impresionante de estas relaciones lo hemos hallado en el libro de Hoimar von Ditfurth, *El espíritu no bajó del cielo*. El autor retrocede hasta la célula primigenia para mostrar cómo pudo mantenerse y evolucionar la vida orgánica en la Tierra. En la larga historia de la Tierra, la primera célula apareció gracias a la unión de un gran número de moléculas gigantes. Aquí empezó el primer drama de la vida orgánica. La célula primigenia era diminuta, microscópica, ni siquiera tenía núcleo y orgánulos. Sin embargo, su protoplasma contenía una molécula que almacenaba su planificación, que era capaz de copiarla y con ello hizo posible la reproducción. De este modo, esta primera vida orgánica se protegió del poder de las reacciones químicas y físicas, por decirlo de algún modo, se independizó y siguió el plan que albergaba en su interior.

Así surgió la primera necesidad de la vida orgánica: la célula primigenia tuvo que oponerse al mundo exterior, procurarse protección para hacer frente al caos externo del que, precisamente, había nacido pero que inmediatamente había amenazado con destruirla. Aquí fue dónde también surgió el primer conflicto de la historia de la vida orgánica: a pesar de todos los peligros, la primera célula no pudo cerrarse por completo al medio ambiente, ello, al igual que una abertura demasiado amplia, habría significado su final. Sin un intercambio con su medio ambiente, aunque éste todavía fuera tan caótico, habría sucumbido por el principio de la entropía que funciona en los sistemas cerrados.

De modo que fue absolutamente necesario que la primera célula se abriera al mundo exterior. Para este conflicto, la naturaleza encontró una solución genial que todavía hoy sirve para toda la vida orgánica. Una membrana semipermeable permitió que la célula primigenia pudiera mantener el imprescindible intercambio energético con el medio ambiente. Esta membrana solo dejaba penetrar aquello que a la estructura interna de la célula le servía para su supervivencia y desarrollo.

Ahora existía un interior y un exterior y, con ello, se había establecido el primer principio de la vida. Desde entonces la vida es posible gracias a la interacción de un organismo con su más o menos caótico medio ambiente. Y con ello llegamos al segundo principio que resultó necesario para la conservación de la primera vida: desde un comienzo, la dirección de la interacción residió no en el exterior del organismo, sino en su interior. Fue la célula la que decidió qué podía penetrar desde fuera y qué no. Sus tres capacidades servían para esto. Solo aquellas células que se desarrollaron completamente pudieron sobrevivir para contarnos su historia: La célula tuvo que poder diferenciar las materias y cosas más distintas del caos exterior con las que entró en contacto, tuvo que valorarlas y finalmente decidir cuáles dejaba penetrar y de cuáles era preciso separarse de nuevo. Con ello ya se pone de manifiesto que la inteligencia no es el resultado de un currículum bien planeado, sino algo que desde un principio formó parte de la vida orgánica.

Una vez que grandes concentraciones de seres unicelulares formaron organismos y dentro de ellos adoptaran determinadas funciones, surgió la necesidad de un órgano que actuara como coordinador de las muy variadas funciones ya existentes. Así fue como, poco a poco, se fue formando el sistema nervioso reticular, que ya en los reptiles alcanzó un alto grado de perfección y que, todavía hoy, regula las funciones automáticas de todos los seres vivos complejos, incluido el hombre. Las investigaciones biológicas han descubierto que el sistema reticular solamente reacciona y funciona en contacto directo con el medio ambiente. Este principio lo podemos observar, por ejemplo, en los gusanos que, efectivamente, se encogen cuando son tocados y no cambian el sentido de su movimiento hasta que no chocan directamente contra algún obstáculo. En el sistema reticular de los animales de sangre caliente se halla, por ejemplo, un monitor que permanentemente mide la temperatura de la sangre. Si este centro de medición recibe el aviso de «demasiado frío» o de «demasiado caliente», toda una serie de mecanismos se ponen en movimiento y con ello el organismo intenta protegerse del calor o el frío excesivos.

Aunque el sistema reticular, con sus perfectas funciones de regulación, realiza servicios muy valiosos para el organismo, en el gran despliegue de la evolución se puso de manifiesto que esta forma de reaccionar al medio ambiente no siempre es adecuada, es más, incluso puede llegar a ser peligrosa. Una polilla, por ejemplo, solamente puede reaccionar al calor de la llama de una vela cuando entra en contacto directo con ella, es decir, no puede anticiparse y reconocer el peligro. Por eso la naturaleza inventó otro sistema que no reacciona solamente por contacto directo, sino que, a una cierta distancia, ya puede «predecir» peligros o acontecimientos. Se trata del sistema límbico, que en los animales mamíferos alcanzó su máxima perfección. Este sistema puede reaccionar a señales, recibir instrucciones o encaminar acciones antes de que el organismo se halle en medio del acontecimiento.

Es absolutamente fascinante cómo se activa y desenvuelve este trabajo de coordinación del sistema límbico. Las señales más importantes para la supervivencia de una especie ya se heredan, así como también acciones preprogramadas con su completo desarrollo que a lo largo de

Desarrollo de las estructuras cerebrales
y de los niveles de conciencia

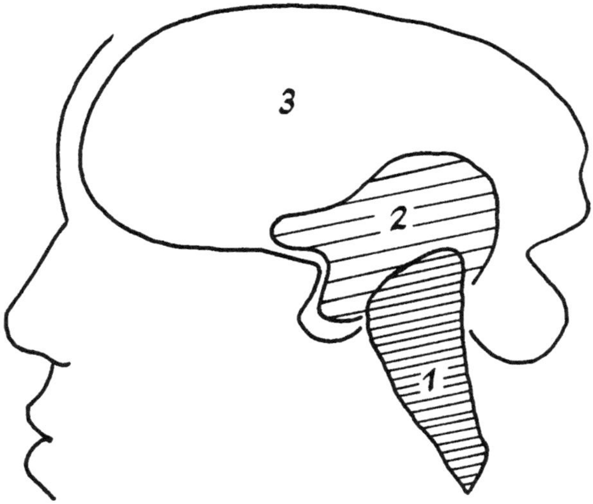

3. Corteza cerebral (nivel cognitivo)
2. Cerebro límbico (nivel afectivo)
1. Cerebro reticular (nivel corporal)

muchas generaciones se han mostrado adecuadas. Estas combinaciones de señales, con sus correspondientes acciones, determinan principalmente las formas de comportamiento más importantes para la vida de una especie como, por ejemplo, el modo de apareamiento, el cuidado de las crías, el cuidado corporal y la defensa. Estos programas de comportamiento innatos, que la inteligencia dejaba en herencia a la especie, la dotaban de mayores y mejores posibilidades de sobrevivir.

Sin embargo, la evolución no se detuvo aquí. Precisamente porque estos ciclos programados eran eficientes prácticamente en un cien por cien de casos, también significaban un peligro cuando las circunstancias exteriores no se correspondían con los estímulos originarios que habían causado el surgimiento del programa. Las tortugas marítimas de las Galápagos, por ejemplo, aprendieron a depositar sus huevos en la arena caliente, a una distancia determinada del agua. Sin embargo, este comportamiento se creó antes de que allí habitaran las gaviotas. Cuando llegaron las gaviotas se lanzaban sobre las tortugas recién salidas del huevo y depredaban un tanto por ciento muy elevado de ellas antes de que pudieran alcanzar la salvación en el agua.

Debido a estas estrategias preexistentes, muchas especies tuvieron que abandonar la escena de la evolución cuando, de repente, cambiaron sus condiciones de vida. Poco a poco fue preparándose una novedad de la cual nosotros mismos hemos llegado a ser el beneficiario más exitoso. Fue una respuesta sorprendente al problema de la adaptación a un medio ambiente cambiante, aunque los materiales para lo nuevo —como en todos los procesos vitales— procedían de lo acontecido anteriormente. Sobre los dos sistemas nerviosos ya existentes se puso una nueva estructura, la corteza cerebral o también llamada «cerebro nuevo». El nombre es adecuado porque con el cerebro nuevo la naturaleza dejó penetrar algo absolutamente nuevo. La corteza cerebral, exceptuando una división en ciertas zonas, no está preprogramada. Sin embargo, incluso esta división general no es definitiva y en caso de necesidad puede ser cambiada.

A diferencia del cerebro antiguo, donde se hallan almacenados ciclos cerrados de reglas, la corteza cerebral es abierta y espera ser impresionada por las vivencias que tiene un individuo a partir de su nacimiento. Con ella el individuo es libre para aprender a utilizar según su voluntad los programas almacenados por el cerebro antiguo, para reaccionar a situaciones no solamente de modo instintivo, sino analizándolas desde distintas perspectivas y hallar en su vida personal modos de acción alternativos. Desde el surgimiento de la membrana semipermeable, la corteza cerebral se ha convertido en la estructura más genial de la vida orgánica. Gracias a ella, y a pesar de la cortedad de la vida, todos los individuos pueden aprender a encontrar soluciones nuevas a situaciones inesperadas.

Pero también este instrumento contiene ya sus propios peligros. Como está tan abierto, en vez de ser programado desde el interior a través de la sabiduría propia de su especie que pasa del cerebro antiguo al nuevo, puede ser programado y dirigido desde el exterior. Así, pues, el propietario de un cerebro bien activado, en algunas circunstancias, puede funcionar sin respetar el principio fundamental de la interacción «de dentro hacia afuera». Debido a su disposición natural, al homo sapiens se lo puede condicionar a todo, si se le altera la relación con sus estructuras más profundas. La historia de nuestra especie nos ofrece trágicos ejemplos de ello, y actualmente estamos casi a punto de destrozar nuestro propio hábitat —una prueba de que cultivando nuestro intelecto hemos olvidado o violado la inteligencia interna, conservadora de la vida.

No debería resultar muy difícil establecer una conexión entre esta excursión a la biología y nuestro deseo de tratar respetuosamente a los niños. Se trata de crear ambientes para los niños en los cuales ellos puedan realizar su «plan humano». Por eso, la pregunta que nos planteamos es cómo podemos evitar un condicionamiento exterior y apoyar un proceso óptimo de desarrollo que surja del interior. Para conseguirlo, las conexiones entre las distintas estructuras cerebrales, que trabajan siguiendo el mismo principio que el de la membrana semipermeable, deberían ser bloqueadas lo menos posible. Y eso solo es posible si el ambiente está libre de peligros y no se atacan desde el exterior las funciones internas del organismo.

El plan humano, es decir, aprender a través de una confrontación personal con el medio ambiente dirigida desde el interior, se encarga de que el equilibrio interior del organismo no esté en peligro y, a la vez, de que el equilibrio del mundo exterior no se vea alterado. Cuando se aprende mediante una programación procedente del exterior, estos sistemas sensibles conectados entre sí que interrelacionan todo lo que tiene vida son conducidos inevitablemente al desorden. De hecho, el objetivo de este tipo de aprendizaje no es conseguir un desarrollo armónico, sino que más bien se orienta según las determinadas expectativas de la sociedad la cual, a fin de adaptar el individuo a sus valores, no se avergüenza de utilizar técnicas de condicionamiento. Por lo tanto, no es extraño que un aprendizaje dirigido desde el exterior vaya en contra de la naturaleza y que, tarde o temprano, ocasione problemas. Estas conexiones, Joseph Chilton Pearce las presenta de una forma muy rica y convincente en sus libros *El niño mágico* y *El próximo paso de la Humanidad.*

Con los años de práctica en el mundo de la educación hemos aprendido a dar mucho valor a las informaciones sobre la estructuración de los tres cerebros. Nos han ayudado a entender un poco los procesos de los niños y de los adultos, y también a respetarlos. Holden señala que el sistema reticular ya está totalmente formado en el estadio embrionario. Está perfectamente demostrado que, como mínimo a partir de la sexta semana de embarazo, registra las experiencias del organismo en desarrollo. Estas experiencias están necesariamente influenciadas por las vivencias físicas y psíquicas de la propia madre. Todas las vivencias positivas son totalmente integradas y colaboran al desarrollo sano del nuevo organismo. Las vivencias negativas, aquellas que podrían resultar perjudiciales para el nuevo organismo, son bloqueadas y obligan a éste a realizar maniobras de desviación y a buscar soluciones sustitutivas. Estas experiencias negativas son las responsables de todas las enfermedades psicosomáticas. Una vez que el desarrollo de estas primeras estructuras ha concluido y el cerebro reticular es capaz de funcionar plenamente, éste se responsabiliza de la dirección de todas las funciones corporales importantes como son circulación, respiración, digestión, etcétera. En este momento, el nuevo organismo da al cuerpo de la madre la señal que inicia el proceso de nacimiento. Si la naturaleza sigue el curso que le es propio, este es el primer acto en la vida que el nuevo organismo «quiere» por sí mismo. En este momento tan importante el nuevo individuo puede ya experimentar su primera decepción si el nacimiento —sea por necesidad o no— es introducido desde el exterior.

Es sabido que el mismo nacimiento es un momento crítico para el nuevo organismo. Si se desarrolla con fluidez y con la colaboración complaciente de la madre, puede quedar registrado como una experiencia muy fuerte y positiva. En el canal de nacimiento, el niño experimenta una estimulación, muy fuerte e increíblemente importante para su vida futura, en la piel, los músculos así como en los órganos internos y llega a su nuevo ambiente con los sentidos bien despiertos y con un grado de receptividad muy elevado. A través de esta primera experiencia tan fuerte, una segunda estructura cerebral, que hasta el momento estaba latente, es puesta en funcionamiento: el cerebro límbico. A partir de ahora éste se responsabilizará de todas aquellas vivencias que conectan al niño con su mundo exterior: sus percepciones sensitivas, sus innumerables posibilidades de movimiento y sus experiencias emocionales. Es fácil de entender que si el parto es difícil o antinatural, el nuevo cerebro que acaba de entrar en funcionamiento aprende a tomar las primeras medidas de precaución. Un niño que, por ejemplo, se ha enredado con su cordón umbilical intentará ponerse a salvo manteniéndose quieto o encogiéndose y esta reacción la repetirá inconscientemente en todos los momentos difíciles de su vida. O un niño que, debido a un parto retardado, no haya podido salir al exterior lo suficientemente rápido y haya tenido que empujar hacia fuera con todas sus fuerzas para abandonar su peligrosa situación es posible que, más tarde, pertenezca a aquel tipo de personas que cuando chocan con dificultades, en lugar de detenerse, más bien pegan fuerte a su alrededor y buscan, agitados, una salida.

Por estos motivos cada vez son más las mujeres y los médicos que se inclinan por un parto natural. Durante semanas las madres, y a menudo padre y madre, se preparan a través de conversaciones y ejercicios de relajación para este acontecimiento tan importante y que puede ser tan decisivo para las actitudes fundamentales de su hijo. Mediante su colaboración activa, la madre aprende a hacer del parto una vivencia fuerte, en un sentido positivo, tanto para ella misma como para el niño. El médico renuncia a algunas de las ventajas de las que dispone en una moderna sala obstétrica. El niño viene al mundo en una habitación cálida y con una iluminación tenue. Los ruidos fuertes y los movimientos bruscos se evitan y antes de cortarle el cordón umbilical, el niño es colocado sobre el pecho de la madre. Las madres que han optado por un parto natural de este tipo, nos han confirmado repetidamente que estos bebés se diferencian positivamente de aquellos que nacieron en las condiciones de una clínica moderna. No duermen con los puños apretados, sino con las manos abiertas, son menos asustadizos, son menos propensos a los cólicos y regulan más fácilmente su ritmo diario. En Francia se observó que todos los niños que vinieron al mundo con el método Leboyer son igual de hábiles con las dos manos, es decir, ni tienen las características de los diestros, ni las de los zurdos. Nosotros hemos podido observar lo mismo en los niños de los indios que, normalmente, nacen en oscuras chozas de barro.

En cada etapa del desarrollo de un individuo, el proceso de maduración tiene lugar predominantemente en una de las tres estructuras cerebrales. Sin embargo, no debemos imaginarnos estos sistemas separados el uno del otro. Más bien sucede que cada una de las experiencias propias de una determinado nivel de desarrollo incluye a las otras estructuras. Durante los primeros siete u ocho años de vida, se activan, sobre todo, los ciclos de reglas del cerebro límbico propios de cada especie y, a la vez, la corteza cerebral se va preparando para nuevas experiencias. Desde el nacimiento, pues, el cerebro límbico, que tenemos en común con los mamíferos superiores, registra todas las vivencias del niño, coordina las nuevas experiencias con las antiguas y, de este modo, en una estructura reúne tres cosas: sentimientos, percepciones sensoriales y movimientos. Si un niño no recibe suficiente amor, esta carencia puede reflejarse en una tensión y descoordinación de movimientos y en una disminución de la capacidad perceptiva. Por el contrario, si se reprimen sus movimientos o sus sentidos no reciben los estímulos adecuados, esta carencia puede conducir a trastornos emocionales. Así pues, paulatinamente el cerebro límbico va adquiriendo un buen funcionamiento a través del contacto plural y duradero con el medio ambiente. Esta evolución llega a su fin hacia el séptimo u octavo año de vida. Su capacidad de funcionar junto con las funciones sanas del cerebro reticular —responsable de la salud corporal— da a nuestras acciones durante toda nuestra vida el impulso necesario y también orientación y profundidad.

La corteza cerebral, el cerebro tercero y nuevo que hace de nosotros unos seres pensantes y nos capacita para operar con abstracciones como el lenguaje, los símbolos y la lógica, entra en funcionamiento, primero de una forma lenta, hacia el séptimo u octavo año de vida y lo hace, sobre todo, al servicio de las percepciones sensoriales y los sentimientos. Su desarrollo más intensivo se produce aproximadamente entre el séptimo y el decimocuarto año de vida; a esta etapa nos referiremos en el capítulo siguiente.

Tratando con niños, la importancia que concedamos a los primeros siete años de sus vidas nunca resultará excesiva. Constantemente tenemos que tener presente que las estructuras del niño todavía no han madurado. Por lo tanto, si estamos dispuestos a satisfacer las necesidades del organismo en crecimiento y a evitar trastornos y desarrollos defectuosos, nuestros «intentos educativos» solo pueden tener un objetivo. Nadie duda de que las necesidades del cuerpo en crecimiento como son una sana alimentación, el aire fresco y la higiene deben ser satisfechas. En las casas-cuna europeas, muy pronto se tienen los bebés bien alimentados al aire libre. A veces solo los llevan al interior cuando tienen que comer o cuando hay que cambiarles los pañales. Todo el mundo sabe que los niños enfermos y mal alimentados no progresan en la escuela. Por eso, ya desde hace mucho tiempo, nos preocupa la falta de alimentos en el Tercer Mundo y nos sentimos con la obligación de ayudar a disminuir este dolor.

En cambio, todavía hay muy poca conciencia de todo aquello que atañe a la segunda estructura cerebral y de las necesidades relacionadas con ella. De ahí la gran importancia de los conocimientos de Janov y Holden que para un enriquecimiento de las relaciones con nuestros niños deberían ser tomados en cuenta. En esencia, los nexos son sencillos y, a la vez, muy importantes: todo organismo en crecimiento tiene necesidades que deben ser satisfechas si se quiere evitar problemas posteriores. Toda necesidad no satisfecha genera dolor y éste instaura un estado de alerta en todo el cuerpo —secreciones hormonales, aumento de las palpitaciones y de la temperatura, cambios en las circunvoluciones cerebrales. El efecto es el mismo tanto si se trata de necesidades físicas como de necesidades psíquicas (por ejemplo, si la herida es física o psíquica). Si el dolor —por sí mismo una señal de alerta de vital importancia— es demasiado fuerte o duradero el organismo tiene que defenderse de él y lo bloquea precisamente en aquella zona cerebral encargada de registrar las vivencias correspondientes a él. Con ello la necesidad originaria continúa insatisfecha, sin embargo el organismo no es consciente de ella.

Ahora el organismo procura privar el acceso a la vivencia dolorosa y así evitar una repetición de las reacciones corporales peligrosas. Si a la vivencia dolorosa se añaden otras igualmente dolorosas son guardadas juntas en una «fuente de dolor» y ésta es sellada (no obstante en situaciones especialmente críticas esta fuente puede desbordarse). En general, con esta precaución, el organismo sigue su vida aparentemente sin molestias pero con algunos cambios de los que el afectado, muchas veces no tiene conciencia en toda su vida. La finalidad de esta estrategia reside precisamente en esto, en hacer «inconsciente», es decir, en no dejar sentir el dolor. Para mantener la efectividad del bloqueo, el organismo tiene que gastar unas energías que podrían ser útiles para otras cosas. Estas energías producen tensiones que, a veces, únicamente llegan a sorprender al «bloqueado» si se manifiestan en malestar corporal, dolores de espalda, pesadez de estómago o dolores de cabeza. A menudo nos es más fácil descubrir estas tensiones en los otros que en nosotros mismos. Notamos que nuestro vecino tiene una voz chillona, nos extraña que no pare de hablar o que de todo haga chistes. Posiblemente, muchas de estas pequeñas señales indicadoras de una tensión interior las consideramos «típicas» del carácter de una persona. Sin embargo, esta tensión desencadena ciertas desviaciones de nuestro modo de ser original que, a no ser que adopten formas patológicas, permanecen inconscientes para nosotros y para los demás. Aunque el dolor que acompaña a todas las necesidades insatisfechas haya quedado bien tapado, ellas están presentes tanto en el sueño como en la vigilia. Como la satisfacción originaria les fue negada, aprovechan cualquier ocasión para exigir satisfacciones sustitutivas. Ellas hacen de nuestros hijos individuos que siempre necesitan nuevas «sensaciones» que pasan a ocupar el lugar de los sentimientos bien integrados. Y a nosotros nos convierten en individuos siempre necesitados de novedades, cada vez más, y que, sin embargo, nunca están satisfechos de verdad. Cada vez que nos observamos a nosotros o a nuestro prójimo con ojos críticos descubrimos muchos signos de una cierta insatisfacción que empuja hacia soluciones sustitutivas —tanto si se trata de «personas normales» como de «personas neuróticas». Para nosotros, estas observaciones no pasan de ser impresiones subjetivas y, generalmente, no somos conscientes de ellas hasta que su efecto es irritante.

Pero, ¿cuáles son las necesidades auténticas y originarias de un niño pequeño que nosotros, como adultos, tenemos que satisfacer para evitar tensiones o apoyar un desarrollo óptimo? Para nosotros, padres o maestros, que lo sacrificamos todo con tal de transmitir cultura a los niños desde pequeños, no resulta fácil aceptar que, hasta los siete años, las necesidades más importantes de un niño son de naturaleza muy «primitiva». Resulta chocante que estas necesidades las compartamos con los primates: la necesidad de contacto corporal, de movimiento y de abundantes impresiones sensoriales. Los humanos tenemos a menudo grandes dificultades en satisfacer, sin resistencias, estas necesidades de nuestros hijos. En este sentido, la superioridad de nuestro entendimiento nos ocasiona algunas confusiones. ¡Cuántas veces no hemos visto madres inteligentes tener a sus bebés al aire libre y dejarles gritar todo el tiempo hasta que finalmente se duermen de agotamiento!

Cuando en el jardín de infancia decimos que un niño no ha recibido suficiente amor de su madre, esto no significa de ningún modo que algunas madres no quieran a sus hijos, sino que les niegan el contacto corporal necesario cuando sus hijos tienen más necesidad de ello. Muchas veces, esta necesidad de contacto corporal insatisfecha permanece presente toda una vida. El niño pequeño, cuya madre no lo coge bastante en brazos o lo coge en el momento inadecuado, que no lo acaricia, mima y besa si no es a cambio de algo, con el tiempo, transforma su necesidad de contacto en «necesidades sustitutivas» a las que la madre corresponde más fácilmente. El niño se convierte, por ejemplo, en un niño «inteligente» que ya desde muy pequeño sabe conversar sabiamente con la madre, o tal vez aprenderá a ganarse la atención de la madre con dibujos muy bien pintados o sabiendo escribir o tocar el piano muy pronto. Sin embargo, nada de esto ayuda: la auténtica necesidad de contacto corporal permanece inalterada. Durante la adolescencia, esta necesidad tal vez será satisfecha por primera vez a través de la unión con un amigo o una amiga y, entonces, lo más habitual es que se la confunda con «amor verdadero» o «sexo fantástico».

En Sudamérica, las madres, a no ser que ya sean demasiado modernas y ellas mismas estén en pie de guerra con sus propios sentimientos, todavía tienen facilidad para dar a los pequeños el contacto corporal necesario; en este sentido la cultura vigente representa un apoyo. Las mujeres indias realizan todas sus tareas con los niños cargados a sus espaldas y cuando se acuestan los ponen en la cama, a su lado. Aunque la mujer ecuatoriana más avanzada da gran importancia al hecho de no seguir ninguna de las costumbres indias, no tiene ningún reparo en tomar a su hijo en brazos tan pronto como éste grita, sea de día o de noche. Una verdadera organización familiar —abuelas, hermanos mayores, amigos— se ocupa de que el bebé sea llevado, mecido, mimado y acariciado. Todos cantan, hablan, ríen y juegan con él, y cuando uno está cansado, otro toma el relevo.

Sin embargo, si tenemos en cuenta que la misma estructura primera del cerebro es la responsable de la vida emocional, motórica y de los sentidos comprenderemos que con esta infatigable entrega no se ofrece todo aquello que el niño precisa. Al respecto, de nuevo puede sernos de ayuda una interesante comparación: El hombre blanco culto, que a menudo priva al pequeño del contacto íntimo, a roce de piel, favorece, sin embargo, mucho más el desarrollo de la independencia motórica del niño y muchas veces, pronto lo anima a que tenga un comportamiento autosuficiente y a investigar el mundo exterior. Estos pequeños seres no siempre esperan tener tantas posibilidades de explorar, porque toda seguridad personal tiene su origen en los brazos de la madre. A menudo hemos podido observar que estos niños precisamente se ven impulsados a conquistar el mundo para demostrar su espíritu emprendedor y su valentía. Estas conexiones las vemos diariamente de una forma clara en el jardín de infancia en niños que son extraordinariamente activos pero, a la vez, agresivos y en situaciones críticas se echan más fácilmente a llorar y a culpabilizar que otros.

Sin embargo, a las tradicionales madres, abuelas y tías ecuatorianas no les resulta fácil dar al monísimo bebé la independencia que necesita. El bebé indio continúa inmovilizado, arropado y envuelto en pañales cuando ya hace tiempo que podría andar a gatas y coger objetos. Al niño mestizo se le hacen todas las cosas que él ya podría hacer por sí mismo: se le da de comer en la boca hasta que tiene cinco años o más, es llevado de un sitio a otro cuando ya podría correr, y cuando quiere coger algo, inmediatamente se lo ponen en sus manos. Cuando estos niños vienen al jardín de infancia, no desean demasiado la proximidad de una maestra pero al principio se muestran muy poco emprendedores y con poca alegría de descubrir cosas. No obstante, por lo general, si se encuentran en una situación de estrés conservan, mucho más que otros, su tranquilidad de espíritu.

No cabe la menor duda de que el verdadero arte en el trato con los niños pequeños consiste en darles en el momento adecuado y de la forma adecuada tanto seguridad y contacto corporal como independencia y libertad de movimientos. ¿Pero cómo podemos nosotros, las madres, conseguir hacer o dejar hacer lo adecuado en cada situación, si apenas conocemos nuestros propios sentimientos? Hace poco se realizó en México un interesante experimento con un grupo de madres y sus bebés recién nacidos. Con distintas variaciones, después del nacimiento, a algunas madres se las dejó con sus bebés y otras fueron separadas de ellos. El resultado fue que el período de tiempo crítico son las doce horas posteriores al parto, y esto no solo para el niño, sino de forma muy especial para la madre. Si durante este tiempo la madre tiene contacto corporal con su bebé, se ve favorecida una sensibilidad especial que le permite comprender de una forma natural las necesidades de su hijo. Así, por ejemplo, puede distinguir de una forma más clara si su hijo llora porque tiene hambre, frío, dolor de barriga o por algún otro motivo. Con ello le resulta mucho más fácil satisfacer las necesidades del niño sin pérdida de tiempo. En cambio, en las madres que durante las doce primeras horas han sido separadas de sus hijos, esta sensibilidad se va perdiendo; se trata de algo parecido a lo que ocurre a la madre de un animal que si es separada de su cría ya no la reconoce como suya. Así pues, ¡qué difícil es para nosotras, madres «modernas», cuidar de nuestros hijos de un modo espontáneo y natural y qué grande es nuestra necesidad de dejarnos aconsejar por especialistas!

Con todo, se nos aparece una importante pregunta: ¿Cómo pueden los padres, ellos mismos repletos de necesidades insatisfechas y tensiones, tener aquella sensibilidad inmediata para las necesidades de sus hijos si, cuando se abren, todo lo que notan es su propio dolor? A través de muchos ejemplos, Janov muestra como los padres, a menudo con las mejores intenciones, en realidad no hacen sino proyectar sus propias necesidades insatisfechas sobre los niños. Entre las capas más bajas de Ecuador, toda una sociedad quiere proporcionar a sus hijos una formación escolar de la que ella misma no pudo disfrutar. En una escuela de élite de Quito, cada año forman una quinta clase en la que reúnen los niños más inteligentes de las escuelas menos prestigiosas de la ciudad. Aquí, después de muchos tests y pruebas, a los niños elegidos se les ofrece una formación escolar de primera clase hasta llegar al examen del final del bachillerato y la esperanza de poder estudiar en el extranjero. Más de una vez he sido testigo de una escena como la siguiente: Un grupo de niños de diez años espera a que empiece su test de selección. Alrededor de cada uno de los asustados niños hay una serie de familiares que van lanzando sobre el niño un torrente de últimos consejos y de excitadas advertencias. Peinan los cabellos del niño una y otra vez, le ponen un pañuelo limpio en el bolsillo, le dan rápidamente otra bendición. ¡Cuántas esperanzas de los adultos son depositadas en los niños!

Día tras día, tratando con padres y niños contemplamos la misma situación con pequeñas diferencias de matiz: padres que ellos mismos no fueron queridos y aceptados como de verdad eran, a los que no se les permitió ser seres necesitados de amor y de experiencias y con muchas posibilidades de autorrealizarse; niños que no desean recibir una lección a cada paso, sino que quieren descubrir el mundo a través de su propia actividad y de sus propios intentos. Ahora estos mismos padres transforman a sus propios hijos en pequeños hombres que solo se ganan el amor de los padres bajo condiciones muy determinadas.

Hace un año, el pequeño Pedro abandonó nuestro centro para ir a una escuela tradicional. En la fiesta de despedida su madre lloraba. Entre ella y su marido existían muchas diferencias de opinión sobre la educación que debía recibir el niño, y para no poner en peligro su matrimonio ella había decidido dar la razón a su marido. Pedro vino a nuestro jardín de infancia a la edad de cuatro años, padecía claramente de una debilidad muscular en las piernas y tenía un desagradable hablar gangoso, gangosidad que era mucho más pronunciada después de pasar el fin de semana en casa que después de una semana de jardín de infancia. Según nos contó la madre, el padre se esforzaba mucho con su hijo, no quería aceptar que tenía las piernas débiles. Por lo visto, en su infancia, a él le habría gustado jugar a fútbol, pero sus padres pensaban que esto no era conforme a su posición social y, en lugar de jugar, le hicieron aprender a tocar un instrumento. De modo que ahora su deseo no era otro que, en su tiempo libre, entrenar fuerte con el pequeño Pedro aunque no conseguía llegar muy lejos. En el jardín de infancia, donde Pedro podía elegir, el niño no tocaba ni una pelota. Pronto sus padres lo apuntaron a clases de natación, aunque por aquel entonces el niño tenía problemas con los oídos y para burla de los otros tenía que llevar tapones en las orejas y un gorro de baño que aquí no tienen costumbre de ponerse. Así que Pedro aprendió a nadar «según instrucciones» y fue el único niño de seis años que al pasar a preescolar era capaz de cruzar, aunque con movimientos rígidos, la piscina. Sin embargo, cuando los niños del Pestalozzi chapoteaban divertidos en el agua y entusiasmados probaban todo lo que podían hacer en el agua, Pedro disfrutaba de poderse sentar al borde y de que nadie le obligara a meterse en el agua.

A comienzos del último año escolar aceptamos, después de largas conversaciones, que la hija de diez años de nuestros vecinos estudiara en nuestra escuela primaria. El motivo de este cambio es que los padres cada vez estaban más insatisfechos con los efectos que producía la anterior escuela en el carácter de su hija que siempre había sido muy alegre. Explicaban que había perdido mucho las ganas de aprender e incluso de jugar y que lo único que todavía parecía gustarle eran las clases de piano. Después de unas pocas semanas de ganar experiencias en el sistema escolar libre Megan dijo a sus padres que «nunca más quería tocar el piano». Fue un día negro para toda la familia. Por la turbación que mostraban los padres pudimos comprender lo importantes que habían sido para ellos mismos aquellas clases de piano. Aunque las dotes para la música de Megan son excepcionales, primero tuvo que liberarse del sentimiento de que tocar el piano era importante para sus padres porque así ellos mismos se sentían confirmados. Tuvo que pasar un año hasta que Megan se sintiera lo suficientemente respetada como persona y pudiera tocar de nuevo el piano sin sentir peligro.

Un aspecto importante del trabajo en el jardín de infancia es necesariamente el de dejar que salgan a la luz las necesidades insatisfechas de los niños y, si es posible, satisfacerlas. Cuando conversamos con los padres nunca es tarea fácil hacerles comprender la diferencia entre necesidades auténticas y necesidades sustitutivas. Intentan oponerse: «¡Usted no puede esperar de nosotros que satisfagamos cada uno de los deseos de nuestros hijos!» Nosotros intentamos aclararles la sutil diferencia: El niño pequeño que en el supermercado grita y patalea y quiere tener todo lo que ve en los estantes no se sentiría saciado ni que comiera todo lo que con dinero pudiera comprar su confusa y enfadada madre. Esto muestra sencillamente que el niño no es amado de una forma que se corresponda a sus verdaderas necesidades.

Algunos padres que han aceptado nuestro consejo se acostumbran a sentar a sus hijos en su regazo con más frecuencia, a acariciarlos o también a dejarles tomar decisiones. Sin embargo, a menudo no pasa de ser una técnica. Si todo ello no surge de un sentimiento auténtico, el niño lo experimenta como insuficiente y, a menudo, incluso como una manipulación. Al niño nada que no sea auténtico sentimiento le parece suficientemente bueno. Así como nosotros mismos nos sentimos, así sentimos al niño porque el sentimiento es una fuerza universal, indivisible. Por diversos motivos, muchas veces pasa bastante tiempo hasta que los padres, que quieren de todo corazón establecer una buena relación con sus hijos, llegan a tener sentimientos de verdad. A aquellos que nos lo piden les damos consejos sencillos y concretos. Repetidamente les explicamos, por ejemplo, que la risa y el llanto son las llaves con las que la naturaleza puede abrir los antiguos bloqueos y liberar las energías ligadas a ellos. Llorar, especialmente si se trata de varones, es muchas veces mal visto. Cuando un niño llora nos apresuramos a consolarlo para que calle lo más pronto posible: «A ver enséñame, no ha pasado nada, ya está otra vez bien.» O: «Los niños mayores no lloran.» Ni siquiera sospechamos que el pequeño accidente que se ha producido ahora no es más que una ocasión para poder llorar y sacar fuera todo el dolor que ya se encuentra almacenado en la «fuente del dolor» del niño pequeño. Si permitiéramos que el niño llorara ahora con todas sus fuerzas y mientras llora lo cogiésemos en brazos diciéndole cosas que reforzaran sus propios sentimientos —«sí, de verdad hace mucho daño»— la fuente podría finalmente vaciarse y las tensiones de semanas, meses y tal vez años estarían resueltas.

Cuando Rafael, nuestro segundo hijo, tenía seis años vivimos una experiencia impresionante: Nosotros estábamos trabajando en el jardín de infancia y en la escuela. De repente, Mauricio, que en aquel momento estaba en el despacho, oyó unos gritos horribles y reconoció la voz de Rafael. Antes de que pudiera salir corriendo del despacho para ver la gravedad del accidente, una maestra le llevó el niño en brazos. Gritaba como si lo estuvieran torturando y mantenía las manos estiradas. Mauricio intentó sacarle qué es lo que había ocurrido. La maestra no podía aclararlo, solo sabía que el niño se había caído y se había dado un poco con las manos contra el suelo de cemento que hay delante de la casa. A juzgar por los gritos, podía tratarse de una rotura ósea, pero palpándolo con cuidado no parecía que hubiera algo roto. Solo se veía que tenía las manos ligeramente coloradas, pero ni siquiera se le pudo hallar una pequeña herida. Existían dos posibilidades: o llevarlo a Quito para que le hicieran una radiografía o, siguiendo la apariencia externa de que no había pasado nada malo, hacer que Rafael callara. En lugar de esto, Mauricio decidió sentar a su hijo en su regazo, abrazarlo fuerte y cada vez que empezara a gritar confirmarle el dolor: «Sí, eso duele mucho». Esto duró una media hora. Fue una explosión enorme que habría conmovido a cualquiera. Finalmente, Rafael empezó a tomar un poco de aire y entre sollozos dijo: «me he quemado». Entonces a Mauricio se le cayó la venda de los ojos: Cuando Rafael tenía cuatro años sufrió un accidente grave con agua hirviendo y un calentador de inmersión que quemaba. Su barriga y el fémur derecho quedaron cubiertos de quemaduras de segundo y tercer grado. En aquella ocasión Rafael fue de una valentía sorprendente. Si no hubiera bloqueado el dolor, seguro que le habría producido un shock. Hacía tiempo que las heridas ya habían sanado y de vez en cuando Rafael contaba su accidente con orgullo. De repente, la sensación de escozor en las manos lo había conectado con su dolor bloqueado. Ahora era mayor y con más capacidad de resistir y pudo revivir otra vez la situación de dolor. Cuando el llanto ya estaba casi acallado llegué yo de la escuela, que está situada delante del jardín, y Mauricio me dijo: «Rafael ha tenido una experiencia muy mala. Ha caído y se ha quemado las manos». Y Rafael añadió: «Sí y me ha dolido mucho más que entonces, cuando me quemé la barriga. Aunque en la barriga me hice daño, y en las manos no tengo heridas.»

Durante las semanas siguientes Rafael a menudo se pegaba a nosotros, y, normalmente, él valora mucho su independencia. En una ocasión en que Mauricio dejó el libro a un lado para jugar con él se puso a llorar sin motivo alguno. Naturalmente, la primera reacción del adulto que quería concederse un poco de tiempo a sí mismo habría sido: «Yo juego contigo y tú te pones a llorar ¡pero si yo no te he hecho nada!» Sin embargo, Mauricio se había dado cuenta de que el llanto había empezado al tocarle la barriga. De modo que continuó dándole masajes muy suavecitos en la misma zona y cada vez desencadenaba llantos. Tan pronto como acariciaba otra parte del cuerpo, el llanto disminuía. Y esto duró casi una hora. Después de esta experiencia, Rafael fue durante tres semanas otro niño. Pocas veces lo habíamos visto tan relajado, alegre, emprendedor y creativo. Después de este período buscó ocasiones similares para poder llorar. Muchas veces bastaba un pequeño roce para que el proceso se desencadenara. Esto duró varios meses, sin embargo el llanto fue en cada ocasión un poco más breve que en la anterior.

Janov afirma que solo los padres que han pasado por una terapia primaria pueden ser padres que verdaderamente sientan. En su libro *Revolución de la psique* él mismo considera digno de atención el hecho de que muchos de sus antiguos pacientes sientan un respeto tan grande por la responsabilidad que tendrían que asumir si fueran padres que prefieren no traer ningún hijo al mundo; tienen miedo de no comportarse coherentemente con ellos. A menudo hemos discutido sobre este dilema y por nuestra cuenta hemos llegado a la conclusión de que seguro que una terapia de las que se describen en los libros de Janov es adecuada en muchos casos pero, no obstante, no deja de ser una situación artificial.

Nosotros recomendamos mucho más una «terapia real» que todos podemos aplicar en nuestra vida cotidiana. En todas las situaciones de la vida, en el trato con nuestra familia, con nuestros amigos o compañeros de trabajo tenemos sobradas ocasiones en las que nosotros mismos podemos sentirnos de una forma sincera, reconocer nuestras motivaciones secretas, nuestros miedos y expectativas ocultos y tratar de encontrar alternativas a nuestras reacciones habituales. Los niños que están bajo nuestra protección esperan precisamente ocasiones en las que puedan tomar nuevos caminos; aún están cerca de sus sentimientos y no, como nosotros, rodeados de los muros de defensa del edificio del pensamiento lógico.

Hace unos meses vinieron a la hora de visita los padres de Andrés. Querían expresar su preocupación por el hecho de que con sus cinco años (con nosotros ya llevaba dos), el niño mostrara tan poca inclinación para el «trabajo serio». Intentamos tranquilizar a los padres — ambos profesores en la universidad— diciéndoles que el niño es el que mejor sabe qué es lo que necesita. Efectivamente, hacía ya bastante tiempo que nos había llamado la atención que este niño, más que ningún otro, buscara casi exclusivamente juegos agitados. Si alguna vez lo queríamos coger y jugando tomarlo en brazos, rápidamente se soltaba y mostraba un gran rechazo. Al final de la entrevista, que había durado una hora, los padres preguntaron, casi como de paso, si las frecuentes pesadillas que Andrés padecía desde hacía meses y que cada noche le sacaban de su cama para ir llorando a la de sus papás podían tener alguna importancia. Dudaban de si debían mandarlo otra vez a su cama o, si por contra, era mejor que se quedara con ellos. Al escuchar la palabra «pesadillas» aguzamos el oído y preguntamos a los padres cosas sobre la vida que llevaba Andrés en casa y sobre su primera infancia. Entonces supimos que, durante el embarazo, la madre de Andrés había tenido grandes dificultades y que durante meses tuvo que guardar reposo. El niño vino al mundo con la ayuda de fórceps y a las dos semanas de vida ya estaba en la mesa de operaciones. Durante los tres primeros años de vida tuvo que superar tres operaciones de envergadura y, por suerte, después su salud mejoró rápidamente. La madre pudo volver a dedicarse a su trabajo, y la familia, en especial una abuela muy dominante, se encargó del cuidado del niño. Llamaba la atención que Andrés se llevara especialmente bien con todos aquellos miembros de la familia que no desperdiciaban ni un momento expresando sus sentimientos y que, en cambio, evitaba, siempre que era posible, a aquellos familiares que mostraban sus sentimientos. Ahora los padres estaban un poco preocupados porque durante las últimas semanas al niño se le había abierto de nuevo una herida de una antigua operación y desde entonces no había parado de supurar. Por suerte, decían, Andrés no se quejaba nunca de ello. Era, según sus padres, un chico muy valiente y nunca lloraba.

Al principio, lo de la herida abierta no nos lo podíamos creer; Andrés saltaba como nadie del pórtico de escalada y hacía juegos bruscos con sus amigos sin jamás quejarse por ningún golpe. Al día siguiente nos cercioramos de que, efectivamente, Andrés tenía en un costado una herida que supuraba del tamaño de una mano. Nosotros intentamos explicar a los padres que su hijo corría el peligro de convertirse en una persona muy inteligente pero carente de sentimientos y les aconsejamos que lo acariciaran siempre que pudieran y aprovecharan estas ocasiones para invitarlo a llorar. Una semana más tarde vino a vernos la madre; estaba asustada porque su pequeño Andrés ahora no hacía otra cosa que llorar. En una ocasión el niño le había preguntado: «Mami, ¿por qué ya no me quieres?» y ella, llorando, le había asegurado que lo quería de verdad. Pero la respuesta de Andrés fue: «¡Siempre que me tocas me haces daño!» Con la ayuda de sus padres, Andrés entró en contacto con su propio dolor, aquel dolor que se había ido estancando desde el día de su nacimiento. Cada sentimiento, incluso las caricias de su madre, le hizo sentir su antiguo dolor. Sus padres, que hasta el momento se habían interesado básicamente por su carrera, ahora, por amor al hijo, empezaron a buscar alternativas para su vida en común.

Yo sigo ocupada con la redacción de este capítulo, pero el nuevo curso escolar ya hace tiempo que ha empezado. Este año el número de niños de la escuela primaria se ha duplicado. Otra vez hemos aceptado algunos niños nuevos procedentes de otras escuelas. Sobre ellos podría escribir todo un capítulo lleno de observaciones interesantes, sin embargo, me limitaré a añadir solamente una historia que, de una forma especial, nos llegó al corazón.

Una familia norteamericana había dejado este verano los Estados Unidos para comenzar una vida «con sentido y más plena» en Tumbaco. Formaba parte de este proyecto la posibilidad de una educación abierta, algo que en su antiguo lugar de residencia suponía un gasto exorbitante. El cambio, especialmente para su hijo mayor, resultó más difícil de lo que habían imaginado. Desde su llegada a Ecuador, este niño de diez años, que había tenido que abandonar a sus amigos y al mismo tiempo cambiar de sistema escolar y aprender una lengua nueva, se siente totalmente perdido y abatido. No quiere hacer nada, solo va de un lado a otro y ni siquiera quiere entablar amistad con los niños de la escuela que hablan inglés y son de su misma edad. Brevemente: es una verdadera alma en pena y solo de verlo entran ganas de llorar. Pero cuando realmente me sentí mal de verdad es cuando me enteré de que sus padres le habían ofrecido un premio de diez sucres por cada día que intentara poner una cara alegre. ¡Pobre John, qué pronto has aprendido que tus padres no te soportan tal como tu verdaderamente te sientes! En el fondo, todos deseamos niños que sonrían y sean fuertes e inteligentes. ¿Qué tenemos que hacer con ellos cuando están abatidos y llorones, cuando nos muestran su rabia y rechazo, cuando no quieren entender, no quieren ni escuchar ni ver nada, cuando nos parecen débiles e inútiles?

ENTENDER SIGNIFICA INVENTAR

Con el tiempo, los estudios de Janov y Holden han ido adquiriendo una gran importancia para nuestro trato diario con niños de preescolar. En nuestro trabajo con los niños mayores son una ayuda permanente para reconocer antiguas necesidades insatisfechas y para apoyar medidas terapéuticas. En cambio, la extensa obra de Jean Piaget se ha convertido en una referencia de una importancia decisiva, sobre todo, para los fundamentos de la escuela de primaria, aunque, como es obvio, su estudio también puede proporcionar a nuestros maestros de preescolar una comprensión muy valiosa de su trabajo diario y, como adultos, satisfacerlos.

El mismo Jean Piaget siempre recalcó que él no era ningún pedagogo, sino un psicólogo que investigaba el desarrollo del pensamiento infantil. Su obra completa es tan rica que tal vez pasarán generaciones hasta que se reconozcan todas las posibilidades de aplicación que ofrece y se hagan accesibles al gran público. Piaget solo se pronunció de vez en cuando dando indicaciones y propuestas concretas sobre el tema de la educación, así, por ejemplo, en sus dos trabajos publicados conjuntamente: *El derecho a la educación y el futuro de nuestro sistema educativo*. Algunas ideas contenidas en este libro pueden dar cuenta de qué conclusiones para la práctica educativa general extrajo el propio Piaget de sus amplias investigaciones.

Piaget acabó con la idea de que los niños ya vienen al mundo con estructuras mentales parecidas a las de los adultos. Ya no podemos darnos más por satisfechos con la antigua idea según la cual, a través del proceso educativo y en la medida en que nosotros llenemos con los contenidos y conocimientos necesarios el ya existente aunque vacío «recipiente del espíritu humano», los niños son convertidos en miembros válidos de la sociedad humana. Un niño normal de cinco años puede no entender relaciones que para nosotros son sencillas y unívocas aunque se las expliquemos cariñosamente y con toda claridad. Por ejemplo: si dos recipientes de distinta forma (recipiente A y B) contienen la misma cantidad de agua y otro recipiente C (también con otra forma) contiene la misma cantidad que B, entonces, lógicamente, el recipiente A contendrá tanta agua como el recipiente C. Un niño normal de ocho años entiende esta deducción, sin embargo, hasta los once o doce años todavía se tienen dudas tan pronto como se mencionan otros factores como, por ejemplo, el peso o cuando estos argumentos se enuncian oralmente y se presentan sin la ayuda de materiales concretos. En su obra, Piaget ha demostrado repetidamente que la lógica, tal como la entienden los adultos, no se empieza a formar hasta los once o doce años y que este proceso está acabado hacia el decimocuarto o decimoquinto año de vida. Conocimientos de este tipo, por fuerza tienen que influir de una forma profunda en nuestro trabajo educativo. El artículo 26 de los Derechos Humanos dice que toda persona tiene derecho a la educación; sin embargo, a no ser que ignoremos las investigaciones sobre los procesos mentales del niño y su evolución como si se tratara de algo que únicamente pertenece a los estantes de las bibliotecas universitarias, este derecho no puede solamente significar que todos los niños del mundo deben ir a la escuela para que, con la ayuda del maestro, de los libros de texto, del cuaderno y el lápiz, aprendan a escribir, a leer y a hacer cuentas. Por lo tanto, si en el trabajo que venimos desarrollando en la escuela, incluimos de una forma consciente, por ejemplo, los estudios de Piaget, por todas partes se nos abrirán nuevas perspectivas y no solamente para el Tercer Mundo, tan hambriento de educación, sino también para los países avanzados y sus antiguas tradiciones pedagógicas.

Piaget muestra que, cualitativamente, las estructuras intelectuales y morales del niño son totalmente distintas de las de los adultos pero que, sin embargo, el niño se parece mucho al adulto por lo que respecta a sus funciones más importantes. Al igual que el adulto, el niño es un ser activo, y su actividad está subordinada a las leyes de los intereses y de las necesidades internas y externas. Las diferencias entre el niño y el adulto, Piaget las ilustra con el conocido ejemplo del renacuajo y la rana. Ambos necesitan oxígeno, sin embargo, para absorberlo, el renacuajo no respira por el mismo órgano que la rana. De modo parecido, el niño actúa en gran parte como el adulto, pero con una mentalidad cuya estructura es distinta en cada edad. Con mucha seriedad, Piaget se pregunta si la infancia no será una «desgracia necesaria» que hay que superar lo más rápido posible o si, por el contrario, tiene un sentido más profundo que el niño nos puede mostrar a través de su actividad espontánea y que debería poder disfrutar al máximo.

Piaget insiste en que el derecho a una educación ética e intelectual significa mucho más que tener el derecho a asimilar saberes, escucharlos y obedecerlos: se trata, más bien, del derecho a formar ciertos instrumentos que son muy valiosos para actuar y pensar inteligentemente. Para ello es necesario un entorno social específico, pero no la subordinación a un sistema establecido. Piaget habla del derecho a un aprovechamiento lo más efectivo posible de las fuerzas que duermen en el individuo y con las cuales, más tarde, podrá servir a la sociedad. No obstante, a lo largo del proceso educativo estas fuerzas no solo pueden ser desarrolladas, sino también destruidas o permanecer desaprovechadas. Piaget sospecha que la escuela tradicional ejerce una función similar a la de los ritos de iniciación propios de sociedades primitivas, que tienen como efecto una adaptación total a estándares colectivos. La escuela tradicional, con sus expectativas de que el niño se someta a la autoridad moral e intelectual del maestro y absorba una cantidad determinada de saber necesaria para superar exámenes, ¿no desempeña una función similar a la de aquellos ritos de iniciación que perseguían un objetivo parecido: transmitir a las nuevas generaciones verdades comúnmente aceptadas y, así, garantizar la cohesión de una sociedad marcada por valores y modelos estándar y su pervivencia con el menor número de cambios posible?

Por el contrario, según Piaget, la educación debería perseguir el pleno desarrollo de la personalidad humana. Debería, pues, crear individuos autónomos —tanto intelectual como moralmente— y capaces de respetar esta autonomía en los otros mediante la aplicación de la ley de reciprocidad, la misma ley que les aplican a ellos. Este objetivo educativo nos lleva directamente a las preguntas centrales, base del movimiento de las «escuelas activas».

La escuela tradicional ofrece a sus alumnos una cantidad bien calculada de conocimientos y les da la oportunidad de aplicarlos en muchos «ejercicios gimnásticos intelectuales». Si a lo largo de los años estos conocimientos se van progresivamente olvidando, siempre nos queda la profunda satisfacción de haberlos poseído alguna vez. A esta visión del aprendizaje podemos oponer la idea de que lo que hay que tomarse en serio no son las dimensiones del programa educativo —muchos de los saberes aprendidos no se utilizan nunca y, por lo tanto, se olvidan— , sino que debería preocuparnos mucho más la calidad del aprendizaje. Sabemos muy bien que los conocimientos adquiridos mediante investigación personal y esfuerzo espontáneo no solo se retienen mucho mejor, sino que, además, el método con el que se ha trabajado a lo largo de este aprendizaje puede ser útil toda una vida. Con un método así, la curiosidad natural se ve constantemente animada, mientras que los métodos adoptados pasivamente la paralizan o disuelven. Mediante su participación personal en el proceso de aprendizaje, el alumno favorece su capacidad de pensar y forma sus propias ideas, en lugar de ejercitar su memoria o amoldarse a ejercicios mentales impuestos desde fuera.

Ni siquiera los fundadores de las escuelas activas tienen una idea clara de lo importante que es una reforma efectiva del aprendizaje y del desarrollo intelectual. Es difícil saber cuáles son los factores que durante tanto tiempo han impedido o limitado una aplicación radical de las investigaciones ya conocidas sobre el desarrollo de las operaciones racionales y sobre la formación de ideas fundamentales al campo de la práctica pedagógica.

En sus observaciones sobre el «futuro de nuestro sistema educativo», Piaget dedica un espacio importante al problema de la educación matemática. Para él, no existe la menor duda de que el verdadero significado de la enseñanza de las matemáticas reside, antes que en el manejo de símbolos, en un uso inteligente de objetos concretos. Muestra cómo incluso personas que durante mucho tiempo tuvieron bloqueada la capacidad de comprender relaciones numéricas pudieron realizar estas operaciones en situaciones regulares de la vida, cuando sus acciones estaban motivadas por intereses y necesidades personales. Piaget llega incluso a afirmar que, en realidad, no se puede entender nada que no haya sido «inventado» y descubierto por el individuo mismo a través de la repetición de acciones (renovadamente impulsadas por estímulos y situaciones nuevas) y de la constante experimentación activa. «Entender significa inventar»: con esta formulación Piaget expresa el que debe ser el principio fundamental y esencial de un aprendizaje que tiene lugar mediante una actividad determinada por el mismo que aprende —si es que queremos que nuestros niños no se limiten a repetir lo que ya reciben masticado y sean capaces de generar su propia productividad. El proceso de abstracción, el paso de estas acciones experimentales a los conceptos, se da por sí solo y en cada individuo tiene un ritmo determinado. Operar de forma inteligente y exitosa con este tipo de abstracciones, es decir, con conceptos fijos, no se da hasta la pubertad, por lo tanto, una vez se han formado los instrumentos mentales adecuados.

Sin embargo, la necesidad de actuar y experimentar libremente no se limita a las matemáticas, la lógica y campos de saber parecidos que siempre han exigido de nosotros un cierto grado de actividad intelectual. Piaget señala explícitamente que es imposible educar a las personas para que piensen éticamente si, en su aprendizaje intelectual, no se les permite que descubran por sí mismas verdades.

Del mismo modo, a un individuo le resultará imposible llegar a ser intelectualmente independiente si su ética consiste en subordinarse a la autoridad de los adultos y si la única expresión social que anima la clase se da a nivel individual, entre el alumno y el maestro. Así, puede darse el caso de que una «escuela activa» lo disponga todo para que el alumno adquiera su saber sobre las cosas a través del trabajo con materiales concretos y que, sin embargo, no se atreva a que esta actividad se realice en una situación de intercambio libre, espontáneo y sin limitaciones entre los alumnos.

Para Piaget, una escuela solamente merece el calificativo de «activa» cuando en ella no solo se permite, sino que se fomenta de una forma consciente que los alumnos convivan y trabajen juntos en libertad. En su obra *El juicio moral en los niños* muestra de muchas maneras que el respeto unilateral hacia una autoridad refuerza el egocentrismo, es decir, imposibilita el verdadero comportamiento ético, aquel que respeta las opiniones de los demás. Solo a través de la influencia libre y espontánea que se da entre personas iguales, el individuo puede «ver el lado de los otros» y con ello salir de un estadio egocéntrico para llegar a ser «persona».

De aquí surge el contraargumento necesario para rebatir el reproche, que tan a menudo se escucha, de que la educación libre conduce al «individualismo» y de que si se aplicara de una forma generalizada destruiría la sociedad. Si queremos confiar en Piaget y hacer la prueba en nuestra práctica descubriremos que lo cierto es justamente lo contrario: una sociedad democrática no se consigue si no es a través de una educación libre y, en cambio, estará en peligro mientras los métodos autoritarios continúen en la orden del día.

En *El derecho a la educación y el futuro de nuestro sistema educativo,* la breve obra de Piaget a la que ya nos hemos referido, el autor explica las impresiones de una visita que realizó a un reformatorio para jóvenes en Polonia durante el período de entreguerras. El educador que dirigía este centro se había atrevido a delegar todas las responsabilidades relacionadas con la vida de la institución a los jóvenes, es decir, a aquellos que habían tenido una conducta penal y a los jóvenes criminales que la sociedad quería tener bien apartados. De modo que estos jóvenes no tenían que tratar con vigilantes y guardianes, sino con personas iguales que ellos. De forma parecida a la experiencia de Summerhill, ellos mismos disponían las reglas, procuraban que se mantuvieran y, si era necesario, se encargaban de castigar al transgresor. Piaget describe cómo estos jóvenes generaban de una forma impresionante su propia corrección, algo que no habían conseguido las personas con experiencia y autoridad de su antiguo entorno. Pero ¿resultará que esta autorregulación y ejercicio del respeto mutuo solo es posible entre criminales y que nuestros buenos niños burgueses deben seguir obedeciendo fielmente a una autoridad y rivalizar entre ellos por ver quién tiene el primer puesto, quién saca mejores notas, quién recibe el elogio del profesor o disfruta de otras ventajas deseables?

A partir de los comentarios de Piaget sobre el tema de la educación podemos sacar una doble conclusión: En primer lugar, no es aconsejable empujar a los niños a una situación escolar obligatoria sin tener un conocimiento sobre la naturaleza del niño, como mínimo, igual de profundo que sobre la naturaleza de la materia que se desea enseñar (en este sentido, un estudio teórico de psicología infantil representa una ayuda limitada; nunca podrá sustituir una observación atenta de los niños en su actividad espontánea con cosas concretas y con sus iguales). La segunda conclusión es que deberíamos reformar nuestras prácticas de acompañar a los niños en sus procesos de desarrollo de tal modo que no contrariasen las leyes de la naturaleza infantil. Tendrían que ponerse como objetivo principal el despertar las aptitudes latentes del niño y evitar que éste asimilara las diversas tácticas de autodefensa para poder conservar su integridad en medio de una situación de aprendizaje que es injusta con él.

Estas observaciones se quedarían en algo demasiado general si no recordáramos las conocidas etapas de desarrollo que probablemente constituyen el aspecto más importante de la obra de Piaget. En su libro *Child Development and Education,* David Elkind presenta conexiones muy valiosas y útiles entre estos estudios y una pedagogía moderna. Ya muy pronto, el mismo Piaget se mostró partidario de un «estructuralismo vital»: Desde un principio, en lugar de investigar su objeto de estudio con la ayuda de una disciplina científica muy bien delimitada y de contornos muy precisos, combinó los elementos aparentemente más dispares y no relacionables entre sí; así obtuvo una especie de método interdisciplinar con el que llegó a opiniones sorprendentes. Estas opiniones están empezando a tener una influencia en organizaciones escolares de todo el mundo. Elkind nos proporciona importantes líneas orientativas de como la praxis pedagógica y las investigaciones en el terreno de la psicología pueden llegar a un intercambio recíproco y dinámico, en vez de continuar, como hasta ahora, relacionadas de una forma insuficiente. Sin lugar a dudas, uno de los conocimientos más importantes que es preciso agradecer a este estructuralismo vital es el de la integridad del niño. Independientemente del estadio de desarrollo en el que un niño se halle, éste es siempre una unidad orgánica completa. Sus experiencias y su forma de captar el mundo son válidas en todo momento y dignas del mayor respeto. Esta unidad pasa por continuas transformaciones provocadas por la influencia, dinámica y recíproca, que se da entre el individuo en crecimiento y su entorno y a través de la cual, ambos, el individuo y su mundo, cambian constantemente. A lo largo de este proceso de incesante transformación, el niño tiene que llegar siempre a nuevos equilibrios; a través de cada nueva vivencia los equilibrios antiguos son reorganizados y llevados a un nuevo nivel de comprensión.

Este proceso se desarrolla en cada nueva etapa siguiendo siempre las mismas fases: la primera de estas fases se caracteriza siempre por la adaptación. Así, por ejemplo, el bebé recién nacido aprende a adaptar su boca al pecho de la madre para obtener su alimento. La segunda fase es la de asimilación: el niño succiona todo tipo de objetos, es decir, adapta su entorno a su instinto de succión. De este modo, el recién nacido va aprendiendo distintas posibilidades de utilizar su boca y entra en contacto con nuevas formas, temperaturas, superficies, dimensiones, etcétera, que aprende a distinguir de las del pecho de la madre. A través de esta percepción de las diferencias el niño pequeño va convirtiéndose en un ser inteligente.

A lo largo de este proceso siempre se va alcanzando una suerte de equilibrio entre el organismo y su entorno. Sin embargo, nuevos estímulos y la continua maduración orgánica obligan al niño a abandonar el equilibrio ganado y a conseguir nuevas adaptaciones y asimilaciones en distintos niveles. A través de esta incesante actividad en su entorno, el niño va formando progresivamente muestras; así, por ejemplo, pronto se da cuenta de que el objeto que toca con su boca es el mismo que ve con sus ojos o que toca con sus manos, el mismo que oye con sus oídos o que huele con su nariz. Distintas muestras formadas mediante actividades son relacionadas unas con otras y, poco a poco, proporcionan un conocimiento del entorno y conducen hacia los primeros actos inteligentes.

De este modo, el niño pequeño, hacia el final de su «etapa motórica», llega a la seguridad de que existe un mundo concreto que es inconfundible con su persona. A través de su movilidad y fuerza corporal crecientes, el niño aprende a orientarse espacialmente en este mundo y, a través de la concatenación de acciones, hace sus primeras experiencias con sucesiones temporales sencillas.

La etapa «preoperativa» (aprox. 2-7 años) se distingue por la creciente utilización del lenguaje y por la creación de símbolos nuevos. El niño no solo aprende a nombrar las cosas por su nombre, sino que, además, con su lenguaje se concede la libertad de, por ejemplo, convertir un trozo de madera en un avión y de utilizarlo como tal. En esta etapa, el juego libre, lleno de fantasía llega a su máximo esplendor. El niño no solo fantasea con aquellas vivencias que le oprimen para así integrarlas en su vida, sino que a través del mismo juego consigue reorganizaciones y grados de dominio siempre nuevos de los elementos de su entorno. Así, el juego lleno de fantasía se convierte en algo importante tanto para el ánimo del niño como para su inteligencia en evolución. A veces, durante esta etapa, sufre pesadillas y miedos inexplicables; el niño vive en un mundo fantástico lleno de hadas y brujas y a cada objeto le concede una vida propia. En esta etapa el niño identifica el nombre de una cosa o persona con la cosa misma (ésta es una causa importante del conocido fenómeno de que a los niños les resulta muy difícil separarse de sus juguetes y es que, en cierto modo, se identifican con ellos).

Durante esta etapa, el egocentrismo del niño es muy marcado. Aún le resulta imposible seguir reglas de juego, porque todavía no tiene la capacidad de generalizar muestras de comportamiento. Aún necesita la seguridad de un cierto ritual para realizar según qué acciones. De este modo, progresivamente consigue formar generalizaciones.

La «etapa de las operaciones concretas» o etapa operativa no empieza a reconocerse claramente hasta el séptimo y, en algunos casos, octavo año de vida. Se alarga hasta el inicio de la etapa de las operaciones formales, es decir hasta el decimotercero o decimoquinto año de vida. En este sentido, es especialmente importante porque coincide en el tiempo con los años de escuela primaria. Una característica de esta etapa operativa es que el niño empieza a entender situaciones y objetos cuya importancia reside en más de un factor, por ejemplo, color, forma y material. Sin embargo, esta comprensión solo está asegurada si el niño tiene los objetos en la mano o si los conoce muy bien de experiencias anteriores. En esta etapa, el niño empieza a hacerse suyos los conceptos de conservación de la masa, de peso, de cantidades, de longitud y de espacio. Estos conceptos los asimila, única y exclusivamente, con la ayuda de materiales concretos y situaciones. En esta etapa, si como apoyo para el proceso de aprendizaje, se intenta utilizar símbolos, por mucho que se los haya simplificado —símbolos muy gráficos e «infantiles»— el niño se ve obligado a tomar una especie de medida de defensa: tendrá que utilizar su memoria para poder repetir, cuando se lo pidan, el saber requerido.

Un aspecto especialmente interesante de esta etapa es la «invención» de reglas. En esta época el niño, espontáneamente, tiende a ordenar sus innumerables experiencias aisladas en un todo comprensible. De este modo, progresivamente se va aproximando a verdades y métodos generales que no cesa de comparar con las verdades y métodos de su entorno. Este es un proceso sin fin a través del cual el niño va llegando siempre a nuevos equilibrios entre él y su mundo, un proceso que de ningún modo tendría que acabar en los años de escuela.

La cantidad de horas que, precisamente en un país como Ecuador, se dedican al dictado y a la memorización de reglas es impresionante:

reglas gramaticales, reglas de cálculo, reglas ortográficas, reglas de conducta, etcétera. Claparède formuló la siguiente ley: todo lo que en su día fue aprendido de memoria, más tarde es mucho más difícil de entender. No es extraño que observemos con tanta frecuencia lo mucho que esta práctica del aprender reglas dificulta una aplicación inteligente. Este es un hecho que habitualmente es reconocido en las críticas al sistema educativo que tan a menudo se realizan en Ecuador, sin embargo, raras veces se comprenden las causas que verdaderamente lo motivan.

En la etapa operativa, el niño aprende a dominar, cada vez más, su entorno, a intercambiar factores, a comparar resultados, a ver la otra cara de las cosas, a apreciar diferencias cada vez más sutiles. Aprende a mezclar y a separar, a medir y a anotar los resultados de la medición, a adaptar su propio comportamiento a las cambiantes circunstancias. Sin embargo, su capacidad de sacar conclusiones lógicas de sus experiencias personales y de formularlas, todavía es limitada. Si durante este período se intenta estimular al niño para que llegue a las conclusiones que son del gusto de los adultos, se obtendrán respuestas absolutamente sorprendentes —a no ser que el niño se coloque en situación de «recitar» aquello que ha aprendido de memoria. En los estudios de Piaget se recogen un gran número de estas afirmaciones, propias de niños por debajo de los catorce años, que ilustran su incapacidad de verbalizar actividades y situaciones de la vida con una lógica perfecta.

Pero ¿cómo podemos estar seguros de que, partiendo de su actividad concreta, los niños finalmente llegarán a tener la capacidad de abstraer, sin la cual no pueden convertirse en miembros activos de nuestra sociedad? Esta pregunta tiene preocupados a muchos de nuestros padres. Según Piaget, el proceso de «aprender a pensar» y simbolizar puede llevar un retraso de hasta tres años con respecto a la aparición de la primera acción inteligente concreta, a no ser que lo aceleremos de forma artificial. Por lo general, a nosotros, los adultos, nos resulta tremendamente difícil esperar tanto tiempo y tendemos a identificar la inteligencia con una simbolización precoz. Por eso a los padres de nuestros niños intentamos explicarles que el proceso de formación de la inteligencia no es distinto del proceso orgánico de asimilación: para alimentar a nuestros hijos suficientemente lo único que podemos hacer es ofrecerles alimentos sanos, pero no podemos enseñarles cómo su cuerpo debe digerirlos. Algo parecido ocurre con la comprensión de la realidad; podemos poner a nuestros niños en contacto con ella, pero no les podemos dar instrucciones sobre su asimilación. Lo mejor que podemos hacer es permitirles que tengan una actividad inagotable y variada en situaciones reales de la vida. La comprensión es una función natural del organismo en crecimiento; combinar y abstraer son funciones naturales de la corteza cerebral pero que, precisamente a través de esta actividad, no llegan a su pleno funcionamiento hasta aproximadamente el final de la infancia.

A este respecto, Carl Sagan en su libro *Y llegaréis a ser como dioses* ofrece ciertos datos. Describe cómo el cerebro alcanza su capacidad de funcionar a través de procesos de formación de conexiones interneuronales cuya fuerza dependerá de lo intensiva que sea la actividad corporal en interacción con el mundo concreto. Estos estudios coinciden de forma sorprendente con el postulado de Piaget según el cual, en la infancia, las estructuras de la inteligencia únicamente se pueden formar a través de la actividad concreta en la que deberán estar implicados todos los sentidos y que será realizada con la mayor libertad posible. Este postulado nos lleva a una educación «activa», cuyos elementos fundamentales son ampliamente descritos por David Elkind.

El elemento más importante de esta educación y también el que, más a menudo, da lugar a interpretaciones falsas es el aprendizaje operativo. Se realiza a través una actividad espontánea, experimental y en continua renovación, con una variedad de materiales concretos que deben ser de dos tipos: estructurados y no-estructurados. El niño aprende a afrontarse a todas aquellas dificultades que contiene cada material y a superarlas de acuerdo con su nivel. Esta actividad operativa posibilita la formación de conexiones con estructuras medulares y el desarrollo de estructuras de la inteligencia que, a su debido tiempo, conducirán a la abstracción y a generalizaciones válidas. Para esta actividad el niño necesita libertad, muchos materiales distintos que vayan continuamente cambiando y que los adultos se inmiscuyan lo menos posible.

Así pues, no basta con ofrecer al niño un único tipo de material para que a través de su manejo obtenga una comprensión activa de aquello que el material le pueda enseñar. Por ejemplo, para llegar al concepto de «unidad», el niño necesita una inmensa experiencia con los materiales más distintos que ordenará, colocará de una forma determinada, en ciertos casos destruirá y creará de nuevo. El niño tiene que repetir acciones parecidas con muchas cosas y en distintas situaciones, tal vez con hojas y flores, con muestras, formas geológicas, modelos de casitas, vestidos, telas y superficies, con cosas duraderas y con cosas perecederas. Una riqueza de experiencias tal solo estará garantizada si el niño dispone de una gran libertad de movimientos. En un principio la exactitud no importa. Un niño que deba aprender a nadar, primero tiene que sentirse bien en el agua para que sus movimientos no sean forzados. Del mismo modo, cada actividad exige un largo tiempo de libre experimentación que conduce a realizar acciones con soltura, antes de que se realicen con una técnica impecable.

En la escuela activa, el aprendizaje figurativo ocupa un segundo lugar, aunque la mayoría de veces, como ocurre en la vida real, se da de una forma paralela con el aprendizaje operativo. El aprendizaje figurativo no tiene nada que ver con aquello que un niño adquiere por sí mismo, sino con todo aquello que adopta, es decir, con imitación, memorización, lengua, costumbres y hábitos. Sin embargo, este aprendizaje solo tiene sentido si el niño dispone de una amplia base de aprendizaje operativo. Si falla esta base, un exceso de aprendizaje figurativo puede conducir a desfiguraciones y, finalmente, al olvido, algo que conocemos de los exámenes en los que se piden saberes, que mayoritariamente son de tipo figurativo. Una ley que vale para el aprendizaje figurativo dice que en el proceso de aprendizaje lo que cuenta es sobre todo su intensidad, y no la cantidad de conocimientos aprendidos.

El tercer tipo de aprendizaje de la escuela activa, el aprendizaje connotativo, además de familiarizar con indicaciones crea una relación entre las dos primeras formas de aprendizaje, entre acciones y palabras, entre la experiencia directa y sus símbolos. A través del trato con adultos y con otros niños, el niño capta palabras y conceptos y aprende a repetirlos. Así, poco a poco, comprende qué concepto corresponde a cada situación. De modo que, en la vida práctica, el aprendizaje operativo y el figurativo se van alternando y van de la mano. A través de un constante probar y experimentar llega un momento que, para el niño, ambos campos de aprendizaje empiezan a coincidir. Las continuas correcciones crean inseguridad en el niño e inhiben su placer de descubrir cosas. Las actividades manuales y artísticas ofrecen muchas ocasiones para el aprendizaje connotativo. También muchos textos con imágenes de los que nosotros utilizamos estimulan las relaciones connotativas. No obstante, la posibilidad que me parece mejor y que ya viene determinada por la misma naturaleza es el juego libre; éste, poco a poco, permite al niño relacionar adecuadamente, de un modo experimental, palabras y cosas. A este juego libre volveré a referirme en más de una ocasión.

La escuela activa quiere poner a disposición de los niños un ambiente que favorezca debidamente estos tres caminos de aprendizaje. No obstante, aquel que empiece a crear este ambiente no debe sorprenderse de que los niños lo utilicen a su manera. De todos los estímulos para aprender que se ofrecen, cada niño seleccionará aquellos que se correspondan a sus necesidades. A veces ocurre que el adulto no sabría decir de un día para el otro qué material va a interesar a los niños. Sin embargo, sí que sabemos lo profunda que es la preeminencia de estas necesidades internas y también que un verdadero equilibrio con el ambiente solo es posible si permitimos que sea el organismo infantil el que lo cree, en armonía con su «presión interior». Para la práctica diaria de la escuela activa, esta relación es más importante de lo que en un principio pueda parecer y tendrá una enorme influencia en nuestro comportamiento como maestros. Tener conocimiento de esta necesidad de un verdadero equilibrio, que en el sistema libre aflora de una forma clara, puede ayudarnos a decepcionarnos menos cuando, por ejemplo, después de haber sacrificado horas de dormir para poder llevar a clase una fantástica composición con materiales nuevos, los niños no le hacen ni el menor caso y, en lugar de lo nuevo, escogen un material que llevaba tiempo olvidado en la estantería.

Por mucha importancia que concedamos a este «mecanismo de compuertas» nunca será demasiada. Un niño que precisamente se halle en la fase de aprovechamiento de experiencias y al que, de entre múltiples estímulos, se le permita elegir aquellos que se correspondan con sus estructuras internas, se protege de una forma natural contra estímulos nuevos o inadecuados y, como mínimo durante una temporada, les cierra la puerta de su conciencia. Esta puerta puede ser eliminada con una fuerza externa, dulce o bruscamente. Un niño puede ser motivado cariñosamente o ser obligado, mediante recompensas o castigos, a ceder ante una presión externa y a desviar su atención hacia cosas que no se corresponden con su verdadero interés. No obstante, de este modo, su comprensión se ofusca y los contenidos de aprendizaje son deformados porque éstos tienen que adaptarse a las verdaderas necesidades del organismo en crecimiento y no son algo que pueda ser captado de forma objetiva. En el terreno emocional, este proceso genera unas tensiones de las que los niños intentan librarse de formas distintas; éste es un fenómeno que para muchos educadores significa un quebradero de cabeza pero que, sin embargo, raras veces es comprendido en su totalidad.

Otro mecanismo del aprendizaje infantil que debemos considerar es la necesidad de conservar aquello que se ha vivido. Todas las experiencias que un niño, de momento, no puede asimilar porque no se corresponden con sus actuales estructuras emocionales e intelectuales, por de pronto las guarda sin elaborarlas. Una primera elaboración de lo vivido se deja en manos del subconsciente. Este proceso puede durar horas, días, semanas, meses y, en algunos casos, incluso años. Si nosotros como padres o educadores empujamos al niño a que, por ejemplo, se manifieste sobre algo que hace muy poco ha experimentado, si nos obstinamos en que el niño nos cuente, por ejemplo, cómo ha ido el día en la escuela o que inmediatamente después de una excursión escolar nos escriba una redacción sobre esta experiencia, estaremos provocando la aparición de toda una serie de problemas inesperados. Tal vez la pequeña historia que sigue pueda ilustrar este hecho.

Contra lo acostumbrado, el autobús escolar había salido hacia Quito con un retraso de quince minutos; el motivo era que los padres de uno de nuestros niños discapacitados no lo habían recogido puntualmente. Si se trata de otros niños el conductor no puede tener grandes atenciones: el niño hace la vuelta con el autobús y regresa hacia Tumbaco donde los padres ya le estarán aguardando pacientemente, pero a un niño de cuatro años discapacitado no se le podía pedir que realizara un trayecto de estas características. De modo que el autobús hizo una excepción y esperó a los padres que llegaban tarde y, después, continuó el trayecto con un retraso considerable. Durante la espera, una madre se había puesto tan nerviosa que cuando llegó su hija la abrumó con un torrente de preguntas sin ni siquiera escuchar las disculpas de las personas que la acompañaban. Naturalmente, la hija, una niña de cuatro años, no pudo dar ninguna explicación lógica de lo que había ocurrido.

Así que para cortar las preguntas de su madre le contó la historia de que el autobús había chocado con un coche azul. El coche, le dijo, había quedado destrozado y la ambulancia se había llevado los heridos. Al conductor del autobús, continuó la niña, le había ido de un pelo que la policía no lo encerrará en la cárcel...

No todos los niños son tan fantasiosos a la hora de responder a nuestras machaconas preguntas. Algunos adoptan la costumbre de, por ejemplo, escribir redacciones aburridas con cuya lectura los adultos se hacen una idea muy limitada de su vida personal. Así, en *Recuerdos, sueños, pensamientos,* C.G. Jung describe como para poder vivir su propia vida en paz escribía trabajos mediocres y así consiguió durante años que sus maestros y compañeros de instituto no se fijaran en él. Sin embargo, sucedió que en un curso más elevado, inesperadamente, el tema de redacción propuesto le interesó tanto que puso todo sus capacidades en este trabajo. El éxito de este esfuerzo fue más bien una vergüenza pues su maestro le acusó de plagio delante de toda la clase, aun cuando aquel no pudo demostrar de qué autor Jung había supuestamente copiado su brillante trabajo.

Estrechamente relacionado con los mecanismos naturales del aprendizaje infantil ya mencionados se halla la necesidad —para el adulto, a menudo molesta— de jugar. Aquí solo puedo señalar brevemente la importancia que Piaget concede a este mecanismo.

A fin de que se comprenda mejor, aquí distinguiremos dos tipos de juego, aunque no siempre se pueden separar el uno del otro. Por una parte está el juego simbólico mediante el cual el niño intenta librarse de la presión interna de las vivencias que le oprimen. Con todo tipo de elementos de juego, el niño escenifica situaciones de su vida que pueden hallarse muy alejadas en el tiempo y en el espacio. Aquello que en la vida real obliga al niño a que forzosamente adopte una actitud determinada o se someta a una autoridad o se revele o trabaje en equipo, en el juego simbólico es liberado, sin más, de su carácter conflictivo. Aquí el niño domina la situación como mejor le parece y da soluciones que en la vida real serían imposibles. El niño se convierte, él mismo, en un doctor que pone inyecciones a una muñeca que no se deja o en la madre que sin compasión señala a una visita indeseada dónde está la puerta. En el jardín de infancia y en la escuela (donde el carácter simbólico del juego cobra más significado), este juego no solo debería estar permitido, sino, además, potenciado con materiales adecuados, observado por adultos atentos y valorado correctamente. Para la praxis de la terapia de juego, de la que hablaré en un capítulo posterior, el juego simbólico recibe un significado especial.

El segundo tipo de juego tiene un carácter menos cargado de sentimientos. Recibe el nombre de juego de funciones o de ejercicio y está formado de tres etapas: el niño se halla ante una situación nueva y se adapta a ella, tal vez con cierto titubeo. Supongamos que por primera vez se encuentra ante el problema de tener que saltar por encima de un pequeño riachuelo. Duda, mira a su alrededor para ver si halla algún modo de hacer un rodeo, finalmente se supera a sí mismo y salta al otro lado.

Ahora el niño empieza —y esta es la segunda etapa— a cruzar una y otra vez el riachuelo. Realiza este ejercicio de forma continuada, a veces todavía da un salto demasiado corto y se moja, otras salta demasiado lejos y se cae, hasta que finalmente ha conquistado para sí el arte de saltar el riachuelo (con todo ello tal vez haya olvidado cuál era el destino originario de su camino).

Ahora el niño se siente un maestro en el salto de riachuelo. Por el puro placer de disponer de esta maestría en adelante saltará por encima de todos los riachuelos, donde quiera que éstos se hallen. Esta es la tercera etapa que, a su vez, conduce a la búsqueda de nuevas situaciones y de acciones más complicadas.

Según Piaget, el juego es la expresión más auténtica y el medio de aprendizaje más efectivo del niño. El juego de las reglas le proporciona experiencias especialmente ricas en la convivencia con sus iguales. La escuela debería valorar adecuadamente la gran importancia del juego y no relegarlo a la hora del recreo en el patio prácticamente vacío de la escuela. No obstante, incluso cuando de una forma consciente incorporamos el juego en la vida escolar deberíamos tener muy claro que uno de sus ingredientes más importantes es su espontaneidad y que, para no poner en peligro su carácter autorregulador, los adultos lo deberían organizar solo excepcionalmente y con mucho cuidado. Me gustaría añadir algunas indicaciones respecto al uso del lenguaje al que Piaget también ha dedicado estudios muy detallados. Desde muy pronto, el niño muestra un interés muy marcado por hablar y escuchar. Cuando comienza el período operativo el niño ya ha adquirido una maestría sorprendente. Si no investigamos este conocido fenómeno de una forma más precisa, fácilmente podemos llegar a la conclusión de que el niño utiliza el lenguaje con el mismo sentido que nosotros y cuando tratamos con niños continuar abandonándonos a este instrumento que tenemos en común. En calidad de padres entregados, a menudo, damos a nuestros hijos largas explicaciones sobre lo que sea. El niño de tres años que está fascinado por el sonido de nuestra voz y le gusta tenerla a su lado, desarrolla la famosa técnica del «y, ¿por qué?» y nos saca muchas explicaciones bien pensadas. Muchas veces, al cabo del día estamos absolutamente agotados y casi nos parece imposible que haya llegado el momento en que finalmente podemos meter en la cama al pequeño preguntón. Con el niño mayor que ya habla con mayor fluidez acostumbramos a perder la paciencia: «Eso ya te lo he explicado mil veces. ¿Cómo es que todavía no lo has entendido?» Toda una tradición escolar fue edificada sobre el error de creer que el niño de entre seis y catorce años habla el «mismo lenguaje» que nosotros. Además, nuestra clase de lengua se esfuerza en seguir perfeccionando este «lenguaje común». Sin embargo, los estudios de Piaget muestran que la suposición de un «mismo lenguaje» descansa sobre un equívoco. A los seis años, el lenguaje del niño está al servicio de la comunicación en una proporción muy pequeña; en esta edad, todavía puede tener hasta un 50% de carácter egocéntrico, es decir, ir dirigida hacia uno mismo. Solo poco a poco y, sobre todo, a través del aumento progresivo del trato con los niños de la misma edad adquiere un carácter más social. Anteriormente ya hemos recordado que el niño no tiene totalmente formadas las estructuras pensantes necesarias para que nuestro lenguaje resulte lo bastante funcional como medio de comunicación hasta la entrada de la pubertad.

Así pues, no es extraño que repetidamente entremos en conflicto con los niños; el motivo es que confiamos demasiado en un «lenguaje común» y demasiado poco en otros elementos importantes de la comunicación. Cuando inconscientemente, a través de una expresión de la cara o corporal, del tono de nuestra voz o de otras comunicaciones no verbales, expresamos algo que no coincide con el sentido de nuestras palabras, el niño siente una gran inseguridad. En realidad, para el niño, estos medios de expresión no verbal son mucho más claros que nuestra lógica verbal y, a menudo, decisivos para su juicio.

Cualquiera que trabaje en una clase abierta hallará un gran enriquecimiento en los estudios de Piaget sobre el proceso de maduración intelectual de los niños que en todo el mundo se da de un modo parecido. Estos estudios constituyen un valioso punto de partida para las propias observaciones, aquellas que diariamente nos posibilitan la práctica de la educación activa. Antes de cerrar el capítulo, una breve indicación sobre la problemática del egocentrismo que, como una especie de hilo conductor, recorre toda la obra de Piaget.

Cada etapa de desarrollo está caracterizada por un tipo especial de egocentrismo. Como es natural, este egocentrismo es especialmente visible en la infancia más temprana, cuando el nuevo organismo, para satisfacer sus necesidades más absolutas depende totalmente de otras personas. En esta época, le resulta totalmente imposible tener en consideración los intereses de otras personas. Su egocentrismo es una protección fundamental y decisiva para su supervivencia. No obstante, incluso más tarde, cuando el niño poco a poco sabe hacer las cosas por sí mismo vive durante mucho tiempo con la convicción de que todas las otras personas comprenden sus propios sentimientos, intenciones y experiencias, de que, de algún modo, forman una unidad con él, igual que él mismo cree formar una unidad con su entorno. Mientras este estado dura, el niño no ve ninguna necesidad de comunicarnos de un modo comprensible sus pensamientos, sentimientos y vivencias.

En la edad escolar, este egocentrismo adquiere otro rostro. El niño tiende a adaptar todas las informaciones a una imagen del mundo que él ya se ha formado y así poder conservar la integridad adquirida hasta el momento. Solo el trato constante con realidades y situaciones de la vida concreta, hace posible que el niño revise su propia imagen del mundo y la adapte a una realidad objetiva.

El egocentrismo del chico o la chica adolescentes puede ser especialmente irritante. Los jóvenes viven convencidos de que todo el mundo debería saber cómo se sienten ellos. Creen que todas las personas sienten lo mismo que ellos. En cada etapa, el egocentrismo tiene la función de proteger la propia integridad. El bebé que quisiera tener en consideración el cansancio de sus padres nunca llegaría a tener su propio ritmo vital. El escolar que no defendiera su propia concepción del mundo nunca podría llegar a adoptar una actitud crítica. El adolescente que duda de los sentimientos y de los motivos de los adultos pronto pierde el interés por tomar él mismo en la vida responsabilidades. Cualquiera que sea la etapa, si nosotros, como adultos, impedimos la satisfacción de las necesidades específicas del individuo, propias de cada estadio de su crecimiento, reforzaremos el egocentrismo y lo convertiremos en un permanente inconveniente. El niño pone en marcha toda una serie de mecanismos para, en caso de emergencia, satisfacer contra nuestra voluntad sus necesidades, aunque a menudo solo consiga llegar a soluciones sustitutivas. Un niño que, debido a una autoridad interpretada equivocadamente, sienta en peligro su integridad se aferrará durante más tiempo a su egocentrismo que un niño que se sienta comprendido y, relajado, pueda abrirse al mundo y a las personas que lo habitan, sin miedo y sin reservas.

UNA ESCUELA ALTERNATIVA DE PRIMARIA

A lo largo de nuestras sesiones de estudio con padres y maestros reunimos una cantidad considerable de material sobre problemas de educación, psicología infantil, la enseñanza en las escuelas de Ecuador y sobre las leyes educativas del país. Con toda aquella información era imposible seguir eludiendo la necesidad de una alternativa. ¿Teníamos que empezar a influir en la opinión pública a través de publicaciones y así colaborar a que la población se concienciara de la situación? Pero ¿qué salida podíamos ofrecer a aquellos padres que al haber adquirido una nueva conciencia dudarían de la escuela tradicional? ¿Qué alternativas habían tenido éxito en otros países? ¿Existía algún modelo que permitiera una adecuación a la situación de nuestro país? Además, ¿era posible que un camino educativo alternativo fuera compatible con las exigencias del Ministerio de Cultura?

Investigando sobre todas estas cuestiones topamos con una serie de experiencias alternativas que sobre todo se han hecho conocidas en los Estados Unidos y en Europa. Así, por ejemplo, el libro de Paul Goodman *La des-educación obligatoria* critica de una forma muy convincente la estructura del sistema educativo americano moderno. Goodman opina que muchos de sus males surgen precisamente de la obligatoriedad de la enseñanza que, originariamente, se introdujo para garantizar la protección y el bienestar de los niños. El autor ofrece toda una serie de soluciones y salidas a este dilema de la «enseñanza obligatoria perjudicial». Sin embargo, la constelación y el juego de fuerzas de la sociedad ecuatoriana son tan distintos de la situación norteamericana que de este libro solamente aprovechamos las ideas más fundamentales. Una de ellas nos ha sido de gran ayuda siempre que hemos tenido que salir de dudas: Un niño que es enseñado en el momento adecuado y de la forma adecuada, en un período que puede oscilar entre los cuatro y los siete meses, puede aprender sin dificultades toda la materia que se imparte en seis años de escuela primaria. Por lo tanto, no hay ningún motivo para respetar el plan de estudios oficial y perder la oportunidad de encontrar una alternativa.

Los miembros de la John Holt Association de los Estados Unidos llevan tan lejos sus soluciones al dilema educacional americano que a todos aquellos padres que desean apartar a sus hijos del sistema general y darles en casa una educación alternativa les ofrecen una ayuda activa para solucionar los múltiples problemas que van surgiendo. Con el tiempo y a partir de estos ejemplos, en los Estados Unidos se ha formado un movimiento considerable. Este movimiento se apoya en la iniciativa de un número creciente de padres que no solamente han reconocido las desventajas de la escuela pública, sino que, además, están dispuestos a defender su posición contra viento y marea, a responsabilizarse totalmente de la educación de sus hijos y a sacrificarse personalmente. Hasta dónde pueden llegar estos sacrificios se describe en la historia de una familia inglesa, fuera de lo común, que explicó Michael Deakin y se publicó con el título de *The Children on the Hill*. Con la mayor admiración leemos cómo un matrimonio, durante los años de crecimiento de sus cuatro hijos, olvidan conscientemente sus propias necesidades y a través de la consecuente satisfacción de las auténticas necesidades de los niños favorecen tanto su evolución que aparecen y florecen las aptitudes más increíbles.

Naturalmente, nosotros estamos muy lejos de recomendar a nuestros padres una dedicación tan total y extrema como la que acabamos de mencionar. Quizás en Ecuador la desesperación por el sistema escolar público no sea lo suficientemente grande y, por lo general, no hay suficiente confianza en las propias capacidades como para poder recomendar que se tomen medidas drásticas que contemplen la posibilidad de una educación en casa. Por lo tanto, nuestra alternativa tenía que permanecer dentro del marco de la escuela que conocemos. Diversas alternativas realizadas en otros países atrajeron nuestra atención: la «clase abierta» de los Estados Unidos y Europa del Norte, el «Integrated Day» de Inglaterra, la «escuela viajera» de Dinamarca, las escuelas Montessori de muchos países, las escuelas Waldorf, la francesa «Ecole Moderne» de Célestin Freinet y, finalmente, las «escuelas para pensar» que, basándose en las investigaciones de Piaget, quieren conducir científicamente los primeros procesos mentales del niño por caminos certeros.

El modelo de las escuelas Waldorf fue el primero que descartamos porque no queríamos que la escuela que intentábamos crear estuviera ligada de antemano a una concepción antroposófica del mundo. Tampoco la idea de la «escuela para pensar», tal como la describen Furth y Wachs, pudo convencernos del todo. Por mucho que se tuvieran en cuenta las estructuras mentales generales y la lógica infantil, ¿cómo podía un horario escolar que dividía las actividades previstas para los niños en segmentos de cinco, diez, quince, veinte y veinticinco minutos reforzar la capacidad de decisión de los niños, respetar sus necesidades e intereses individuales y conducirlos hacia una auténtica vitalidad?

La mayoría de padres y de maestros que, en este estadio del proyecto para una escuela alternativa, ya mostraron interés habían pasado, ellos también, por un proceso personal. A su modo, cada uno intentaba reencontrar un sentimiento de totalidad, aprender «de nuevo a estar totalmente ahí», a deshacer antiguas tensiones y bloqueos y abrirse de una forma nueva a la vida, con nuevas esperanzas. Las preguntas que ellos se planteaban respecto a la creación de una escuela alternativa se concentraban en el siguiente problema fundamental: ¿Cómo podemos crear una escuela que no quite al niño su alegría natural de vivir, su curiosidad, la seguridad en sí mismo, su individualidad y el sentido por su propio valor y el valor de los demás? ¿Cómo conseguir una escuela que no obligue al niño a bloquear las aguas libres de sus sentimientos, que deje su vida intacta y, más tarde, no tenga que ir recogiendo con esfuerzo los pedazos de su propia identidad para poder «reencontrarse a sí mismo»? ¿Existía una escuela que dejara la iniciativa para aprender en manos del propio niño y que no la depositara sistemáticamente en los adultos?

Durante nuestra búsqueda pronto topamos con los escritos de John Dewey que en nuestro siglo no tardaron mucho en convertirse en modelo para métodos educativos progresistas:

«¿Qué es la educación progresista? En comparación con las escuelas tradicionales, las escuelas progresistas destacan el respeto al individuo y a su creciente libertad. Están de acuerdo en que la educación debe basarse en la naturaleza y experiencia de los muchachos y muchachas que acuden a ellas, en lugar de imponer desde fuera materias y normas para estudiar. Todas ellas son reconocibles por una cierta informalidad en su atmósfera, porque la experiencia nos ha enseñado que demasiada formalidad resulta contraproducente para la realización de actividades verdaderamente inteligentes, la expresión adecuada de los sentimientos y el crecimiento. Un factor en común es la importancia que se da a la actividad en oposición a la pasividad. Y supongo que en todas estas escuelas también se presta atención a los factores humanos, a las relaciones normales entre personas, al trato y a la relación de los niños y los adultos entre ellos, a todo lo que se asemeja a las relaciones que fuera de la escuela, en el gran mundo, son habituales. Todas las escuelas progresistas están de acuerdo en que estos contactos humanos normales entre niños y adultos son de gran valor educativo y en que las relaciones personales artificiales, que constituyen uno de los principales factores del aislamiento de la escuela con respecto a la vida real, tienen consecuencias negativas. Hasta aquí, pues, lo tocante al espíritu común y a los objetivos comunes que las escuelas progresistas suponemos tener.

»Así es que al menos reconocemos los elementos que constituyen una especial contribución a una ciencia de la educación: respeto por las aptitudes, intereses y experiencias individuales; suficiente libertad e informalidad externa para que los maestros puedan conocer a los niños tal como éstos son de verdad; respeto por el aprendizaje empezado y dirigido por uno mismo; respeto por la actividad, que es tanto un estímulo como el punto central del aprendizaje; y, tal vez por encima de todo, la confianza en el contacto humano, las relaciones y el trabajo conjunto en una atmósfera normal y humana...

»Aunque fuera cierto que todo lo que existe puede ser medido, si nosotros supiéramos cómo hacerlo —aquello que *no* existe, no puede ser medido. Y no caemos en ninguna contradicción cuando afirmamos que el maestro tiene un profundo interés por aquello que no existe. Porque una escuela progresista está básicamente interesada en el crecimiento, en un proceso en movimiento y cambiante, en la transformación de aptitudes y experiencias ya existentes. Aquello que ya existe, debido a la disposición natural y a los primeros rendimientos de un individuo, está subordinado a aquello que tiene que llegar a ser; las posibilidades son más importantes que lo que ya existe, y nuestro conocimiento de lo que ya existe recibe su significado desde su relación con las posibilidades que de ello pueden surgir.»

Las escuelas abiertas de Europa y de los Estados Unidos, así como también las escuelas Montessori, conservan los elementos más importantes de una educación adecuada para los niños y que respeta la personalidad. Sin embargo, muchas de ellas trabajan con un gran despliegue de materiales caros y prefieren clases con el suelo enmoquetado. Producen la impresión de que el ambiente ideal para el aprendizaje requiere inversiones enormes. Incluso las escuelas inglesas del «Integrated Day», aunque son menos lujosas que muchas de sus equivalentes americanas, cuentan todavía con una ayuda procedente de medios públicos y con la entrada libre a bibliotecas y similares. En cambio, las experiencias de la francesa Ecole Moderne nos ofrecen datos muy valiosos de como una educación que coloca en el centro la actividad y la iniciativa de los niños, también puede llevarse a cabo en un ambiente pobre y con medios sencillos. Por cierto que Freinet intentó combinar esta iniciativa de los niños con los planes de estudio ministeriales y juntamente con los niños ideó planes de trabajo que, después, en la práctica, tuvieron primacía sobre los intereses espontáneos de los niños. Con el tiempo, el impresionante movimiento de la Ecole Moderne ha sido en gran parte absorbido por el sistema educativo general francés y, por lo que pudimos descubrir durante nuestras breves visitas, parece que en Francia ya son pocos los intentos de aplicar plenamente las ideas de Freinet y ampliarlas.

Nos encontrábamos ahora ante una doble pregunta: ¿Cómo podíamos crear con pocos medios un ambiente ideal para escolares y que, además, estuviera equipado con suficiente material? Este ambiente no podía ser una simple imitación de los modelos de otros países sino que, en la medida de lo posible, tenía que jugar con elementos locales. Como no podíamos contar con ningún tipo de ayuda procedente de instituciones públicas, en un primer momento tuvimos que financiar esta escuela alternativa con las aportaciones de los padres. Con todo, era importante mantener los costes bajos para que la escuela también estuviera al alcance de los bolsillos de familias con ingresos medianos y abriera caminos que mostraran cómo este tipo de métodos abiertos también podían ser asequibles para capas pobres de la población.

La otra pregunta que teníamos que resolver hacía referencia a nuestra relación con el Ministerio de Educación. Desde un principio sabíamos que no podíamos esperar ninguna ayuda financiera porque el presupuesto del Ministerio se hallaba muy lejos de poder cubrir las necesidades de los programas educativos públicos. Se trataba mucho más de mover al Ministerio a que, dentro de la uniformidad del cuerpo educativo, aceptara la existencia de una forma de escuela alternativa. Sin embargo, cuando una comisión de nuestro grupo de estudio consultó a las autoridades ministeriales competentes, la respuesta fue clara: «En Ecuador no puede existir ninguna escuela que no acepte, sin reservas, los planes y programas del Ministerio. En este país tenemos por costumbre hacer las cosas bien y de una forma adecuada. No permitimos ningún tipo de experimento.»

No obstante, dentro del Ministerio existe un instituto encargado de la formación y el perfeccionamiento de los educadores de todos los niveles. Nos enteramos de que dentro de este instituto había un pequeño grupo de funcionarios progresistas que, en secreto, seguía una nueva línea y que seguro que no estaría en contra de nuestros planes. Un intercambio de impresiones con este grupo, realizado de forma no oficial, condujo finalmente a que siguiéramos el consejo de, por el momento, no preocuparnos por el reconocimiento ministerial de nuestra escuela alternativa y, en lugar de esto, simplemente empezar a trabajar y a recoger experiencias importantes. Según este grupo, mientras nosotros realizáramos nuestro trabajo, en algún momento, en el Ministerio se daría la constelación favorable que podría llevar al posterior reconocimiento de nuestra escuela sin tener que renunciar a los principios fundamentales de los métodos progresistas. Esta es una forma sudamericana de tratar los problemas jurídicos. Y, efectivamente, en marzo de 1982, después de casi tres años de aquella primera decisión no oficial, en el Ministerio se dio la esperada «constelación favorable» y el Ministro de Cultura firmó el permiso que legitimaba la existencia del «Centro Experimental Pestalozzi» y autorizaba su educación activa.

Pero, ¿quién se atrevería a matricular a su hijo en una escuela que tenía que funcionar sin la autorización del Ministerio y que, de momento, solamente existía en la cabeza de un pequeño grupo de personas? En la estación del año que normalmente se realizan las preinscripciones no había ni el edificio ni sillas ni mesas ni ningún tipo de accesorios. Ante esta escuela invisible, a muchos de los padres que teóricamente habían estado interesados en las ideas de una escuela activa les entró miedo y matricularon a sus hijos en una escuela visible, aunque se tratara de una escuela tradicional. Quedaron siete padres y éstos, a pesar de la difícil situación, continuaron fieles a la idea de una escuela activa para sus hijos. Con estos padres cerramos una especie de contrato: la escuela se comprometía a crear un ambiente para los niños que se adecuara a los principios fundamentales de la educación activa y, además, a seguir tramitando el reconocimiento de la escuela por parte del Ministerio. Por su parte, los padres prometieron participar en las sesiones de estudio mensuales dedicadas a los principios de la educación activa y que, en la medida que fuera posible, los aplicarían en casa. También prometieron que, al menos una vez por trimestre, pasarían una mañana en la escuela observando las actividades de los niños para, después, poder hablar sobre ellas en las sesiones de estudio.

Así pues, nuestra primera clase tenía que acoger un grupo reducido de niños. Junto a la casa hexagonal del jardín de infancia plantamos un pequeño cultivo. Todo era lo más sencillo que se pueda imaginar: un sencillo suelo de cemento, columnas realizadas con tubos de hierro que soportaban un ligero tejado de uralita. Para las paredes, que tenían grandes ventanas, se utilizaron planchas de madera que se aguantaban con unos marcos de eucalipto. Una pequeña reserva de madera seca, la habilidad de nuestro carpintero y un crédito en el negocio de materiales de hierro de Tumbaco hicieron posible que el primer día de clase la escuela estuviera casi terminada. Únicamente faltaban los cristales de las ventanas que serían adquiridos con el dinero de las primeras mensualidades que la escuela ingresara. Los estantes que faltaban fueron sustituidos de forma provisional por ladrillos y tablas de madera. El primer día de clase, nuestros primeros siete alumnos ocuparon orgullosos su reino. Los niños de preescolar no tenían permiso para entrar en la escuela, por eso les parecía que era el paraíso prohibido. Era un paraíso con abundante aire fresco; las mesas y las sillas estaban pintadas de colores alegres y las estanterías provisionales estaban llenas de materiales nuevos. Había una pequeña biblioteca muy agradable, con cojines y esteras de pita, provista de libros en tres idiomas. Había un rincón para jugar a familias, un teatro de marionetas, un gran estanque con agua y todo tipo de utensilios para hacer experimentos, un arenero con juguetes, balanzas, instrumentos de medición y, sobre todo, el acceso libre a la gran instalación exterior, un trocito de jardín en el que podían trabajar todos y, además, la libertad de poder regresar al jardín de infancia por unos días o por unas horas, según desearan, si se daba el caso que necesidades insatisfechas de años anteriores lo reclamaban.

Al final del primer curso, el espacio de esta primera clase ya se había quedado pequeño porque, poco a poco, llegaron niños «enfermos de escuela» procedentes de otras escuelas. Al principio del segundo año escolar, el número de alumnos se había triplicado. Otra vez tuvimos que esperar a recibir el dinero de las nuevas mensualidades para poder construir un espacio más grande. Durante los primeros tres meses, la clase estaba muy llena. Pusimos las mesas y las sillas en el jardín. Pasamos a hacer muchas actividades fuera, en el jardín, y a más de un niño el sol le quemó la nariz mientras aprendía a contar y escribir. Sin embargo, a pesar de la estrechez los niños no dejaron que sus actividades se vieran reducidas. Con los brazos llenos de material se subían a las sillas, pedían perdón cuando chocaban con las piernas de otro o le pisaban los dedos del pie. Con nuestros propios ojos vimos cómo surgía el edificio para la nueva escuela. Los niños ayudaron en el vertido de los cimientos, midieron profundidades, alturas y longitudes, midieron a pasos los lados, el perímetro y el diámetro del espacio, hicieron valoraciones y mediciones, echaron una mano a la hora de serrar, de pintar las paredes y de colocar los cristales. Por último, todos ayudaron a realizar el traslado y a decorar. Durante los tres meses que duró la construcción de la escuela, ésta se había convertido en una parte de sus vidas.

De nuevo se trataba de una construcción hexagonal con grandes ventanales en cuyos cristales aprietan sus narices los asnos y los llamas. Un tejado sale sobre cuatro lados de la construcción formando un pequeño cubierto que recibe usos diversos. Un lado lo ocupa un amplio terrario en el que se encuentra una colección, que va cambiando, de plantas, pequeños animales, ramas cubiertas de musgo y otros tesoros similares que los niños traen de sus exploraciones por montañas y barrancos, estanques, ríos y bosques. A su lado hay una mesa sin pulir que según la ocasión puede transformarse en la maqueta de una ciudad, en un zoo o en centro de exposiciones.

En el otro lado se halla una mesa elevada con arena, un centro para juegos de agua, colgadores para delantales de goma y utensilios de jardinería. A lo largo de toda la casa están colocadas las casillas de los niños en las cuales guardan sus pertenencias personales. Otro cobertizo sirve de taller de cerámica y delante de él se encuentra un cajón enorme en el que se puede encontrar todo aquello que la mayoría de familias tiran a la basura: planchas viejas, piezas de recambio de coche, motores fuera de uso, restos de relojes, radios o neveras, ruedas, mecheros, tuberías y mangueras; en resumen: un gran revoltijo de objetos rotos, que gracias a la fantasía y a las ganas de hacer de los niños se convierten en naves espaciales, submarinos, robots o en inventos que nuestra civilización todavía desconoce.

La primera escuela fue convertida en un almacén y se halla solo a unos pasos de la nueva escuela. Allí, los niños pueden encontrar papel, cartulinas, colores, lápices, pegamento y provisiones inagotables de cartones, recipientes de plástico, corchos, restos de tela y lana, tapones de botellas, rollos de papel gastado y «desperdicios» de todo tipo que nosotros pedimos a las fábricas más diversas. Cerca está la carpintería que nos proporciona desperdicios de madera de todas las formas y medidas, astillas, viruta, serrín, clavos, cola y papel de lija.

Fuera del edificio de la escuela propiamente dicho se hallan una gran mesa para hacer picnic, una casita para jugar muy acogedora y una enorme montaña de arena que sirve para las cosas más distintas, cosas que los niños, con su iniciativa, cada día deciden y cambian. El terreno que rodea la escuela es un poco irregular. Las zonas más llanas los niños las han convertido en plazas para hacer deporte: juegos de pelota, saltos de altura y longitud, carreras y actividades similares. Cerca del edificio de la escuela, los niños se han amojonado un pequeño jardín que no siempre cultivan con la misma constancia. Una pequeña estación meteorológica completa las «instalaciones exteriores».

Ya dentro de la casa, en uno de los lados fueron instalados dos servicios cuyas puertas los niños adornaron con grandes letras que advierten que se trata del «APESTALOZZI». En el centro encontraremos una serie de estanterías, mesas y sillas con una ordenación informal. Alrededor, siguiendo las paredes de la casa, se hallan distribuidos los diferentes centros de interés con todo el material a disposición de los niños: una cocina con todos sus accesorios, un centro de juegos repleto de juegos de sociedad, de inteligencia, de habilidad, de legos, mecanos y bloques de madera de todas las formas; un centro de trabajos manuales con todo lo necesario para trabajar y coser, incluidas una máquina de coser muy anticuada y una tejedora; un centro de medidas y pesos con metros, balanzas, y pesos así como relojes de todo tipo; un centro de experimentos con un microscopio, lupas e imanes; un guiñol y una caja llena de muñecas, vestidos viejos, sombreros y todo tipo de fruslerías para hacer teatro. Después del centro teatral encontramos una estantería muy grande llena de material Montessori para contar y aprender geometría; una biblioteca en la que los niños pueden ponerse cómodos para leer o para escuchar historias; una estantería con instrumentos Orff; un armario para las fichas Freinet con material informativo y fichas de trabajo para aprender ciencias naturales, cálculo, ortografía y geografía: un centro de idiomas especialmente amplio con material en español, inglés y alemán; una estantería con mapas, un globo terráqueo y material para el estudio de la naturaleza; finalmente, una imprenta escolar Freinet con secaderos para las hojas impresas, colgadores para delantales y lavamanos y por último, también una pizarra para la pared.

Así pues, este es el ambiente para un número de alumnos que puede aumentar y que aquí viven en un su propio mundo, un mundo cuyas leyes, en parte, son especiales porque tienen que ser adecuadas a las necesidades de estos niños que van haciéndose mayores y, en parte, son las leyes de la sociedad en la que crecen, válidas para todos. Ahora, los distintos grupos de edades entre los seis y los once años todavía están todos juntos, pero cuando esta escuela de primaria ya tenga todos los niveles, los niños entre los diez y los trece años deberán tener su propio ambiente, que corresponda a sus intereses.

A nosotros nos parece un buen presagio que nuestra escuela alternativa, en la que tenemos puestas grandes esperanzas para el futuro, haya sido proyectada por un profano en la materia, construida por un sencillo carpintero ecuatoriano y equipada con muebles hechos por un aficionado y mucho material de confección casera. Para los visitantes que sean amantes de los equipamientos sólidos y duraderos, nuestra improvisación puede resultarles inquietante. A nosotros mismos, en momentos de desesperación, el pequeño libro de C. N. Parkinson titulado *La ley de Parkinson* nos ha animado y tranquilizado. En él se argumenta con gran humor que justo a partir del momento en que una empresa o una institución se trasladan al edificio «definitivo» empieza a tener los días contados. Según Parkinson, las empresas vivas y capaces de crecer, generalmente, se encuentran en instalaciones improvisadas o provisionales. De modo que visto así, no tenemos ningún motivo para apresurarnos con la construcción de un edificio más digno para la escuela.

UN LUNES EN LA ESCUELA DE PRIMARIA

Lunes por la mañana; hace frío. El pequeño grupo de niños de primaria que llega media hora antes que los otros, con el primer autobús procedente de la zona este del valle de Tumbaco entra en clase temblando de frío y sin disimular el castañeo de dientes. Se les nota que durante el fin de semana han ido a la cama un poco tarde. Tal vez en casa, con todo el trajín, tampoco se hayan divertido lo suficiente. Me encuentran en una mesa cerca de la imprenta preparando las hojas de control semanal en las que los niños anotan las actividades que realizan diariamente. Con la excusa de que quieren calentarse se sientan lo más cerca de mí que pueden. Todos reciben un pequeño abrazo. Uno se sienta en mi regazo y me dice que piensa pasar toda la mañana así. «Ponéis una cara como si vinierais del Polo Norte», les digo abriendo la conversación. Los niños me dan la razón y me dicen que hoy no van a poder hacer otra cosa que estar sentados junto a mí, calentándose. Así pasamos un ratito sentados. Los niños miran cómo voy anotando los datos en las hojas. Uno me pide permiso para ayudar, otro quiere apuntar los nombres de los niños. Al rato, ya estamos todos trabajando con las hojas. Mientras tanto algunos niños ya han entrado en calor, lo suficiente como para explicarme cosas del fin de semana.

«Mi abuela nos visitó y mi madre estuvo todo el día muy rara», me informa un niño. Otro me habla de una excursión familiar a una hacienda; otro, de un campo de fútbol. En pocos minutos los niños están despiertos y llenos de vida. Se me quitan de encima y empiezan a forjar planes para la mañana. Dos de ellos quieren preparar una bebida de bienvenida para los otros niños que dentro de poco llegarán de Quito y Tumbaco. Ponen un cazo grande con agua a hervir sobre la cocina de gas y salen al jardín a buscar hierbas para té. Después juntan tres mesas, las cubren con un mantel y con gran ceremonia empiezan a distribuir tazas, cucharas, azúcar, servilletas. «¿Crees que hoy van a venir todos? El sábado a Natalia le dolían los oídos. Esperemos que hoy no esté enferma.» Los niños cuentan que haya una taza para cada uno de sus compañeros todavía ausentes. «¿Qué te parece, invitamos también a Santiago a tomar té? La semana pasada jugando al fútbol me puso la zancadilla, preferiría no darle nada. Venga, no seamos así; seguro que él también está muerto de frío esta mañana.»

Mientras se producen estas conversaciones, a Carmen se le ocurre que podría rellenar la tabla del tiempo para hoy. Invita a su hermana Alba a ir a buscar al jardín el pluviómetro. Las dos regresan dando voces: «Ahora sabemos por qué hace un tiempo tan asqueroso, ¡ha llovido 17mm!». Dejan que todos los presentes admiren el nivel del agua y después de algunas preguntas como, por ejemplo: ¿a qué día estamos hoy de verdad?, anotan la precipitación en la hoja que para esta finalidad tenemos colgada en la pared cerca de la entrada. Después miden, la humedad atmosférica: 91%. «Si ha llovido tanto, no es nada extraño.» ¿Y la temperatura? 15 grados. «Es como para quedarse helado.» Anotan todos los datos. Carmen decide que hoy seguirá trabajando con sus gráficas en las que representa las precipitaciones de todo el año. Pero, por el momento, un acontecimiento importante acapara toda la atención: los tres autobuses que faltaban están entrando en nuestro camino. Los niños corren hasta el portal y reciben a sus amigos con grandes saludos. Cogen de la mano a los niños que van bajando del autobús y los llevan hasta la escuela donde, orgullosos, les invitan a tomar la infusión.

Con los niños de Quito también llegó Vinicio, el otro maestro de primaria. Igual que yo, Vinicio durante la media hora de viaje en autobús ha tenido oportunidad de «entrar en calor» con los niños, de observar cómo andaban de ánimos, de sentárselos en el regazo, de hacerles cosquillas y de reírse con ellos. De modo que ya ninguno de nosotros necesita grandes formalidades para poder empezar de lleno el día. Vinicio me da enérgicamente la mano. Este es uno de los pocos contactos directos que tendremos a lo largo de toda la mañana. Cada uno de nosotros se dedicará a los niños a su manera y según requiera cada situación. Ambos tenemos ciertas ideas de las actividades que podrían ir bien a este o aquel niño, a este o aquel grupo. Sin embargo, estamos de acuerdo en que las iniciativas de los niños deberán tener preferencia. Cada uno sabe que el otro, como cada mañana, se dedicará plenamente a los niños. Aunque Vinicio es veinte años más joven que yo y aparte de su trabajo en el Pestalozzi todavía está estudiando Psicología, entre nosotros no existe ninguna jerarquía. Una vez a la semana, pasamos una tarde juntos, intercambiamos nuestras experiencias con los niños y nuevas ideas o dudas; durante estos encuentros toda nuestra atención está centrada en los niños y sus necesidades.

Entretanto ya todos tenemos una taza de té. Unos estamos sentados, otros de pie, igual que si estuviéramos en un cóctel. Se van formando pequeños grupos. En un lado se están intercambiando los acontecimientos del domingo y los resultados del partido de fútbol que se jugó ayer. Dos de nuestros niños son tan fanáticos del fútbol que a veces los otros se burlan un poco. Uno detrás del otro, los niños van lavando sus tazas y las colocan —no siempre con un orden ejemplar— en la estantería. Esta pequeña bebida y conversar unos con otros nos ha ayudado a que todos nos sintamos de nuevo a gusto en la escuela. Ahora, individualmente o en pequeños grupos los niños se organizan para realizar sus actividades.

Víctor y Santiago, que junto con sus padres se pasan el domingo en el campo de fútbol, intentan convencer a unos cuantos compañeros para jugar un partido. Pero como no hay ninguno que tenga verdaderas ganas de jugar, empiezan a jugar los dos solos. Un pequeño grupo de niños y niñas, en cuyas casas es evidente que el ambiente del fin de semana lo determinada el televisor, se ponen de acuerdo para jugar a un juego con bloques de madera que junto con naves espaciales y figuras humanas hechas con lego y mecano recrean el escenario para toda una película. Por sus gestos y por la intensidad con que acompañan de palabras su juego, es fácil deducir lo importante que es para ellos expresarse así y también que durante algún tiempo no van a tener ningún espacio para adultos intrusos.

Tres de las niñas más mayores han decidido esconderse juntas en la biblioteca. En el centro tienen el magnetófono y primero discuten acaloradamente. Yo acompaño a Deniss, que tiene ocho años, para ayudarla a escoger un libro. Las tres niñas me hacen señas: ¡cuidado, estamos grabando, no molestar! Procuramos hacer el mínimo ruido y podemos oír lo suficiente como para darnos cuenta de que se trata de una «escena familiar». Cada una de las niñas interpreta de forma alternada distintos papeles y altera su voz según convenga. Deniss se sienta sobre un cojín a su lado y empieza a leer. Liz se acerca a la biblioteca. Deniss le señala las tres niñas del magnetófono: «¡no hagas ruido, están grabando!» Con el máximo cuidado, Liz se elige un libro y se pone cómoda en la mesa. Saca sus cosas para escribir y empieza a copiar del libro con su buena caligrafía. Pasó un año en la escuela pública y siempre busca seguridad en esta ocupación que no exige demasiada iniciativa de su parte. Cuando ya está inmersa en su trabajo, la rodeo un momento con mi brazo y dejo que me cuente lo que está escribiendo. Es evidente que disfruta de la atención que le dedico y aprovecha la ocasión para contarme que su madre ayer se dislocó el brazo. Después se queja de que no tiene ideas y me pregunta qué cosa de cálculo podría hacer hoy. Hace un par de meses que vino a nuestra escuela y desde entonces ésta es su canción de cada día; todavía no ha utilizado nunca de forma autónoma ningún material para hacer cálculo. Una y otra vez pide que le demos las instrucciones, incluso cuando el día anterior parecía que ya había entendido cómo funcionaba un material. Si yo no supiera que durante los primeros años de su vida, Liz se pasaba los días, sola, encerrada en un pequeño piso mientras su madre se iba a trabajar, que después tuvo que aprender a calcular de forma abstracta, sin ninguna base operativa y que su maestra le pegaba cuando se equivocaba, quizá alguna vez perdería la paciencia con ella. Como cada día, hoy también le prometo que la ayudaré a calcular. Le digo que cuando esté preparada solo tiene que llamarme. Liz se inclina de nuevo sobre su trabajo de caligrafía y yo me despido de ella con un pequeño apretón en su hombro.

Mi mirada se detiene ahora sobre un pequeño grupo de seis o siete niños y niñas que, haciéndose unos a otros observaciones de experto, están descargando una cesta llena de botellas de plástico y cajas de cartón que esta mañana he dejado encima de unas mesas. Cuando se dan cuenta de que los estoy mirando, Carolina me tira de las manos y me lleva hasta ellos: «Mira, queremos construir una ciudad, ¿qué tipo de cola podemos utilizar? Los colores de la semana pasada están secos, ¿crees que podemos ablandarlos otra vez o es mejor que mezclemos de nuevos?» Les ayudo a poner un par de mesas más para que tengan suficiente espacio para trabajar, explico a Pablo en qué parte del almacén encontrará papel de colores para pegarlos sobre las casas y otros materiales útiles, enseño a Cristina cómo se puede lavar un pincel que se ha endurecido y pronto me despido con la frase de rigor: «Si me necesitáis, solo hace falta que me llaméis». De nuevo: un grupo puesto a cubierto que en este estadio de su actividad puede y debe realizar sus propias ideas.

¿Tal vez mi presencia sea necesaria en la imprenta? Alejandro y Natalia se han inventado un anuncio y quieren imprimirlo juntos. (Para mis adentros pienso: ¿Es que ayer los padres desaparecieron detrás de sus periódicos dominicales?) Pregunto si me quieren leer lo que han escrito. Se miran entre ellos con cara interrogante. ¿Deben iniciarme en su secreto o no? Finalmente, generosos, piensan que tal vez yo podría ayudarles a corregir el anuncio y así no habría tantas faltas. Mientras me lo leen se desternillan de risa. Sobre la marcha todavía se les ocurren un par de ideas más que podrían mejorar su texto. Les ayudo a buscar en el diccionario las palabras en las que tienen dudas. Al final, queda más o menos el texto siguiente:

> *¿Quién quiere comprar mi casa?*
> *La vendo barata:*
> *casa de barro con paredes torcidas,*
> *ventanas con cristales rotos,*
> *tejado que deja pasar un poco el agua,*
> *suelo con agujeros,*
> *muebles con carcoma,*
> *sofá con pulgas,*
> *jardín con muchas malas hierbas.*
> *Si se desea, pueden incluirse fantasmas.*
> *Precio: un millón de sucres.*

Pasan el anuncio a papel cuadriculado, así les resulta más fácil separar las líneas para hacer la composición. Después miran si hay alguien en la clase que no esté demasiado ocupado: «¿Quieres ayudamos a imprimir?». Peter, que parece haber perdido el interés por construir la ciudad, se muestra dispuesto a ayudar. Hasta la hora del zumo, estos tres niños estarán ocupados con la composición y la impresión. Cuando la prueba ya esté preparada, me volverán a llamar para que les ayude con la caza de faltas.

De nuevo una mirada por toda la clase para ver si me necesitan en alguna parte. Vinicio está en cuclillas sobre una estera de paja con un grupo de niños. Están totalmente concentrados en un juego de adivinar y ni ven, ni oyen nada. Intentan adivinar longitudes, distancias, profundidades, alturas, diámetros, todo lo que tienen a la vista. Después de que cada niño haya anotado su valoración, se procede a medir con el metro. El que se haya aproximado más a la medida real recibe como premio una semilla de eucalipto.

De la cocina vienen voces que me llaman la atención. Megan y Tui, que entre ellas solo hablan inglés, se han enredado en una disputa en español con Edmundo y Patricio. De lejos intento entender cuál es el motivo de la discusión. «Nosotras estábamos cocinando primero. ¿Por qué venís a molestar?», dicen las niñas levantando la voz. «Pero nosotros queremos probar otra receta. Nos seáis tan egoístas, dejarnos también a nosotros trabajar aquí», dicen los niños en su defensa. «Sí, y después nosotras tendremos que recoger y limpiar todo lo que vosotros habéis utilizado, eso ya nos lo conocemos.» «¿Qué es lo que ya conocéis?» «A los chicos solo les gusta cocinar y después no quieren limpiar.» Los nervios están a punto de explotar. Decido acercarme un poco más a ellos. Las dos partes quieren enseguida que les dé la razón. Yo expreso sus problemas con palabras pero no les doy ninguna solución. Como en la mayoría de los casos, con este apoyo moral basta. Después de hablar mucho, los niños se ponen de acuerdo sobre la parte de la cocina dónde puede trabajar cada grupo y se hacen mutuamente la promesa de que dejarán su parte limpia. Tampoco en este caso tengo que preocuparme más. Los niños no solamente se vigilarán mutuamente para mantener el orden, sino que, además, escenificarán una especie de concurso para «ver quién limpia mejor». Solo un par de veces más me acuerdo de ellos: una vez, cuando Edmundo, que aún no sabe leer con soltura, y no acaba de comprender del todo la receta, me pide ayuda; la segunda vez, cuando, mientras estoy enseñando a Paulina un material nuevo para aprender a multiplicar, las niñas me traen una prueba de lo que han cocinado para que yo les dé mi opinión.

Las dos más pequeñas, Gabriela y Mariana, todavía siguen sin poder decidirse por ninguna actividad. Van de un grupo al otro, miran aquí y allá, pero ellas mismas no cogen nada. Intento deducir, por la expresión de sus caras y su postura, si están contentas con esta ocupación medio pasiva que ya dura más de media hora o si sería mejor para ellas un pequeño estímulo. «¿Quieres que te muestre algo?», pregunto a Gabriela de la forma más neutra que puedo. Conozco perfectamente sus caras y sé que, con sus apenas siete años, tiene problemas con la «autoridad». «No, yo solo quiero mirar», es la respuesta que ya cabía esperar. Le toco cariñosamente la cabeza de la forma más suave posible y le digo: «Sí, ahora no quieres hacer nada, solo quieres mirar las cosas que hacen los otros». Gabriela me mira agradecida. Pocos minutos después, cuando ya estoy con Mariana formando palabras con las letras del alfabeto Montessori, ella también quiere trabajar con nosotras. Primero sacan de la caja las letras que ya conocen, aprenden una letra nueva, forman varias palabras y se les ocurre la idea de hacer inmediatamente un libro de imágenes con las palabras nuevas. Ilustran cada página de su libro con dibujos de colores y debajo de ellos escriben las palabras lo mejor que saben.

Mientras tanto, desde distintos rincones llegan gritos de socorro. Carmen, que está realizando curvas del tiempo con los datos que anotamos diariamente, ya no se puede acordar de cómo lo hizo la última vez para calcular la media mensual con el material para dividir Montessori. En pocos minutos me aseguro de que utilice correctamente el material y de que pueda continuar sola.

Liz necesita un poco más de atención hasta que de nuevo se siente segura con su material y puede realizar en solitario las adiciones y sustracciones con números de cuatro cifras. Sin embargo, solo está satisfecha si a cada paso que da me puede volver a llamar.

Alba y Tania trabajan con material lógico y se discuten por el correcto agrupamiento de hombres, mujeres, niños y niñas de distintos colores que están de pie, sentados y corriendo. También en este caso, inclinarme brevemente sobre ellas y verbalizar sus problemas ha sido una ayuda suficiente.

Las tres niñas del magnetófono, después de borrar mucho y volver a grabar, han acabado su «guión radiofónico». Una idea sería que con ello hicieran un teatro de marionetas y lo representaran para los niños del jardín de infancia. Hablamos de que para poder realizar algo así tendrían que estar bien preparadas. Ellas dicen que intentarán poner por escrito el diálogo del magnetófono y que, después, invitarán a los otros a un concurso para ver quién podría confeccionar mejor los títeres para cada una de las personas.

También el grupo que se dedica a la construcción de una ciudad parece haber superado el momento culminante de la actividad autoelegida. Les propongo que todos juntos llevemos las casas ya acabadas y los coches hasta la mesa de exposiciones grande. Entonces los niños se dan cuenta de que su ciudad podría quedar más atractiva si le pusieran arena, piedras y plantas. Dos de ellos, equipados con carrito y palas, consiguen el material necesario. A uno de los mayores se le ocurre que con la ayuda del plano de la ciudad de Quito, podrían dar forma a las calles más importantes y, así, la maqueta sería lo más parecida posible al Quito real. De modo que se trazan las calles principales y se alinean las casas. Faltan semáforos, un aeropuerto, señales de circulación y nombres para las calles. Después de muchos consejos y también de hacer mucho el mandón y correr, se consigue y se confecciona todo lo necesario. Un niño insiste en que habría que orientar la mesa de acuerdo con los puntos cardinales. Para ello necesitamos una brújula. Hasta que todas las opiniones han sido examinadas y comparadas todavía pasa un buen rato. El broche de oro llega con la colocación de una formación cónica, hecha de arena y algodón, en la parte sur de la ciudad y fácilmente identificable como el Cotopaxi, el volcán cubierto de nieve que mejor se ve desde Quito. Entre un gran vocerío, el cráter es rellenado con toda una caja de cerillas. Todos los niños son convocados alrededor de la ciudad, también algunos, maravillados, vienen desde el jardín de infancia. Entre gritos de miedo y alegría se hace explotar el volcán.

Aquellos que antes de este acontecimiento estaban concentrados plenamente en su actividad, después de esta breve interrupción, regresan a ella. Para otros esto fue una buena excusa para interrumpir el trabajo, ordenar el material utilizado y mirar el reloj. ¡Dios mío, pero si ya hace rato que es la hora del zumo! ¡Por poco nos olvidamos de que tenemos hambre y sed!

Los más hambrientos van corriendo a la «antigua casa» y traen de la cocina las jarras con el zumo y las galletas. Los niños se ponen cómodos en las mesas de picnic, desenvuelven lo que llevan de casa y, entre ellos, intercambian sus tesoros. Los que ya habían comido algo antes empiezan un trabajo nuevo. Miran en el jardín como están sus plantas, proponen a alguien jugar a damas o al «wari» o hacen una visita a un hermanito en el jardín de infancia. Vinicio explica unos cuantos trucos de fútbol a sus fans futbolistas; Vinicio es su gran admiración porque él mismo juega con la liga de la universidad.

Yo me disculpo un momento y me voy a buscar a la cocina una taza de café y un trozo de pan y con este desayuno me siento sobre el césped. Inmediatamente aterriza algún niño en mi regazo que quiere un bocado de mi pan o probar el café. Emerson se acerca con un libro que quiere leerme. Otro me pide que vaya urgentemente donde está él porque por fin ha conseguido poner una pata de saltamontes en el microscopio y quiere que yo lo vea. Prometo que iré tan pronto como esté libre. Junto con toda una fila de niños curiosos hago cola para mirar por el microscopio. Después buscamos juntos libros con ilustraciones sobre insectos. Unos cuantos niños y niñas quieren pintarlos y al pie de los dibujos escribir textos extraídos del diccionario de animales. Así, de improviso, han surgido nuevos grupos de interés. El entusiasmo de los niños me obliga a ir de aquí para allá. A lo largo de dos horas he estado con cada uno de los niños o con pequeños grupos más de una vez, he tocado a cada uno de ellos, les he escuchado, he hecho alguna observación sobre sus actividades, he dado respuesta a cosas que me han preguntado, he ofrecido mi consejo, he dado ánimos, he hablado de otras posibilidades; me he puesto manos a la obra cuando me daba cuenta de que un niño no sabía hacer las cosas solo, he mostrado como se utilizaba un nuevo material o ayudado en el momento de escribir un resultado. Ahora ha llegado el momento de acordarme de los que todavía no se han ocupado con ningún trabajo serio e intensivo. «¿Quién quiere probar un juego de escritura nuevo?» —pregunto. «Carolina, ¿ya has escrito algo hoy? ¿Quieres elegir tú misma alguna cosa o prefieres trabajar aquí en grupo, con nosotros?» Vamos a ver qué tenemos por aquí: «Utilice el cronómetro para ver quién, en cinco minutos, encuentra más palabras relacionadas con el agua». «¿Podremos buscar después nombres de enfermedades? Ayer internaron a mi abuela en el hospital.» Les prometo que cada uno podrá proponer un tema. Algunos niños todavía tienen dificultades en trabajar la expresión escrita por iniciativa propia y cuando reciben estímulos lo agradecen: A veces se les propone un tema para una redacción (o mejor dicho: como mínimo dos para poder elegir) o que repitan una narración o algo que han oído contar; otras veces les damos el final o el principio de una historia para que ellos se inventen el resto o les pedimos que describan una imagen o unos objetos que los propios niños reúnen; a veces también, puede tratarse de un dictado o de escribir un texto en pasado o en futuro. Aquí también proponemos a los niños todo aquello que suele hacerse en una clase de lengua, pero nunca pasa de ser una propuesta, nunca se convierte en una obligación. El tono alegre, propio de lo que es nuevo o interesante, no tiene que desaparecer nunca. Cuando un niño está indeciso muchas veces le basta oír nuestras propuestas para que él mismo se decida por algo propio: «No, no, ya sé, ahora se me ocurre qué quiero escribir. Quiero escribir una carta a mi amigo y contarle nuestra última excursión».

Hace ya mucho que hemos olvidado que la mañana era muy fría y que, en realidad, no teníamos ganas de hacer nada. Después de dos horas de animada actividad se nota incluso un cambio en las voces de los niños. No suenan tan estridentes y tensas, sino tranquilas y plenas. Algunos niños están silenciosos concentrados en su trabajo. También en los movimientos se percibe el cambio de atmósfera que se ha producido. Los niños se mueven entre las estanterías y las mesas con bandejas llenas de materiales, se dejan paso unos a otros, se organizan en una mesa o en la alfombra de paja, se hacen sitio entre ellos. En el modo que tienen de andar, llevar las cosas y ordenarlas se nota una armonía nueva, se ve que los niños están contentos de dominar el ambiente y que sienten sus cuerpos más ligeros. Los niños ahora están totalmente ahí. La expresión de su rostro es despierta y relajada. Sus actividades siguen un ritmo propio. Después de un período de concentración en el trabajo, que exige estar sentados y quietos, cada uno se busca a su modo el movimiento: en la barra de gimnasia, en la red para trepar, con la pelota o la pera de boxeo, con martillo, sierra y un trozo de madera, con el trabajo de jardinería, en la mesa de agua o en la arena. El entorno ofrece infinitas posibilidades para acabar con la energía corporal o las emociones acumuladas. La medida la determina cada niño. Nosotros solo podemos estar seguros de que un niño «ha hecho suficiente movimiento» cuando por su propia iniciativa regresa a una actividad más tranquila.

Los niños notan que se acerca el final de la mañana escolar. Los más pequeños, que hoy los últimos treinta minutos tienen grupo de flauta, me preguntan cuánto tiempo falta para la clase. Este es un día especial para ellos que se distingue de todos los otros. Al principio del curso se apuntaron voluntariamente y escribieron con su propia letra un «contrato». «Quiero participar en todos los grupos de flauta y practicar cada día quince minutos». Ellos se toman este contrato muy en serio y mucho antes de la clase ya me recuerdan que hay que tocar la flauta.

Esta es la media hora más intensa de la mañana. Todos quieren conseguir hacer lo que hasta ahora no han hecho. Al principio parecía que la mañana era muy larga y que no era necesario darse prisa, pero ahora el tiempo viene justo. «¿Crees que todavía me da tiempo para hacer tres fichas de cálculo?» «No sé, intenta hacer hasta donde puedas hoy, pero no te olvides de que también necesitas tiempo para recoger las cosas antes de que llegue el autobús.» Megan ha descubierto una forma nueva de utilizar las cadenas de multiplicar y se toma como una ofensa personal que precisamente ahora que le habían entrado verdaderas ganas de trabajar tenga que pensar en recoger.

José ha colocado sobre dos mesas toda una serie de objetos que todavía quiere pesar hoy. Primero valora el peso que pueda tener cada uno de los objetos, lo anota en una tabla y después lo pesa lo más exactamente posible con una balanza de dos platos. A menudo tarda bastante tiempo en conseguir que la balanza esté equilibrada. También la suma de los pesos es un proceso lento y, al final, todavía tiene que calcular la diferencia entre el peso que había supuesto y el peso real. Es evidente que se ha propuesto hacer demasiado trabajo. «¿Crees que mañana me acordaré de todo lo que quería pesar hoy?» Así es como, además de pesar y calcular, aprende algo que le servirá para toda la vida independientemente del oficio que tenga: repartir su trabajo de un modo que se corresponda con tiempo del que dispone.

Antes de que yo me traslade con los principiantes de flauta a la otra casa, donde está el címbalo, se produce otra vez un pequeño alboroto. La secretaria trae las copias con los «deberes» semanales para casa; hay una hoja para cada niño y actividades divididas en tres grados de dificultad. En esta hoja los niños pueden encontrar un trabajo para cada día. Se trata de ofertas y sugerencias, no de un trabajo obligatorio. Los niños se disputan las hojas como si se tratara de panecillos recién hechos. Enseguida empiezan a leer y a consultarse entre ellos: «¿Qué pregunta es la que te gusta más?». «Yo ya sé, qué trabajos haré y cuáles no me gustan. ¿Puedes explicarme qué significa esto que pone aquí?» Un niño me devuelve la hoja: «Esta semana no tengo tiempo. En mi casa recibimos visita de Guayaquil y queremos salir con ellos cada día». Todos disfrutan del acuerdo tácito de que las actividades de la familia son tan importantes como las de la escuela e, incluso, más importantes. Asimismo cuando un niño falta algún día u otro porque ha tenido ocasión de hacer algo interesante con la familia, esto se considera como una disculpa seria. «Mi hijo me pudo acompañar en un viaje de negocios» o «Ayer mi hija quiso venir conmigo de compras», son frases que se pueden leer en las notas de disculpas tan a menudo como «No pudo venir a la escuela por tener dolor de garganta». También la entrega de los trabajos de casa es voluntaria. Todos los que quieren que yo comente sus trabajos dejan sus cuadernos en una estantería destinada para este uso. Las fotos, las ilustraciones y los recortes de periódico los colgamos en el tablón, los trabajos manuales o los objetos interesantes los colocamos sobre la mesa de exposiciones; de los experimentos o las recetas de cocina se hace una demostración delante de los compañeros durante la semana. Algunas veces, al cabo de varias semanas, un niño me enseña su cuaderno de actividades de casa porque quiere hablar conmigo de un determinado trabajo y, para mi sorpresa, descubro que regularmente cada semana ha trabajado un poco sin haber tendido la necesidad de hacerme partícipe de sus pequeñas investigaciones. También los padres nos informan sorprendidos de que los niños les hablan sin ningún reparo de su trabajo para casa. Saben, sin embargo, que es asunto de los niños el que hagan mucho, poco o nada de nada de los trabajos propuestos. A veces sucede que el niño está tan interesado en su trabajo que los padres tienen problemas para hacerle ir a la cama.

Así pues, el reparto del trabajo para hacer en casa es una ceremonia que los niños esperan con impaciencia y que hace del lunes un día especial. Así es como termina el primer día de clase de la semana, con los ánimos bien altos. Los pequeños alumnos de flauta trabajan intensivamente hasta el último minuto y después salen corriendo hacia los autobuses que ya están esperando. Siempre hay algunos niños que aprovechan hasta el último momento porque quieren terminar un trabajo. Otros acaban la mañana jugando, leyendo o haciendo trabajos manuales. En ningún momento hay signos de cansancio o aburrimiento. Al contrario, se nota la necesidad de saborear el tiempo y de «vivir la vida». Y esta sensación continúa en el autobús durante el viaje de regreso a casa, aunque aquí, por motivos de seguridad, las actividades tienen que ser de un tipo más calmado. Hasta que bajan del autobús todos están totalmente ocupados con canciones, versos, conversaciones y juegos, aprendiendo alemán, francés o inglés, preguntando cosas por filas o forjando planes para el día siguiente.

NO HAY DOS DÍAS IGUALES

«¿Cómo puede existir una escuela sin un horario para cada asignatura?» Esta es la pregunta que algunos maestros formulan aterrorizados la primera vez que ponen los pies en una clase abierta. Efectivamente, la estructuración de nuestro tiempo de trabajo es mínima, sin embargo, suficiente para dar a cada día un matiz distinto y para que los niños, durante el curso de la semana, tengan ciertos puntos de referencia. Así por ejemplo, la última hora de cada día escolar está dedicada a una actividad determinada que permanecerá constante durante todo el curso: los lunes, grupo de flauta para principiantes; los jueves, para alumnos más avanzados; los martes, Orff o movimiento; los miércoles, inglés o francés y los viernes se explican historias. Para realizar algunas de estas actividades los niños se apuntan a principio de curso y se comprometen a seguir con ello durante todo el año. Si a mitad del camino pierden las ganas y lo dejan, no pueden volver hasta el próximo año escolar. Ellos ya entienden muy bien que con una asistencia irregular la marcha del grupo se vería afectada. En cambio, para otras actividades pueden decidirse de una vez para otra, no obstante, una vez que se han decidido por algo no pueden abandonar el grupo de trabajo hasta que se haya terminado la actividad. De vez en cuando sucede que estos grupos no se forman porque los niños están ocupados en otras cosas y no llegan al mínimo necesario para un grupo que es de seis participantes. En todas las actividades en grupo planificadas, la participación es voluntaria y aquellos que no quieren participar tienen abiertas todas las alternativas con la condición de que no molesten al grupo que está trabajando. Ahora bien, el que participa en un grupo de trabajo tiene que someterse a las reglas del grupo y corre el peligro de «salir disparado» si molesta a los otros.

Además de estas actividades cambiantes que realizamos en el edificio de la escuela, cada martes por la mañana se propone a los niños ir a nadar a unos baños termales que están cerca de la escuela y, cada jueves, una excursión. Las piscinas están en una zona del valle idílica, al pie de un volcán inactivo, y están alimentadas por agua tibia que se renueva constantemente. Por lo general, a esta hora nosotros somos los únicos que ocupamos la piscina. La clase de natación se adapta a las necesidades de cada uno de los niños. Al principio, los más pequeños acostumbran a tener miedo al agua, así que les dejamos que se sienten al borde de la piscina todo el rato que quieran y que miren tranquilamente como los mayores nadan, saltan y bucean. Poco a poco, algunos se atreven a saltar al agua. Al principio están rígidos y son un poco miedosos. Sin embargo, con pequeños juegos acuáticos y la libertad para poder experimentar ellos mismos en el agua tanto como se atrevan, incluso los que más pánico le tienen, lentamente van soltándose, prueban distintas formas primitivas de nado y piden poco a poco que se les enseñe. Mucho antes de que sepan nadar en un estilo, se atreven a nadar bajo el agua. Llenos de orgullo cuentan: «Nadie me ha enseñado a nadar. ¡He aprendido totalmente solo!». La confrontación con un nuevo elemento, la progresiva superación del miedo, el largo período de experimentación teniendo la seguridad de la proximidad de adultos que están ahí para ayudarlos, sin determinar el ritmo del aprendizaje, etcétera: todos estos elementos trascienden inconscientemente a los otros campos de aprendizaje. Como en el agua, también en otras situaciones de aprendizaje van perdiendo sus rigideces y cada vez tienen más confianza en sí mismos.

Otro acontecimiento que marca el ritmo de la semana es la excursión que, puntualmente, tiene lugar cada jueves. Cada dos jueves la excursión consiste en una caminata, a menudo combinada con aventuras por inclinados barrancos, túneles oscuros que intentamos penetrar con linternas o riachuelos que cuando los cruzamos se nos rasgan los vestidos y nos obligan a realizar acciones de salvamento. Un día antes ya planeamos cómo tenemos que ir vestidos y calzados y qué tipo de recipientes son recomendables para poder recoger y llevarnos a la escuela animales, plantas o piedras. Después de este tipo de excursiones, a menudo hacemos una exposición de elementos de la naturaleza. Los niños renuevan el herbario, ponen a secar plantas, realizan dibujos, disecan insectos, consultan libros, las madres son obsequiadas con plantas raras que han sido encontradas en un húmedo barranco sin nombre. Pero los regalos más hermosos son los recuerdos de los niños. Mientras suben o andan no cansan de contarse entre ellos las experiencias más bonitas. Y si viene un niño nuevo, que no estuvo presente en la excursión en cuestión, le cuentan la aventura con fantasías de todos los colores: «¿Sabes? el año pasado Tania perdió su zapato en el río San Pedro. Santiago se tiró el primero al agua con toda la ropa puesta. Después de él, saltamos todos. Y al final nos bañamos todos con la ropa puesta y tuvimos que volver a la escuela en ropa interior. Y después vino lo más divertido: Nosotros mismos nos hicimos vestidos, zapatos y calcetines nuevos. Rebeca tuvo que regalarnos todos sus manteles y sábanas viejos. Nunca habíamos tenido un vestuario tan precioso. Y habríais tenido que ver la cara que pusieron nuestras madres cuando al mediodía nos vieron bajar del autobús». Cuando hace poco bajamos sentados una pendiente de treinta metros de desnivel, que la erosión ha convertido en un tobogán de arena, se acordaron de una vivencia del año anterior: «¿Quién se acuerda todavía de cómo el año pasado intentamos escalar esta pendiente? Vinicio nos tiraba con una cuerda hacia arriba pero nosotros nos reíamos tanto que resbalábamos hacia abajo una y otra vez. Pasó una hora hasta que todos estuvimos arriba».

Cada excursión tiene su historia. También los menos deportivos hacen grandes esfuerzos por superar los obstáculos. A fin de cuentas todos quieren regresar sanos a sus casas. Cuando durante una larga ascensión un niño afirma que ya no puede más, los otros para animarle le dicen: «Pues quédate aquí. Dentro de dos semanas te vendremos a buscar». ¡Y cómo se precipitan todos a refrescarse la cara y las manos cuando después de una ascensión llegamos a una pequeña corriente! Incluso los más mimados redescubren las alegrías de los pequeños momentos y respiros de la vida. Y si se ha unido al grupo un alumno nuevo al que no le gusta mucho moverse y que está algo gordo, los otros lo consuelan: «Antes nosotros también éramos así. Ya verás como te acostumbrarás a las excursiones y perderás un poco de chicha». Los niños raramente hacen uso de la posibilidad de quedarse en la escuela. Cuando esto ocurre se trata generalmente de niños que quieren probar que, efectivamente, aquí todo es voluntario y primero quieren ver garantizada su autonomía. Cuando oyen explicar a los otros las aventuras por las que han pasado deciden por sí solos no perderse la próxima excursión.

Cada dos jueves visitamos con los niños un pueblo para ver cómo es el trabajo de los adultos, cómo viven los niños en otras condiciones de vida o para conocer testimonios de nuestra cultura. Este tipo de excursiones tenemos que prepararlas muy bien para que se admita la entrada de los niños en los lugares de trabajo y se les den explicaciones adecuadas para su edad. A nosotros no nos interesa que paseen a los niños de una punta a otra de una fábrica o de un museo, sino que en cada ocasión puedan poner sus narices en todas partes, que toquen y prueben todo lo que sea posible, que puedan preguntar y conversar personalmente con los trabajadores o con el personal de vigilancia y que regresen con una experiencia inolvidable, propia de su edad, no con una serie de datos nuevos. Así pues, primero hablamos con el propietario de una fábrica; a veces halla la forma de que los niños puedan intentar llevar a cabo ellos mismos un proceso del trabajo. A menudo nos regalan desechos de la producción que, en la escuela, nos sirven para muchos proyectos e inventos.

En el museo de historia preincaica los niños tienen permiso para tocar, con gran precaución, distintos objetos y el guía se sienta con ellos en el suelo e intercambian sus conocimientos de historia. En un ensayo de orquesta se permite que los niños se sienten al lado de los músicos para ver de cerca cómo tocan; al final del ensayo incluso nos dejan probar algunos instrumentos. En el parque zoológico, los niños ayudan a dar la comida a los animales y también a disecar los animales que han muerto. Al zoo pertenece un pequeño museo en el que se exponen todos los animales que han muerto. En un pequeño laboratorio trabaja un disecador simpatiquísimo que no es mucho más alto que un niño de diez años y con el que los niños tienen amistad desde hace años. La visita al servicio de bomberos consiste en una vuelta con el coche de los bomberos a cambio de que los niños envíen dibujos hechos por ellos mismos.

Cuando hacemos visitas informativas a tiendas los niños no paran de hacer preguntas a sus propietarios; se interesan por los precios, por la procedencia de los productos y por los récords de ventas. Lo apuntan todo en sus libretas de notas, comparan los precios de Quito con los de Tumbaco y compran provisiones para la escuela. En distintos restaurantes comparan los métodos de trabajo, la procedencia de las materias primas, los menús y los precios, se anotan el número de clientes que visitan el restaurante durante las distintas franjas horarias. Y con estos datos confeccionan gráficas que, cuando tienen ocasión, dan a los propietarios. En un centro de formación para discapacitados aprenden distintos métodos de trabajo, intentan comunicarse con los sordomudos e invitan a un grupo a que venga a la escuela.

La prueba más impresionante de la inagotable curiosidad y deseo de saber que tienen niños que no se sienten obligados por nadie la tuvimos durante una visita al laboratorio de química de la Universidad Central de Ecuador. Con el padre de uno de nuestros niños que es catedrático de allí nos pusimos de acuerdo para ofrecer a los niños una pequeña degustación de química y estimamos que con una hora habría más que suficiente. Solo con mucho esfuerzo conseguimos tres horas más tarde de lo previsto sacar a los niños del edificio. Durante una hora habían participado en los experimentos, soplado vidrio, observado por el microscopio con las ayudantes de laboratorio y voluntariamente se habían dejado extraer sangre. Habían agotado sus cuadernos de notas apuntando los más melodiosos términos científicos y durante el viaje de regreso en autobús continuaron haciendo ejercicios de lectura con ellos. Con todo, habían olvidado que tenían hambre y sed. Su única preocupación era saber cuándo volverían a estar invitados por la universidad. A esta excursión siguió un largo período de experimentos y no solo en la escuela, también en sus casas.

Aunque por respeto a las leyes del «almacenamiento» no esperamos de los niños una valoración inmediata de lo que experimentan durante las excursiones, sí que éstas son el motivo de muchos relatos, pinturas, trabajos de modelado, trabajos de escritura y cálculo. Un número considerable de redacciones sobre nuestro contacto con el mundo —muchas de ellas dictadas a un maestro que las escribe a máquina porque los más pequeños todavía no escriben de una forma lo suficiente fluida como para dar a sus pensamientos una expresión duradera— se convierte en un material de lectura que nosotros apreciamos mucho. Las vivencias que son especialmente impresionantes quedan recogidas en un libro que confeccionamos e ilustramos nosotros mismos y que, en todo caso, pasa a formar parte de la biblioteca. Otras experiencias son imprimidas y repartidas a todos los niños. No obstante, todo esto solamente funciona si los niños no sienten ninguna presión por parte de los adultos.

Si durante una excursión se establecen relaciones humanas importantes, al día siguiente, hay una intensa actividad: se realizan manualidades, se cocina, se escribe o se pinta. Los sentimientos que han nacido se expresan de una forma noble a través de cartas y obsequios de agradecimiento. O, por ejemplo, después de la visita a un orfelinato crece el deseo de regalar a los niños más pobres vestidos y los propios juguetes.

En cada excursión que realizamos intentamos percibir y valorar si las impresiones recibidas resultan vivas y valiosas para los niños o si, por el contrario, para ellos son demasiado complicadas y excesivas. De modo que nosotros mismos aprendemos tanto de estos acontecimientos como los niños y sacamos nuestras propias conclusiones para otras ocasiones. Todo ello requiere un nivel muy alto de planificación que, para los niños, la mayoría de veces resulta invisible. Lo mismo sucede con la clase abierta, aunque aquí, al no haber ni horario de asignaturas ni campana escolar la planificación no sea fácil de ver. Cada centro de interés está pensado cuidadosamente y dotado con atractivos materiales de distintos niveles de dificultad y adecuados para las experiencias y el desarrollo de los niños. Se debe disponer de material en abundancia, tanto material estructurado como no-estructurado. Cada centro está equipado con material para los tres aprendizajes: operativo, figurativo y connotativo.

En este ambiente es imprescindible que el adulto no solamente se sienta seguro de cómo funciona el material, sino que también aprenda a valorar el estadio de desarrollo y las estructuras mentales propias de cada niño. Solo así podrá prestar, en el momento adecuado, la mejor ayuda al escolar cuando se trate de experimentar o examinar los materiales concretos. En esta correspondencia entre estímulos externos y condiciones internas, que se expresa a través de acciones inteligentes, nosotros hallamos la llave para abrir muchas puertas que, si no, por lo general, están comunicadas por campos de saber aislados: por una parte, la psicología y la pedagogía, disciplinas muy a menudo tratadas solo a nivel teórico en seminarios para maestros; por otra parte, la «materia» que según el plan de estudios tiene que ser enseñada a los niños. En la práctica habitual, estos dos campos son muy difíciles de unir, a no ser que se respeten los supuestos fundamentales del organismo infantil y sus propias leyes: sobre todo, la necesidad de realizar actividades concretas (en oposición a la transmisión de contenidos y conocimientos), y, relacionado con ésta, la libertad para moverse y para hablar de forma espontánea sobre las propias experiencias con los compañeros.

Así pues, lo que hace posible que el maestro de la escuela activa planifique su clase no es saber qué puede «preguntar», sino su observación atenta de las acciones espontáneas de los niños en su trato con los materiales concretos y con los otros niños. Día a día modificamos el ambiente basándonos en nuestras observaciones del día anterior. Materiales que quedaban escondidos los ponemos a la vista, en un sitio nuevo, y así favorecemos su redescubrimiento; introducimos todo tipo de cosas nuevas y observamos qué ocurre con ellas. Nos fijamos en los niños que, a través de nuevos materiales plásticos, consiguen expresarse de forma siempre nueva y que cada vez usan sus manos con mayor coordinación. Otros responden con gran viveza a nuevos elementos de la naturaleza y, a través de este interés, hacen progresos inesperados en lectura. También los hay que, para ganar seguridad en un tipo de cálculo, antes de atreverse con materiales más difíciles necesitan nuevos materiales para calcular, pero paralelos a los que ya conocen. La renovación constante del ambiente que, no obstante, no altera el orden fundamental, suministra permanentemente nuevos estímulos a los niños para que realicen actividades también siempre nuevas e impide que se aburran.

Para realizar nuestra planificación tenemos que aprender a diferenciar cada caso y saber qué método va mejor para introducir la actividad a los niños. La clase activa nos permite la máxima flexibilidad. Podemos, por ejemplo, sin decir nada, añadir nuevos objetos al ambiente preparado y esperar a ver qué es lo que hacen los niños con ellos. Si muestran interés podemos dar un paso más y, después de observar la actividad espontánea de algunos niños, mostrarles nuevas posibilidades de uso. Otro método que ponemos en práctica a menudo consiste en trabajar nosotros mismos animadamente con un material nuevo. Por lo general, los niños se acercan a nosotros con curiosidad y nos preguntan qué estamos haciendo. Algunos se entusiasman inmediatamente y quieren que les mostremos la nueva técnica. Otros permanecen impasibles y, dándose importancia, aclaran que ahora no tienen tiempo y que tal vez vendrán más tarde.

En diversas ocasiones hemos hecho el intento de proponer un tema general para la semana e invitar a los niños a dedicarse a este tema de las formas más distintas. Pongamos, por ejemplo, el tema agua: los niños pueden pintar algo sobre este tema, construir barcos, hacer experimentos con ellos, medirlos, pesarlos y hacer cálculos, escribir, leer, aprender geografía, ir al río y jugar con agua. Sin embargo, suele ocurrir que cuando los niños se deciden por unas actividades dentro del marco temático dado por nosotros, al día siguiente, ya han perdido el interés. Si por nuestra parte intentábamos mantener nuestra idea, pronto se notaba un claro descenso de intensidad y concentración en las actividades de los niños. Así que llegamos a la conclusión de que, al menos, los niños que están por debajo de los diez años todavía son demasiado pequeños incluso para una planificación «tan suelta» a propósito de un tema y que es mejor corresponder día a día a sus intereses espontáneos.

Muchas veces ellos mismos ya vienen a la escuela con sus propios planes y contagian con sus ideas a un grupo de amigos. Otras veces, lo que desencadena un verdadero alud de actividades que durante un largo tiempo no nos dejan descansar ni un momento son «casualidades»: Hace poco un helicóptero militar sobrevolaba con gran ruido nuestro solar, daba unas vueltas sobre la escuela, se alejaba y después regresaba de nuevo. Esto duró casi media hora. Naturalmente todos estábamos fuera y, con gran emoción, nos pasábamos de uno a otro los únicos prismáticos que tenemos. Los comentarios de los niños eran cada vez más fantasiosos. De repente, el helicóptero aterrizó en el terreno vecino y, entonces, ya nadie se contuvo. Trepamos por la espinosa pared cubierta de agaves y pudimos ver el helicóptero justo cuando éste se alzaba de nuevo en el aire. Tuvimos la sensación de que casi podíamos tocar sus ruedas. Todos sentían que estaban en contacto directo con el gran mundo.

Este acontecimiento nos dio tema de conversación para mucho tiempo. Motivó dibujos, historias de detectives (una de ellas fue inmortalizada en la imprenta de la escuela), consultas en libros sobre helicópteros y su funcionamiento, comparaciones de velocidades entre distintos medios de transporte y, aquel día, un niño de ocho años empezó la lectura de su primer «gran» libro: *La vuelta al mundo en ochenta días* de Julio Verne.

Otra «casualidad» que provocó una reacción en cadena de intereses espontáneos fue el nacimiento de un bebé llama. Nosotros vivimos este hecho con una profunda admiración y todos los niños empezaron a hablar de su propio nacimiento. Más tarde, cuando hallamos la placenta en el césped, parecía que el preguntar, el mostrar, los movimientos de cabeza o la consulta de libros de biología no acabarían nunca.

No todos los acontecimientos son tan fascinantes como éste. Sin embargo, también hechos insignificantes ponen los niños en acción inesperadamente: un pájaro que entra en nuestra clase porque ha perdido la orientación, una araña que durante la noche ha tejido su tela de una columna a la otra o un gato del vecindario que se pelea con nuestro gato. De vez en cuando se nos inunda todo el terreno, debido a un aguacero o a que ha entrado demasiado agua de regadío en nuestro depósito; entonces se construyen barcos, se practica la navegación, se realizan nuevas plantaciones, se construyen canales y puentes para desviar el agua, se practican nuevos saltos y experimentos acuáticos.

Precisamente estas interrupciones del día a día que en las escuelas «normales» son temidas porque distraen a los escolares del curso de la clase previsto en el programa, en la escuela activa, son bienvenidas porque se las considera un enriquecimiento. Aportan «alegría extra a nuestra casa» y constantemente nos dan tema de conversación en grupo, la estimulan, como también nos estimulan a que nos procuremos materiales nuevos y, no en menor medida, a leer, escribir y calcular.

También las pequeñas fiestas son bienvenidas. Para nosotros son una ocasión para realizar múltiples preparativos y sabemos celebrarlas con muy buen ojo para la economía y con mucha alegría. Cuando tenemos que preparar acontecimientos especiales realizamos asambleas. Si, por ejemplo, nos viene a visitar una clase perteneciente a otra escuela, los niños planean que comida colectiva quieren cocinar, qué actividades podrían hacer todos juntos o cómo tendrían que comportarse si los otros no respetaran las reglas de nuestra casa. Si en la escuela se organiza algún acontecimiento cultural, se da una función de teatro, se proyecta una película o se hace una exposición fotográfica y los padres también están invitados, entonces los mayores aprovechan la ocasión para organizar un bazar y, así, recoger dinero para la gran excursión del año. Hacen galletas, las pesan, las ponen en bolsas y les ponen un precio; confeccionan libros de recetas, de canciones o de poesías inventadas por ellos, los imprimen, encuadernan y ornamentan; hacen manualidades como, por ejemplo, molinos de viento en miniatura y otros juegos pequeños también para los más pequeños («Cuando los pequeños quieren un juguete, los padres no se pueden negar» fue el acertado juicio de un niño de siete años con inequívoco olfato para los negocios). En estas ocasiones hay trabajo para dar y tomar, entre otras cosas se calculan los gastos y se estiman los posibles beneficios. En el momento mismo de la venta hay una gran animación y cuando se cuenta el dinero ganado el suspense es increíble. Los niños no escatiman esfuerzos para aumentar los ahorros de la hucha escolar. Si es necesario, se ponen a limpiar los zapatos de los familiares, a limpiar coches o a llevar cestas. En una asamblea escolar, una niña pequeña bastante mimada se ofreció para ir a pedir limosna a la calle, pero su propuesta fue rechazada por todos por considerarla «indigna». Así pues, se puso a escribir poesías y a pintar y, sin esperarlo, descubrió un talento oculto.

A una pequeña compañera que antes de que terminara el curso recibió la invitación de sus parientes de Alaska para que fuera a visitarlos le preparamos una fiesta especial. El regalo de despedida consistió en un libro en el que cada niño había colaborado con una página llena de dibujos y muchos consejos. Los niños cocinaron un menú de despedida excelente y decoraron la clase para la fiesta. Después de la comida comunitaria, cuando todos estábamos sentados juntos en dos mesas largas, los niños hicieron infinitas preguntas sobre Alaska, sobre el viaje hacia allí y sobre todo lo que estaba relacionado con él. La fiesta desembocó en una clase de geografía, con libros e ilustraciones que fuimos a buscar y todos la siguieron con el mayor interés. Antes de que terminara el curso, la mayoría de los niños escribieron cartas muy originales en las que contaban nuestras vivencias en la escuela y en las excursiones. Los portes para estos paquetes de cartas de tamaño considerable fueron pagados con dinero de la hucha de los alumnos. Las respuestas que llegaron de Alaska fueron leídas en voz alta y escuchadas con gran alegría de todos. Ahora forman parte de nuestras fichas Freinet como material importante de lectura sobre Alaska.

A veces, hay pequeñas temporadas en las que el interés de un solo niño influye a todo el grupo. María Belén tuvo que someterse por un tiempo a un tratamiento oftalmológico. Durante esta época transformó la clase en una clínica oftalmológica y ella misma se convirtió, a ratos, en el centro de atención. Colgó en la biblioteca un cartel con el rótulo «Clínica oftalmológica» y un panel con letras para realizar pruebas. Delante colocó una mesa con una máquina de escribir, sellos, un bloc para facturas y todo tipo de material de despacho. Pronto llegó una invasión de pacientes. Con gran autoridad mandaba sobre ellos, no se le escapaba ningún error y extendió incontables certificados de gafas. Pronto floreció una pequeña industria de gafas (gafas de cartón y papel transparente de distintos colores según la enfermedad ocular). Se fabricó dinero de jugar y fue puesto en circulación. En la biblioteca se habilitó una sala de espera. Los niños que aguardaban su turno aprovechaban el tiempo de espera leyendo revistas y libros. Los que ya habían ido a la consulta podían continuar con su propio trabajo adornados con interesantes gafas y sin dejarse molestar por el animado ajetreo de la clínica.

Al día siguiente fue inaugurado en el otro lado de la biblioteca un consultorio de medicina general. Dos mesas de la escuela unidas y cubiertas con papel blanco servían de mesa para reconocer los pacientes. Junto al bloc de recetas y los libros de consulta sobre anatomía humana aparecieron un estetoscopio, un tensiómetro, vendajes, un microscopio, tubos de ensayo, lupas, goteadores y todo tipo de misteriosas medicinas. De nuevo, muchos niños fueron sometidos a un reconocimiento médico, tratados y enviados a la farmacia que no tardó mucho en inaugurarse y en la que había una sección dedicada a la medicina natural, con hierbas del jardín. Es cierto que dentro de la clase todas estas actividades ocupaban un espacio considerable y que conllevaban mucho movimiento pero de ningún modo impedían que en el otro lado de la clase continuara el «funcionamiento escolar normal» y los niños estuvieran concentrados en sus trabajos.

Una y otra vez la imprenta escolar se ve convertida en un periódico. Los niños recogen suscripciones, reúnen noticias y las elaboran para su impresión, hacen entrevistas a los maestros y a los compañeros. El barómetro indicador de la animación sube hasta el máximo cuando la primera prueba para las correcciones ya está lista y se reparte la primera edición. A menudo este espíritu emprendedor se despierta de forma inesperada. No solo la escuela de primaria, también el jardín de infancia se convierte en un instituto de investigaciones. Los niños se miden la estatura, realizan estadísticas sobre el color de ojos, comidas preferidas, enfermedades y métodos de curación. Comprueban el número de niños que están tristes o alegres, silenciosos o ruidosos en cada una de las distintas zonas de juego del jardín de infancia.

Cada día es distinto del anterior. Nunca se da la misma combinación o sucesión de actividades. También los ánimos están sometidos a grandes cambios y tienen que ser tomados en serio. Aunque la vitalidad de los niños y su disposición para la alegría generalmente es superior a la de los adultos, también hay «días grises» en los que debemos estar preparados para ofrecer todo tipo de ayuda, consolarlos o tranquilizarlos si queremos que el día transcurra armoniosamente. Recuerdo de una forma especial una mañana en la que, de pronto, todo un grupo de niños de distintas edades desapareció con un trabajo manual tras la puerta de la casita de jugar que utilizamos para pequeñas conversaciones privadas, para jugar a familias, para escuchar música o leer algo a los niños. Aquella mañana la casita estaba abarrotada de niños, y la clase, más vacía que de costumbre. De repente una niña salió llorando de la casita y vino a buscar consuelo en mi regazo. Me fue imposible descubrir el motivo de su llanto. Cuando ya se había calmado un poco me acerqué a la casita y me quedé perpleja al ver que allí había diez niños más llorando desconsoladamente. Entré en la casita a gatas, me senté en el suelo tan bien como puede y les pregunté si podía ayudarles en algo. Los niños callaban y me miraban con timidez. Les pregunté si se habían peleado y me dijeron que no, que nadie se había peleado. Les pregunté si les dolía algo y me respondieron que no, que tampoco les dolía nada. Finalmente me dieron a entender, de forma educada pero clara, que yo no tenía ningún derecho a molestarlos: sencillamente querían llorar; nadie tenía la culpa, nadie había empezado. Me dijeron si sería tan amable de marcharme para que ellos pudieran seguir llorando. Me retiré totalmente perpleja y desconcertada. En este caso no pude hacer valer mi influencia, ni siquiera con «buen humor». El concierto de llantos todavía duró un cuarto de hora más y después, cada uno de los niños con los ojos rojizos e hinchados se puso a trabajar en sus cosas. Me guardé de hacerles más preguntas y me limité a prestar ayuda en las actividades externas. Al final de la mañana se había restablecido el equilibrio. Nosotros no pudimos encontrar ninguna explicación a este suceso y lo anotamos en nuestro diario como si se tratara de una suerte de fenómeno natural. Pero ¿qué habría ocurrido si en esta situación hubiésemos obligado a los niños a que «no hicieran tonterías» y a que rápidamente se pusieran a trabajar?

Así pues, la clase activa se sirve de un gran número de golpes de ayuda invisibles para encauzar la actividad de los niños, despertar su curiosidad, favorecer la concentración y la constancia, unir lo consciente y lo inconsciente y no teme a ninguna situación imprevista. En muchas ocasiones, una pequeña caja de madera con una ranura y con el rótulo «preguntas» da lugar a una actividad que, a un tiempo, es planificada e improvisada. A veces pasan semanas en que nadie se fija en la caja y, de repente, de forma inexplicable se desata una epidemia de preguntas. Los niños escriben y escriben y llenan la caja hasta el borde. Después pasan por toda la escuela con tambores y cencerros convocando a una asamblea. Nos sentamos formando una gran circunferencia. La caja de preguntas va pasando de un niño a otro. Cada uno tiene derecho a leer en voz alta una pregunta; los más pequeños que todavía no leen con fluidez son ayudados por los mayores. Hay preguntas que son totalmente personales, como por ejemplo: «¿Por qué Florencia lleva el pelo largo?» y cuya respuesta, de acuerdo con las normas de la casa, es voluntaria. Pero la mayoría de preguntas son de carácter «científico» y a menudo son de aquel tipo que a nosotros, los adultos, nos pone en un aprieto porque o bien ya no nos acordamos exactamente de lo que hace muchos años oímos al respecto o porque no sabemos cómo podemos explicar nuestros conocimientos a los niños. La mayoría de estas preguntas son un testimonio vivo de que, por naturaleza, los niños son universalistas y de que no se interesan por detalles fáciles de aclarar, sino por saberes globales. A propósito de este fenómeno, Piaget escribe en *Psicología y pedagogía* lo siguiente: «También Pestalozzi... (aparte de sus fecundas ideas sobre el interés, el ejercicio y la actividad) volvió de nuevo a las ideas habituales de que el niño ya lleva en sí el adulto y de la preformación espiritual. Y por esto los institutos Pestalozzi presentan, junto a características sorprendentes en el sentido de la escuela activa actual, tantos rasgos anticuados. Así, por ejemplo, Pestalozzi estaba convencido de la necesidad de que en todas las ramas de la enseñanza se pasara de lo más fácil a lo más complejo. Hoy, todo el mundo sabe, que el concepto de "fácil" es muy relativo y que el niño empieza con lo más global e indiferenciado. Dicho de una forma general, Pestalozzi estuvo poseído por un cierto formalismo sistemático que se puso de manifiesto en sus horarios de asignaturas, en su clasificación de los objetos de enseñanza, en sus ejercicios para entrenar la inteligencia y en su manía de demostrar; el abuso que hizo de ello muestra suficientemente lo poco que, en concreto, tuvo en cuenta el auténtico desarrollo del entendimiento.»

La primera vez que nos sentamos así, en círculo, y sacaron de la caja la pregunta «¿por qué existe el aire?» para mis adentros me sentí en un gran aprieto. Todo lo que yo sabía sobre la lógica de los niños y sobre el uso del «por qué» en esta edad, desaconsejaba una respuesta causal. Si daba crédito a los estudios sobre el desarrollo de las estructuras mentales y a mi propia experiencia, cualquier explicación verbal, por sencilla que fuera, me llevaría a un terreno resbaladizo. Por suerte, fueron los mismos niños los que me libraron de mis dudas. Estupefacta escuché como se daban unos a otros justo aquellas explicaciones que se correspondían a su lógica y presencié como se desencadenaba una «discusión» que, en realidad, no era ninguna discusión porque servía para que cada niño se expresara, los participantes ni respondían a las ideas de los, otros de forma lógica ni les prestaran verdadera atención. Esta forma egocéntrica de discutir, que Piaget ha descrito a menudo, es típica del trato entre niños que se saben libres de la presión de una autoridad adulta. Pero como maestra ¿no era mi función ampliar sus conocimientos, aclarar sus conceptos y elevar el nivel de su conciencia? Sentada en aquel círculo intentaba sentir cuál era la tarea que me correspondía en aquella situación. Y no había ninguna duda: para mí se trataba de una ocasión excepcional para, primero, escuchar muy atentamente lo que los niños decían. Si no me perdía la ocasión y no me «comportaba mal» podía sacar un gran provecho de mi situación y comprender un poco la forma de pensar de aquellos niños que me habían confiado. En aquel momento hubiese deseado que el magnetófono estuviese conectado. «Por qué existe el aire?» Las respuestas se precipitaron y los niños tuvieron que poner orden entre ellos para que cada uno pudiera decir su opinión. «Nosotros necesitamos aire para respirar.» «Los animales también quieren respirar.» «Si no existiese el aire haría demasiado calor.» «El aire seca la ropa.» «El aire mueve las hojas.» «Dios ha hecho el aire.» «En mi casa tenemos un libro en el que pone por qué existe el aire.» «A veces huele bien y entonces yo respiro hondo. A veces huele mal y entonces prefiero no respirar.» «Los aviones necesitan el aire para volar.»

Esta es una pequeña selección de las respuestas que los niños dieron espontáneamente. Les pregunté si también querían que yo diera una respuesta y sin dudar ni un momento respondieron: «No, gracias, ahora ya tenemos la pregunta contestada». El siguiente niño cogió la caja. Ni siquiera tuve tiempo de preocuparme por mi dudosa función. Antes de que fuera discutida la siguiente pregunta, me propuse informarme sobre distintos experimentos con aire y durante los días siguientes preparar los materiales necesarios.

«¿Por qué existen los hombres?» De nuevo una gran agitación y la necesidad de poner orden entre los hablantes. «Sin nosotros la escuela estaría vacía.» «Dios hace los hombres.» «Para que los hombres trabajen la tierra.» «Porque alguien tiene que pensar.» «Los hombres construyen casas.» «También coches.» «También fábricas.» «Los hombres dan de comer a los perros.» «Los hombres existen para disfrutar de la vida.» Pedí otra vez la palabra. En esta ocasión me limité a reforzar otra vez lo que los niños mismos habían dicho y les prometí que más tarde les buscaría algunos libros. «¿Por qué existen los padres?» Siete veces se oyó la respuesta: «¡Para que seamos felices!». Una vez: «Para que nos den comida y vestidos.» Solamente a una niña de nueve años se le ocurrió que «sin padres nosotros no estaríamos aquí».

Entre todos estos «por qué» hubo uno que los niños no sabían como podían responder. Fui oficialmente consultada: «¿Por qué en los Estados Unidos hablan inglés?». Me cercioré con cierto formalismo de si efectivamente querían saber algo de mi parte. Cuando todos estuvieron de acuerdo sobre este punto, les conté con muchas anécdotas y con la ayuda de libros ilustrados la historia de los Mayflower, de los pioneros, de las luchas con los indios, de los movimientos de liberación. Los niños escucharon con gran fascinación lo que les conté. Quisieron que sus compañeros de lengua inglesa les pronunciaran esta o aquella palabra en inglés, fueron a buscar libros de la biblioteca que trataban de los Estados Unidos.

Hasta ahora he explicado sobre todo cómo los niños mismos inician actividades y podría dar la sensación de que en la escuela abierta los adultos nunca toman la iniciativa y no se atreven a dirigir nunca nada de una forma directa. Sin embargo, esta sería una imagen falsa de lo que ocurre. A pesar de todo, es importante que quede claro que cualquier dirección e iniciativa que los adultos tomen claramente es la consecuencia, llena de sentido, de la directa observación de los niños en situaciones concretas. Solo a través del arte de percibir la actividad espontánea del niño, el maestro se verá puesto en situación de juzgar los intereses y el estado de desarrollo de los niños. De vez en cuando, reunimos a un pequeño grupo de niños para hacer un ejercicio de lectura típico de escuela. Sin embargo, la materia que leen y el método están en relación con las necesidades e intereses de los niños. O a veces me dirijo individualmente a un niño y le digo: «Cuando termines con la escritura, quiero enseñarte un material nuevo para calcular que he pensado para ti.» O me acerco a un grupo de muchachos y les pregunto: «¿Habéis visto ya las nuevas fichas para realizar experimentos con fuego?».

Los niños que no pueden soportar este tipo de invitaciones directas o a veces incluso órdenes, dan una prueba de que todavía tienen un problema con la «autoridad». Esto es fácil de entender cuando se trata de niños recién llegados de otra escuela, y a estos niños los tratamos con la máxima precaución. En cambio, cuando un niño lleva ya mucho tiempo con nosotros y aun así, todavía reacciona siempre negativamente cuando se le dirige algo de forma directa, es muy probable que el problema esté en su casa.

Así pues, la escuela activa no trabaja con un método, sino que crea muchas y distintas situaciones de la vida y de aprendizaje. Cada situación y cada niño requieren una adaptación. Cada día quiere ser sentido de nuevo. Cada día el niño tiene que sentirse totalmente lleno de vida. Se le tiene que permitir que viva plenamente el presente y que no se deje acosar por las exigencias de un futuro desconocido. En su ensayo *Biología y pedagogía,* Ortega y Gasset escribe las siguientes palabras: «Por lo general creemos que el mejor camino para conseguir personas completas consiste en adaptar al niño a los ideales del hombre maduro. En los artículos precedentes se señala la necesidad de aplicar el método contrario. La madurez y la cultura no son de ningún modo una creación del adulto o del sabio, sino más bien del niño y del salvaje. Dejemos que crezcan niños completos; para ello olvidemos tanto como podamos que un día serán hombres y mujeres. Eduquemos a los niños a ser niños y no siguiendo el ideal del adulto modélico sino medidas infantiles. El mejor hombre no es nunca aquel que fue menos niño, sino, al contrario: es aquel que cuando llega al trigésimo año de su vida encuentra reunido en su corazón el maravilloso tesoro de la infancia.»

UN SENCILLO CURRÍCULUM TRIPLE

La pregunta por el currículum, por el plan de estudios, despierta a amigos y enemigos de la escuela abierta tantas dudas y confusión como la pregunta por la disciplina y la libertad. Cuando hablamos con adultos de la libertad que el niño tiene para seguir sus intereses y gozar del aprendizaje, raramente faltan las objeciones: ¿Y qué pasa cuando un niño solo quiere hacer una cosa? ¿Qué hace usted cuando un niño nunca quiere aprender a calcular, a leer o a escribir? ¿No cree que, para sobrevivir en nuestra civilización, todo niño debe dominar un mínimo de materias? También puede aparecer el miedo: ¿Cómo pueden estos niños aprobar el examen de admisión en una escuela superior si siempre hacen solamente aquello que les gusta? A nuestros colegas de otras escuelas y a los responsables del Ministerio de Cultura les preocupa cómo puede ser compatible el plan de estudios oficial, que es válido para todo el país, con una escuela activa. En Ecuador —un país que intenta unir bajo un mismo gobierno razas y pueblos distintos, que, incluso, quiere incorporar al resto de la nación colonias a las que no se puede llegar en coche por falta de carreteras transitables— parece especialmente importante que todos los niños sigan el mismo plan de estudios porque, así, se crea un sentimiento de unidad. No importa que se trate de Quito o de Guayaquil, del más alejado de los pueblos andinos a 3 000 metros de altitud, del pueblecito de la selva más escondido del territorio amazónico o de un diminuto pueblo de la costa del Pacífico, en cualquier caso, existe seguridad: basta con pensar que todos los niños asimilan el saber contenido en los mismos libros y en los mismos murales y paneles de lectura imprimidos en la capital; que cada mes del año escolar, todas las clases pueden aprender de todas las asignaturas los mismos conocimientos y que ¡todos pueden repetir los mismos hechos de los héroes de la guerra de independencia!

El sencillo currículum triple

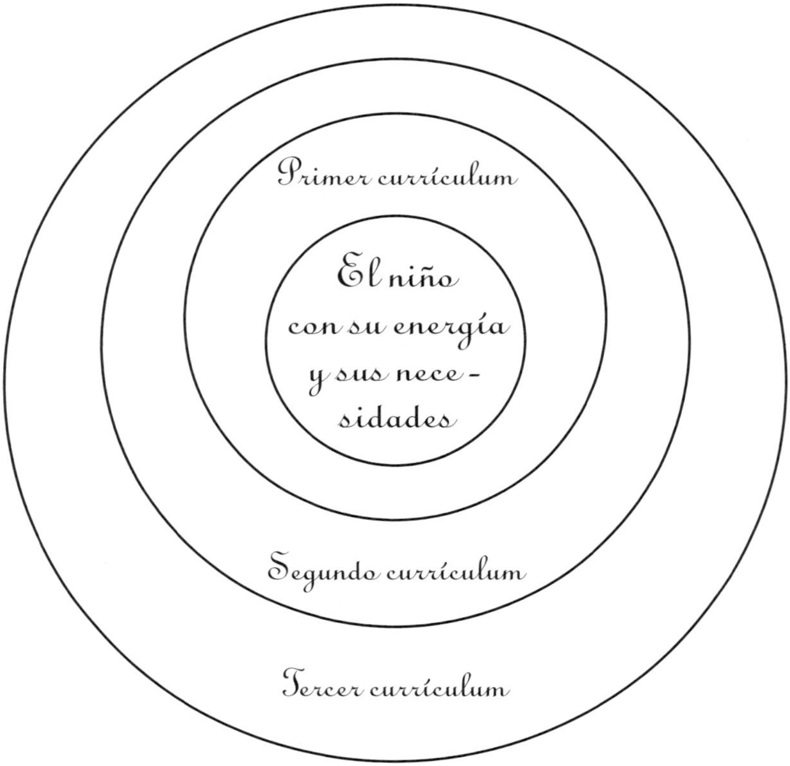

Primer currículum
Currículum de los intereses personales
Segundo currículum
Currículum de las etapas de desarrollo
Tercer currículum
Currículum de la progresiva participación en la cultura general

Desde pequeños nos acostumbraron a oír cada cuarenta y cinco minutos el timbre de la escuela, cerrábamos los libros de cálculo y cinco minutos más tarde abríamos los de historia, y así sucesivamente hasta que el horario de asignaturas estaba cubierto. Es probable que, en más de una ocasión, dudáramos de que realmente existiese una cantidad determinada de saber que era preciso aprender en un número determinado de años; tal vez también dudáramos de que tuviera que existir un objetivo del aprendizaje que se alcanzaba al cabo del año escolar o al cabo de todo un tiempo de escuela, si el saber preescrito se repartía bien equilibradamente entre los días, semanas, meses y años lectivos. Sin embargo, esto es lo que parecía darse en la práctica. Si se suspendían días lectivos, por lo general, el maestro tenía la tarea de concentrar la materia de tal modo que, al final, se lograra igualmente el objetivo de aprendizaje y el último día del curso todo el mundo pudiera cerrar tranquilo los libros de colegio. El alumno que, por haber estado enfermo o poco atento, tenía huecos en la sólida muralla del saber que se esperaba de él, debía ir a clases de repaso o pasarse las vacaciones empollando.

A menudo daba la impresión de que los maestros se alegraban de poder explicar la extensa materia en el menor tiempo posible y también nosotros, los alumnos, participábamos de este orgullo. Todavía recuerdo cómo aprovechábamos las pausas para pavoneamos delante de los compañeros de la clase paralela a la nuestra cuando, nosotros íbamos más adelantados en alguna asignatura. Nosotros íbamos a una clase A y, precisamente por eso, aprendíamos más deprisa que los de las clases B o C.

La mayoría de adultos coinciden en que se acuerdan muy poco de lo que aprendieron en la escuela. Sin embargo, consideran importante saber que tienen a buen recaudo los certificados de los distintos niveles que cursaron. Muchas veces, las personas que, por las circunstancias, se vieron obligadas a adaptarse a situaciones y valores totalmente nuevos, consideran que lo que aprendieron en la escuela es relativo o cuestionable. Aquellos contenidos que habían sido aceptados de una forma acrítica pierden su carácter absoluto e incluso «la mejor manera de tratar una cosa» se vuelve problemática. Durante años, muchos de nuestros amigos extranjeros que viven en Ecuador padecieron un choque cultural. Al principio, algunos de ellos pasaron mucho tiempo insultando «a esos ecuatorianos tontos». Sin embargo, después de pasar varios años en el extranjero, tampoco se sentían bien en su propio país, con sus paisanos, y precisamente porque éstos «no habían aprendido a adaptarse a otras formas de vida».

En su libro *El choque del futuro*, Alvin Toffler describe que, en el futuro, a todos aquellos que han crecido con la seguridad de un plan de estudios fijo y de unos valores y costumbres inamovibles les espera un tipo de choque similar. Según Toffler, debido a las nuevas investigaciones que se irán realizando, el edificio sólido de saberes fundamentales fiables va a ser derrocado con tanta rapidez que aquello que un escolar hoy aprende como saber válido, mañana ya será información falsa. Toffler avisa de que «el analfabeto de mañana no será aquel que no sepa leer, sino aquel que no ha aprendido a aprender», pero: ¿en qué consiste, según él, esta «capacidad de aprender»?

Toffler está convencido de que los niños que hoy están en la escuela, cuando sean adultos, vivirán en un mundo tan distinto del que conocemos que ni siquiera nos lo podemos imaginar. Puede ser que, hasta ahora, nosotros, los maestros, nos las hayamos apañado bien con el saber y los métodos de trabajo en los que fundamos nuestra autoridad. No obstante, deberíamos acostumbrarnos a la idea de que, el día de mañana, este mismo saber y estas mismas capacidades pueden llegar a convertirse en un obstáculo para nuestros hijos. En un capítulo de su libro Toffler se dedica a explicar cómo debería reformarse nuestro sistema educativo para que estuviera a la altura de las necesidades del futuro y hace propuestas concretas que nos pueden ayudar a reflexionar de nuevo sobre el currículum escolar. Algunas de sus propuestas fundamentales para la reforma de los sistemas existentes son las siguientes: una organización móvil que no opera de forma uniforme, sino según los casos; descentralización; introducción de los escolares en campos de la vida y del trabajo existentes en la sociedad actual; flexibilización de la rigidez de los horarios de asignaturas y de las divisiones por clases. Toffler propone crear planes de estudio elásticos y evitar que todo el mundo tenga que asimilar los mismos contenidos y las mismas áreas de conocimiento. No obstante, hay que procurar que no desaparezca una vinculación humana general capaz de ofrecer puntos de referencia importantes y posibilidades para establecer relaciones. El lugar de un currículum unitario lo debería ocupar el fomento sistemático de aquellas capacidades que sirven para que los hombres se relacionen entre sí y facilitan la integración social. Además, el currículum no solo tiene que ser flexible y multiforme, sino que también debe tener en cuenta, de una forma consciente, los factores desconocidos de la vida, es decir, debe permanecer abierto a todo.

Prepararse para un futuro desconocido presupone que toda persona joven, ya hoy, en vez de aprender datos fijos la mayoría de los cuales carecen de aplicación en la vida práctica, tiene que aprender a desechar ideas inútiles y a sustituirlas por ideas nuevas. También tiene que aprender a confiar en su guía interior la cual de entre el gran número de ideas y valores nuevos, le ayuda a elegir aquello que es válido para su situación. Desde esta sólida posición —que viene dada por la seguridad en su propia capacidad de juzgar y en la integridad de sus sentimientos— el individuo puede conseguir ordenar y reordenar informaciones, examinar su veracidad, ir de lo concreto a lo abstracto y de nuevo a lo concreto y afrontar los problemas que surgen por todas partes en un mundo permanentemente en cambio y lleno de situaciones imprevisibles.

Toffler prevé que, en un futuro, todavía será más difícil que ahora establecer y conservar relaciones humanas valiosas. Por este motivo, los niños de hoy ya deberían aprender a cuidar las relaciones humanas. Gracias a esta capacidad, cuando sean adultos, también les resultará más fácil cuidar, sin pérdida de tiempo y sin rodeos, un intercambio valioso con aquellas personas con las que se entienden de verdad. Los niños, pues, no deberían malgastar las horas de clase «sentándose al lado de» o «mirando hacia delante». El contacto permanente y directo de los niños entre sí y la libertad de elegir a un compañero de trabajo o de juego siguiendo los propios sentimientos son absolutamente necesarios para lograr que, en el futuro, se esté bien preparado para tener relaciones humanas auténticas.

Otra capacidad que cada vez se nos exige más y más es el arte de elegir: cuando el número de ofertas de todo tipo crece hasta lo inconmensurable, saber elegir y no perdernos en un lío de ideas, posibles ocupaciones y ofertas de productos.

Toffler no tiene ninguna duda de que las personas que solo pueden confiar en un saber que le proporcionan desde fuera y que no han desarrollado la seguridad personal interior sufrirán un doloroso «choque del futuro». Para hacemos una idea de las proporciones de este choque, basta decir que, a su lado, las distintas formas de trastornos que ya preocupan al hombre moderno no son nada.

Además, las personas que solo han aprendido a seguir un programa propuesto desde fuera corren el peligro de ser «programadas de nuevo», también desde fuera, si así lo exige la presión de una nueva sociedad. Sin una vida interior activa y sin la conciencia de su propia humanidad, incluso el más inteligente de los hombres carece de aquellas cualidades específicamente humanas que su propia realidad interior podría oponer a las programaciones impuestas desde fuera si la integridad de su ser se viera en peligro. Aquí se pone de manifiesto que en nuestros planes de estudios existe una laguna especialmente dolorosa por lo que respecta al trato con los mundos internos y al intercambio dinámico entre interior y exterior, justo lo que hace de nuestra vida algo digno de ser vivido.

En el lugar de un plan de estudios fijo y obligatorio para todos los niños, la escuela activa sitúa el cuidado sistemático de procesos de aprendizaje capaces de renovarse. Quiere evitar crear a los niños la ilusión de que la formación es algo que se puede «acabar» a través de distintos cursos, algo que uno ya «ha hecho». La escuela activa se guarda de poner en peligro que el niño sea uno consigo mismo. Si el pequeño se acostumbra a parcelar excesivamente la realidad y a aplazar la vida para cuando toque la campana o para cuando ya haya superado un examen, cada año le va a resultar más y más difícil recuperar el sentimiento de que él es una unidad, un ser íntegro. De modo que un currículum con sentido empieza allí donde se encuentra un niño; tiene en cuenta la naturaleza del niño y no cae en el «sinsentido» de separar el organismo en crecimiento de sus propios sentidos: Si estás bien sentado y calladito, no intentas mirar por la ventana o hablar con tu compañero, si tienes las manos bien colocadas sobre la mesa y me escuchas, entonces podrás aprender algo con sentido. Después, se abren los libros de texto y el niño ve el mundo a través de los cristales de las gafas de una comisión de expertos pedagogos. El maestro explica una cosa, escribe en la pizarra, dirige conversaciones. Los niños escuchan, escriben lo que pone el maestro en la pizarra y, en el mejor de los casos, dan las respuestas «correctas» que se esperan de ellos.

Un currículum con sentido conserva la unidad del niño consigo mismo y con su mundo. Se basa en todas aquellas peculiaridades infantiles que configuran la fuerza del organismo joven: su tendencia al movimiento, su curiosidad, la intensidad de sus sentimientos y su placer sensorial. Por eso, en la escuela activa, los libros, las mesas y las sillas no son eliminados pero tienen mucha menos importancia que el ambiente constantemente en cambio y lleno de objetos concretos y de una gran cantidad de ofertas para realizar actividades prácticas. Cuando los niños están verdaderamente activos, todos muestran su carácter individual: en la forma de moverse, en la manera de hablar, de reír, de expresar dolor o de contactar con los otros. Si reprimimos las partes fuertes del niño e intentamos convertirlo tan rápido como sea posible según nuestras perspectivas de adultos y le empujamos hacia una forma de pensar analítica y reflexiva, el niño pierde progresivamente su curiosidad natural. Sus sentidos se vuelven apáticos, busca cobijo en su inteligencia práctica innata y, a menudo, ésta reaparece de forma indeseable.

En el libro de David Elkind anteriormente mencionado se habla de un currículum triple que se ensancha de forma concéntrica alrededor de todo niño. El centro siempre es el niño mismo y la plena realidad de su vida. A partir de este centro crece la armonía que atraviesa todos los procesos de aprendizaje, junto con el currículum de los intereses personales del niño, sus etapas de desarrollo y su progresiva participación en la cultura general.

El primero de los círculos concéntricos, en el que se produce la energía para todos los otros procesos, tiene su centro en el interés personal del niño. En primer lugar, este interés surge de la necesidad de sentir, de moverse, de amar y ser amado. No podemos perder de vista que un currículum que no tenga en cuenta estas necesidades fundamentales del niño pone en peligro la unidad del joven organismo y separa el proceso de aprendizaje de su impulso original, un impulso que primordialmente está al servicio de las leyes del propio crecimiento. Si empezamos a enterrar esta fuente natural de energía, tendremos que recurrir a motivaciones para el aprendizaje procedentes del exterior como son: los castigos y los premios, la competencia entre los niños y la promesa de grandes éxitos; recursos que hacen que el niño «anhele» el futuro. O en los casos más positivos: la acrobacia de un maestro los «engancha» tanto, que los niños aprenden con gran ilusión todo aquello que él les ofrezca. Sin embargo, mediante estos mecanismos, la dirección y la programación del niño son desplazadas al exterior y todas las vivencias de la realidad presente —incluido el dolor que un niño puede sentir cuando entra en contacto consigo mismo— son sustituidas por las promesas de un futuro que, por experiencia, sabemos que raramente se convierte en presente real.

Ahora bien, ¿cuáles son los objetos del interés natural de los niños durante sus primeros años de escuela? Los niños se interesan, sobre todo, por personas reales: en primer lugar, por su propia persona y su propia familia, progresivamente ésta se irá ampliando e incluirá a otras personas extrañas a ella. Después vienen los animales, las plantas, los elementos naturales y todos los objetos que se pueden manipular sin peligro. Finalmente, el contacto con la vida de los adultos, si ésta no se ha convertido en algo demasiado complicado y artificial. De modo que tenemos que tomar muy en serio todo aquello que el niño experimenta fuera de la escuela y todo aquello que le impresiona. Cada mañana, cuando los niños llegan a la escuela explican lo que les ha pasado, traen algo interesante de su vida familiar y todo esto lo transforman en pintura, escritura, juegos, cálculo y en todas aquellas actividades que les posibilitan los materiales que en la escuela tienen a su disposición. En la escuela, los niños, con un interés inquebrantable, no paran de buscar nuevos estímulos y nuevas ocasiones para observar, probar, preguntar e imitar.

Lentamente, el círculo de experiencias se amplía y del pequeño mundo de vivencias personales va surgiendo la imagen de una realidad multiforme y con muchas capas. Así pues, nos alegramos de cada uno de los intereses originales del niño y, paso a paso, le ayudamos a continuar: ¿De cuántas maneras nuevas puedes hacer aquello que has visto que hacen los otros? ¿Cómo puedes hacer observaciones más exactas? ¿Cuántas diferencias puedes descubrir? ¿Cuántas cosas similares? ¿Qué pasa si pruebas de hacer esto o aquello de otra manera?

En un primer momento, el aprendizaje operativo, figurativo y connotativo del niño gira alrededor de sus intereses personales. El niño aprende a escribir sobre sus vivencias y a hacer cálculos, mediciones y curvas comparativas a partir de ellas, aprende a leer cosas que le cuentan las experiencias de otros en este mismo campo. Al niño le gusta hablar sobre sus experiencias y lo hace de una forma despreocupada, así, poco a poco se da cuenta de que su propia perspectiva no siempre coincide con las experiencias de los otros.

Animado por sus intereses personales, el niño amplía el círculo de sus experiencias y, de acuerdo con su naturaleza y las leyes de maduración y crecimiento, recorre el currículum de sus etapas de desarrollo. Estas etapas son las mismas para todos los niños, sin embargo, cada niño tiene su ritmo. Se trate del crecimiento intelectual o del crecimiento social del niño, las etapas de desarrollo influyen en su manera de pensar y de actuar. A través de su actividad práctica, el niño asimila de nuevo los conceptos de masa, peso, volumen, espacio, tiempo, causalidad, velocidad, movimiento y geometría. A menudo, este currículum del desarrollo de los niños es totalmente distinto del currículum escolar prescrito. Los libros de texto más usuales son un claro testimonio de que las personas que planifican la formación apenas tienen en cuenta el desarrollo interior de los niños.

Así, por ejemplo, en un moderno libro de trabajo para alumnos de segundo curso se presenta una serie de relaciones familiares y se espera que los niños, a partir de un texto que acompaña a la lista de los nombres de las relaciones, adivinen «qué le es» una persona a otra: si una de estas personas es tío de otra persona, padre de un tercero, etcétera. ¿Alguna vez los autores de este libro de texto se han tomado la molestia de leer lo que Piaget ha observado sobre las capacidades de los niños para tratar con todas estas relaciones? ¿Cómo pueden niños de siete años trabajar con un texto de estas características de una forma inteligente (es decir, no mediante adivinanzas u observando la reacción del maestro) y sin perder la confianza en sí mismos, si de acuerdo con su «currículum de desarrollo» está demostrado que no se sienten seguros con estas relaciones hasta poco antes de entrar en la pubertad?

Otro ejemplo extraído del mismo libro de texto para niños de segundo es el siguiente: En una misma página, se reproducen, una al lado de la otra, la historia de un sueño y la de un hecho verídico. Después de leerlas los niños tienen que averiguar cuál de ellas podría ser el sueño y cuál el hecho real. Además, tienen que analizar en qué se notan estas sutiles diferencias. Después, se les propone un tema y a partir de él, el niño tiene que producir una historia similar a la anterior: primero, presentada como un sueño y después, como un hecho verídico.

Este ejercicio da por supuesto que los niños de siete años dominan el pensamiento reflexivo, que de sus propias vivencias pueden distinguir lo que es sueño de lo que es realidad y que pueden reconocer las diferencias entre ambos niveles en un texto impreso (recientemente han aprendido a leer). De nuevo, el estudio de las etapas de desarrollo del niño muestra que este tipo de pensamiento reflexivo no pasa a formar parte de su instrumental natural hasta la entrada de la pubertad; antes de esta edad aparece en forma de intuición y, como tal, no debería ser forzada. En cambio, el niño podría convertirse en un verdadero maestro del pensamiento práctico, si le diéramos suficientes ocasiones para ello.

No solo los libros de lengua más habituales están enfocados de tal modo que los niños se ven obligados a adivinar los deseos de los adultos (con lo cual, de hecho, se convierten en libros de psicología). También el cálculo —que, en condiciones normales, es la ocupación más natural para el intelecto en crecimiento del niño— está planteado de tal modo que la mayoría de niños necesita un sexto sentido para poder operar con todos aquellos símbolos que difícilmente son compatibles con el diario ir y venir, con dar y tomar, con medir, levantar y comparar, en definitiva, con todas aquellas actividades que durante las horas de clase acostumbran a estar terminantemente prohibidas.

La escuela activa se propone dejar que cada niño aprenda de acuerdo con el ritmo de su desarrollo y a través de actividades reales en un mundo real; no en el insípido mundo impreso de los libros de texto. En un grupo en el que hay niños de distintas edades al maestro no le resulta difícil tener en cuenta las distintas etapas de desarrollo de los niños. Las situaciones de la vida real agrupan a niños con un grado de madurez distinto para realizar una actividad en común. Sin embargo, el nivel de aprendizaje puede y debe ser distinto para cada niño. Una de las ocupaciones más fascinantes del maestro activo es observar el hacer de los niños, escuchar sus conversaciones y, por el tipo de preguntas y respuestas que hacen, evaluar sus respectivas etapas de desarrollo. A través de esta observación, cada vez le resulta más fácil ponerse a su nivel y sentirse más cerca de ellos. No obstante, algunos lectores tal vez se preguntarán: La tarea del maestro ¿no consiste precisamente en motivar a los niños para que piensen como adultos y en librarles de su forma de pensar infantil e ilógica?

Intentaremos responder a esta pregunta de varias formas. Si respetamos a cada niño en su etapa actual, le ayudamos, sobre todo, a que su grado de seguridad personal sea más elevado. Al mismo tiempo, le permitimos que, en el nivel de desarrollo en el que se encuentre, recoja tantas experiencias como sean posibles para que, después, con la sensación de una mayor riqueza, pase sin esfuerzo al próximo nivel. Este es un proceso natural y, por lo tanto, lento. Nuestra tarea consiste en crear las condiciones adecuadas para que este proceso se realice, pero no en acelerarlo. Si como adultos conseguimos que nuestra impaciencia no trastorne estos procesos internos y los abastecemos con el alimento necesario, el niño aprenderá a valerse por sí solo y no dependerá toda su vida de una dirección externa.

De estos primeros círculos concéntricos, impulsados por el interés personal del niño y su proceso natural de crecimiento, surge, en círculos nuevos y más alejados del centro, el tercer «currículum». Este currículum conduce a una conquista del mundo, a una conexión dinámica con las experiencias de otras personas y al encuentro con una cultura general. Lentamente el niño va descubriendo que su propia experiencia actual está en relación con las experiencias de otras personas que viven en lugares alejados o que pertenecen al pasado. También ahora, poco a poco, empieza a tener pensamientos sobre el futuro.

En este estadio de nuevos e intensivos intereses no solo es importante, qué aprende un niño, sino cómo lo aprende. El maestro activo nunca debe desatender su tarea de observar a los niños en sus situaciones vitales para, después, poder juzgar qué nuevas situaciones y avances en el gran mundo puede proponer a sus protegidos. Mientras los niños todavía son pequeños, el adulto tiene que guardarse de interrumpir el curso natural de sus razonamientos, que es fruto de sus experiencias infantiles, con una subdivisión artificial de la materia. Mucho más que «aprender la materia», la tarea de los niños consiste en descubrir los elementos comunes de situaciones análogas que puedan servir para solucionar problemas, hallar las regularidades existentes y examinar su posible aplicación en nuevas situaciones. Si no queremos destruir el sentimiento de unidad demasiado pronto, es muy importante favorecer este encadenamiento de las materias entre sí. Una vez que se han creado los fundamentos del pensamiento analítico, una disciplinada subdivisión en asignaturas puede ser de gran utilidad para posibilitar una penetración más profunda en las distintas áreas de conocimiento. Sin embargo, las tendencias de las ciencias modernas señalan que, posteriormente y a fin de que el pensamiento creativo llegue a un nivel más elevado, a esta subdivisión deberá seguirle una nueva búsqueda de conexiones transversales.

¿Cómo consigue la escuela activa potenciar el aprendizaje de los niños y sus capacidades prácticas e intelectuales sin seguir una tradición pedagógica acostumbrada a subdividir en asignaturas todo aquello que se puede aprender?

Para responder a esta cuestión, contemplemos de nuevo el «ambiente preparado» y las distintas actividades que se pueden desarrollar en él. Veamos, por ejemplo, qué puede suceder en el centro de interés «cocina»: Unos cuantos niños tienen hambre o simplemente ganas de comer algo cocinado por ellos mismos, de hacer alguna actividad práctica o de demostrar que totalmente solos, sin la madre, saben preparar una comida. A lo mejor algunos hacen una pequeña excursión al jardín para ver si se puede coger algo bueno. Tocan las plantas, hablan con un compañero sobre el tiempo que necesita una remolacha o una lechuga para crecer. ¿Cuándo sembramos esta remolacha? ¿Crees que le habrá faltado agua? Vamos a mirar en nuestra curva del tiempo cuanto ha llovido este mes. Siguiente paso: Los niños se inventan una nueva receta para cocinar con los ingredientes de los que disponen o buscan una en la caja o en el libro de recetas. Leen y comprueban si en la cocina hay todo lo que se necesita. En caso de que falten cosas tienen que confeccionar una lista de la compra con todo lo que se necesita para el día siguiente. Ahora empiezan a medir, a pesar, a calcular para hacer el doble de la cantidad indicada en la receta o para hacer la mitad. Mondar y cortar, después, asar —o aquello que exija la receta— : todas son actividades que ofrecen muchas ocasiones para ejercitar la habilidad, para ir y venir activamente o para que se produzcan animadas conversaciones de cocina. Se calcula el tiempo de cocción o se consulta en el libro de cocina. Mientras tanto, hay que ir limpiando todos los utensilios que se han utilizado y desalojando la mesa para que si hay otros niños interesados en trabajar en la cocina puedan hacerlo. Los desperdicios son clasificados en cubos distintos, según sean orgánicos o inorgánicos. Cuando se llevan los desperdicios orgánicos al estercolero es una buena ocasión para hablar de los distintos sistemas de abono, de sus ventajas e inconvenientes. (Los niños conocen bien los argumentos a favor de una agricultura orgánica y también durante sus paseos, se guardan de ensuciar la naturaleza con desperdicios inorgánicos.)

Si quieren hacer pan o pasteles comprueban que el horno, que funciona con energía solar, esté a la temperatura adecuada, adaptan los reflectores según la posición del sol y aprovechan la ocasión para calcular la hora. Mientras se hace la comida, hay niños que copian la receta para llevársela a su madre —parece ser que cada vez hay más familias que en casa, presionados por los niños, comen «á la Pestalozzi»—, otros piensan qué pueden hacer hasta la hora de comer y deciden invitar a su pequeña fiesta a otros niños. Se preparan los platos, se pone la mesa y los invitados tienen la precaución de probar antes la comida para ver si les gusta. Durante la comida, la conversación es muy animada, los niños ríen mucho, hacen planes y, al final, todos juntos limpian lo que se ha utilizado.

A continuación, otro ejemplo práctico de como un maestro puede potenciar conscientemente el aprendizaje y la investigación de los niños sin apartarles de la actividad que ellos mismos han elegido. Dos niños están concentrados intentando con todo tipo de utensilios poner en movimiento el agua de la mesa de jugar. Remueven el agua, chapotean, dan golpes con la palma de la mano sobre la superficie, el agua salta y salpica fuera de la mesa; los niños acompañan sus juegos con charlas y distintos sonidos. En estos momentos, yo estoy ayudando a un muchacho a limpiar el cilindro impresor y me quedo un rato cerca de los que juegan con el agua. Como de paso les digo: «¿Podéis mover también el agua sin tocarla?» Me miran con cara de perplejidad. Después uno de los niños se pone a reír y sopla a pleno pulmón contra la superficie del agua. Al poco rato, son más los niños que se han sentido atraídos por esta nueva ocupación y empiezan un concurso para ver quién sopla más fuerte. Mientras, hablan de vientos —viento del Este y viento del Oeste—, de sus vacaciones en la playa, cuando las olas eran tan altas que no se atrevían bañarse en el mar. Surgen nuevas ideas: un fuelle, una mancha de bicicleta, y las olas son cada vez más altas. Al cabo de unos minutos entra en juego una bomba de agua, poco después, mangueras de distintos diámetros, recipientes unidos con tallos de paja. Construyen una ruta de agua que discurre a lo largo de una serie de obstáculos. Son puestos en circulación «barcos» y con un cronómetro los niños miden el tiempo que tardan en realizar sus trayectos. Alrededor de estos proyectos acuáticos se han formado varios grupitos que se aconsejan unos a otros y van comentando la jugada. A dos niñas mayores que están mirando sin hacer nada les pregunto algo nuevo: «¿Podríais mover agua sin tocarla ni con el cuerpo ni con ningún otro objeto, sin hacer un desnivel ni tampoco viento?» Las niñas intentan varias cosas pero siempre tienen que acabar corrigiéndose: «No así no vale. No puede haber ningún desnivel.» Están tan lejos de la solución que buscan como al principio de todo, cuando empezaron a probar. De repente, una amiga les llama: «¡Venid a comer, la sopa está hirviendo!» Una de las niñas se queda con la boca abierta: «Ven, que te enseño una cosa». Tira de su compañera y la lleva hasta delante de la olla donde la sopa hierve a borbotones: «¿Ves esto? Se mueve, pero sin tocar, sin soplar, sin desniveles».

Y la cosa continúa. Inocentemente pregunto a unos niños qué es lo que mueve el mar. Las suposiciones son de lo más fantasioso. Buscamos ayuda en libros que tratan sobre el mar y explican el flujo y el reflujo. De nuevo, recuerdos de las vacaciones: «Una vez el mar estaba muy afuera y pudimos buscar conchas y estrellas de mar. Cuando la marea está baja, los coches circulan a lo largo de la playa dura. (Los niños han experimentado que cuando hay bajamar las playas son las mejores carreteras de Ecuador). Un día vimos un coche que no llegó a tiempo a la siguiente salida antes de la pleamar y el mar se lo tragó». Los mayores leen cosas sobre la influencia de la luna, confeccionan maquetas en las que representan la posición del sol, la luna y la tierra y sus movimientos. Juegan con los imanes y hacen pruebas de su magnetismo con distintos objetos. Hacemos un juego de asociaciones: ¿Quién puede en cinco minutos escribir más palabras que tengan alguna relación con el agua?

Al día siguiente vamos a la piscina y llevamos todo tipo de objetos para hundirlos en el agua. Calculamos el tiempo que necesita cada objeto para llegar hasta el fondo de la piscina. Los niños se tiran al agua y buceando van a buscar los objetos infinitas veces, los dejan caer en un punto más profundo y ensayan nuevas técnicas de salto.

El miércoles por la mañana, sobre las mesas que hay justo a la entrada, los niños encuentran una gran bandeja con recipientes de distintos diámetros y también cintas métricas. A aquellos que sienten curiosidad y me preguntan qué se hace con esto les muestro como pueden ir vertiendo en cada uno de los recipientes una taza de agua e ir anotando en una tabla el nivel del agua junto con el diámetro del recipiente correspondiente. Para los más pequeños se trata de una empresa demasiado difícil y como máximo logran realizar unas cinco anotaciones. Los mayores lo aprenden rápido y con ello también aprenden a confeccionar una gráfica en la que se observa claramente la relación entre los niveles de agua y los distintos diámetros.

El jueves hacemos una excursión a un río cercano. Los niños tiran piedras al agua, practican el tiro de longitud, vadean el río y pescan renacuajos y algas. Envían barquitos río abajo, hablan de ríos en general y del río concreto en el que se encuentran y quieren saber en qué provincia llegarán nuestros barquitos al mar. Ya en la escuela, sacamos del armario los mapas, reseguimos con el dedo los cursos de los ríos y leemos los nombres de las provincias que cruzan. A algunos niños les entra la fiebre de viajar. Con la ayuda de mapas de carretera calculan distancias —para ello usan de nuevo materiales concretos— y también el precio de la gasolina y las horas de viaje. Otros dibujan sobre mapas preparados los ríos del país y anotan sus nombres, pintan los mares del mundo o realizan un gran dibujo con mares y ríos y con los típicos peces del Ecuador; con conchas y algas secas realizan collages y, mientras el interés de los niños permanece, se trabajan nuevas variantes del tema agua.

Durante todo este proceso, las pequeñas ayudas, preguntas y estímulos que nosotros, los adultos, aportamos a fin de mantener vivo el interés de los niños y de dejar que encuentren nuevos caminos y posibilidades tienen que ser dosificadas con gran precaución. Los niños nunca tienen que tener la sensación de que el maestro «explota» su interés para sus objetivos —para el niño, incomprensibles. Los niños que no participan en estas actividades pueden ocuparse con todas las otras posibilidades que tienen a su disposición y el maestro se toma los intereses de estos niños tan en serio como los de los que juegan y trabajan en grupo.

De este modo, a medida que vivimos cada día plenamente con los niños, el plan de estudios va creciendo de una forma orgánica a partir de las auténticas necesidades de los niños y de los adultos. El centro de gravedad del aprendizaje siempre está en el niño y no debe ser desplazado a los maestros o a los libros de texto. Siempre procuramos que la propia actividad de los niños y sus experiencias vaya por delante de cualquier información que el maestro pueda ofrecer. En lugar de esperar con impaciencia la señal que les indica que ya pueden regresar a sus casas, los niños de la escuela activa viven con la sensación de que nunca pueden realizar todos aquello que tenían intención de hacer.

Sin embargo, ¿cómo podemos estar seguros de que de este modo los niños llegan a tener un saber satisfactorio y «general»? ¿Cuándo se les enseña a unir toda esta serie de experiencias, a menudo no planificadas, en un todo lógico? ¿Cómo aprenden a esforzarse y a superar obstáculos?

Tal vez nos resulte difícil aceptar de verdad que a niños de esta edad no podemos explicarles y aclararles relaciones lógicas. El cerebro, en condiciones de vida normales y a medida que va madurando, adopta la función de elaborar todas aquellas experiencias que se han hecho en circunstancias positivas de tal modo que se las comprende y de nuevo son aplicables en otras situaciones. Para ver este proceso la escuela activa nos ofrece un amplio campo de observación. A fin de cuentas, cada día vemos cómo los niños dedican a las actividades elegidas por ellos mismos más constancia y fuerza de la que podríamos esperar que dedicarían a actividades impuestas desde fuera. Sin duda alguna, cuando a los niños se les deja elegir por sí mismos evitan ocuparse con ideas «sin vida» que no pueden relacionar ni con su experiencia ni con sus sentimientos. Así, por ejemplo, para comprender qué es la historia se podría empezar, cuando se trata de los más pequeños, con su propia persona. Los niños pueden traer a la escuela fotografías de ellos mismos en distintas edades. Hacen una exposición y escriben al pie de las fotos ordenadas cronológicamente la edad que tenían en aquel momento y todo tipo de datos personales. El nacimiento del niño representa el punto cero y en el lado negativo de la línea del tiempo aparecen fotografías y anotaciones sobre miembros de la familia que ya vivían antes que ellos. Más tarde, esta especie de historia de la familia conduce a líneas del tiempo de carácter más general que representan la historia de nuestra Tierra o de las grandes civilizaciones.

A fin de aguzar este sentido para la historia hacemos que los niños entren en contacto con todo tipo de cosa antiguas y con personas mayores. Invitamos a una abuela que le guste contar cosas a que venga a la escuela o le rogamos que nos invite a su casa. A las personas mayores les gusta hablar de su infancia y llenos de orgullo enseñan objetos antiguos. Los niños hacen preguntas, miran fotos antiguas e intentan comprender qué es lo que en otros tiempos era distinto de hoy. A veces, nuestros anfitriones poseen libros antiguos con ilustraciones en las que está representada la vida de hace un siglo. En sus casas, los niños realizan investigaciones parecidas con sus propias familias. Después, investigan en la calle donde viven. ¿Hay en sus calles casas antiguas? ¿Cuándo fueron construidas? ¿Qué diferencias hay entre las construcciones de antes y las de hoy? De este modo, cuando los niños aprenden todo lo perteneciente al pasado que es digno de saber e interesante, nunca pierden el hilo que une estos saberes con su propia vida.

En la escuela y durante los paseos fotografían con una cámara muy sencilla todo lo que les parece especialmente interesante. En grupos pequeños pueden revelar sus fotografías en la cámara oscura de un padre que vive cerca de la escuela. Las mejores fotografías pasan a la «exposición», las otras son guardadas en un archivo junto con una serie de datos que serán de interés para aquellos que las contemplen posteriormente: día y hora en que fueron tomadas, tiempo de exposición y una descripción de todas las circunstancias externas que rodearon la imagen.

Cuando hacemos excursiones, los niños hallan muchos contrastes y nuevas impresiones. En lugar de ver dibujos de mercancías con sus carteles de precios en un libro de texto bien ilustrado y con ellos aprender a calcular, vamos a las tiendas de verdad. Pedimos al dueño del establecimiento que nos deje coger las mercancías, anotar los precios y hacerle preguntas sobre su fabricación o su país de origen. Con ello, los niños no solo aprenden a calcular, sino también a tener trato con distintas personas, a hacer preguntas, a ser educados y de estas experiencias —sin duda, un poco largas— almacenan una gran cantidad de impresiones sensoriales. Además, esta forma de dejar que los niños vivan y crezcan sosegadamente tiene otros resultados totalmente distintos e inesperados. Hace poco, un amigo nuestro que es Catedrático de Psicología en Noruega y también autor de libros sobre Piaget nos escribía una carta en la que expresaba su decepción: «Poco a poco me voy cansando de ver que en escuelas basadas en Piaget y Montessori solo hay niños culturalmente privilegiados que se pasan el día ocupados clasificando y haciendo series». Durante los viajes que ha realizado en los últimos años como presidente de una fundación social ha entrado en contacto con tanta miseria y subdesarrollo que se pregunta: «¿No sería mejor dar a los niños una educación con la que, además de pensar lógicamente, aprendieran a sentir compasión por las otras personas?».

Y sin embargo, ¿cómo podemos incluir la «compasión» en el plan de estudios de nuestras escuelas? Entre los niños del Centro Pestalozzi existen grandes diferencias sociales, pero nuestra experiencia con ellos nos ha enseñado que es posible potenciar a la vez el desarrollo intelectual y la comprensión para con los otros. Cuando concedemos a los niños la libertad de que dispongan de objetos concretos porque queremos favorecer su crecimiento intelectual, ellos adoptan nuestros valores y, de una forma consciente, sitúan el peso principal del aprendizaje en el dominio del mundo material. Pues bien, la misma libertad, pero aplicada a experimentar con las relaciones humanas de todo tipo —algo que a nosotros, los educadores, a menudo nos resulta difícil de reconocer como «trabajo escolar»—, es necesaria para fomentar la comprensión social de los niños. Los niños notan perfectamente si nosotros, los maestros, les damos libertad de acción porque sobre todo queremos agudizar su entendimiento o si esto es fruto de un respeto profundo por sus auténticas necesidades. Nuestro respeto por su plena humanidad no pretende «favorecer» a los niños para que, a través de nuestros métodos científicos, se conviertan en adultos que piensan lógicamente, sino que es aceptarlos en su ser niños de hoy y esta aceptación es algo que los propios niños sentirán como amor. Los niños adoptarán la misma actitud que nosotros adoptamos cuando intentamos aprender a satisfacer sus auténticas necesidades, a través de lo cual ellos se mantienen en contacto con sus propios sentimientos o aprenden a crear una relación nueva con ellos. En la medida que los niños se sienten respetados y amados, adquieren la capacidad de transmitir este respeto y este amor a otras personas, de sentir sus necesidades y satisfacerlas.

El curso pasado vinieron a visitar nuestra escuela varios grupos de niños de otras escuelas. Una vez se trató de la visita de una clase de tercero procedente de una escuela de élite de Quito. El día antes los niños de la escuela Pestalozzi hicieron planes. Pensaron en preparar un gran almuerzo para los visitantes y mostrarles sus juegos y libros preferidos. Los visitantes bajaron del autobús en fila, perfectamente ordenados y uniformados según las normas de su escuela, dejaron sus carpetas en un rincón, se olieron que en nuestra escuela había libertad y empezaron a correr como salvajes por todo el edificio. Los anfitriones intentaron invitarles a comer y a jugar. Con grandes dificultades y esfuerzos consiguieron reunirlos unos minutos alrededor de la mesa que ellos habían puesto con gran cuidado. Los invitados, apenas habían comido algo a toda prisa —y no sin poner pegas— abandonaron, sin dar las gracias, la mesa y el resto de la mañana ya no hubo forma de amansarlos. Nuestros niños se decepcionaron y quisieron saber por qué los otros eran «tan raros». Cuando supieron que la mayor parte del tiempo que pasaban en la escuela tenían que estar sentados y callados, mostraron comprensión, lavaron los treinta platos de más y por el resto, ya no dejaron que nadie los apartara de sus propios intereses.

En otra ocasión nos visitaron treinta niños indios. Su necesidad de moverse es muy pequeña porque muchos de ellos andan cada día kilómetros para llegar a su escuela. Estos niños se precipitaron hambrientos sobre los materiales concretos. Nuestros niños se repartieron entre ellos el trabajo. Unos mostraban a las visitas sus recetas de cocina preferidas. Pronto la clase se llenó de olores apetitosos que nos pusieron a todos de excelente humor. Otros niños enseñaban a los invitados sus juegos preferidos y les iniciaron en el funcionamiento de la imprenta escolar.

En ambos casos habíamos evitado dar a los niños indicaciones sobre cómo debían comportarse, repartir funciones o describirles de antemano las peculiaridades de los niños que los visitarían. En cada caso, nuestros niños se adaptaron de una forma espontánea a la situación dada. Dejamos que por sí solos sacaran sus propias conclusiones de la decepción que habían sufrido con los niños de Quito y de la experiencia positiva que habían vivido con los niños indios. No creemos que uno tenga que enseñar o cultivar la compasión o la humanidad. De todas formas, hay que cuidarlas y el único método es practicarlas «activamente» en los niños y con ellos.

Durante varias semanas, nuestros niños mantuvieron un vivo contacto con un orfelinato. Invitaron a los niños huérfanos a que vinieran a nuestra escuela y nosotros también les hicimos varias visitas. Antes de cada visita muchos de sus proyectos giraban en torno a la necesidad de darles una alegría a los niños huérfanos. Hicieron galletas y las vendieron con un 50% de ganancias a sus familiares y conocidos. Recogieron vestidos y juguetes usados y se divirtieron poniendo precios a cada una de las cosas y después calculando su valor total. Intentamos observar si cuando los niños entregaban sus obsequios mostraban desprecio y no detectamos nada parecido. Para ellos, las visitas al orfelinato eran momentos muy importantes. Disfrutaron de poder hacer amistades allí y jugar con los juguetes y los animales domésticos de los niños huérfanos. Se sentían honrados cuando podían ayudar a los niños huérfanos a amasar pan. Alegres, atizaban el fuego del gran horno de leña, amasaban los panes y ellos mismos se pedían un panecillo para «que en casa también recibieran algo de nuestra mañana tan bonita». A algunos de nuestros niños, que en sus casas no tienen una vida familiar armónica, las visitas al orfelinato les hacía reflexionar: «A lo mejor estos niños no son pobres de verdad ¿no? A mí me parece que aquí están bien: nunca les faltan niños para jugar, y no tienen que ver a sus padres peleándose».

¿Dónde tenemos que poner los límites del currículum si la escuela y la vida no están separadas? Una vez tuvimos una experiencia que no habíamos planeado en absoluto y que seguro que no está descrita en ningún libro de texto de ninguna escuela. Una fría mañana hicimos una pequeña visita a nuestros «parientes» del zoo de Quito —todavía era demasiado pronto para nuestra visita al museo del oro. Este zoo que es el único que existe en Quito está unido a una escuela militar en la que también hay una escuela de equitación. Nuestros niños se dirigían hacia la salida del zoo cuando, de pronto, se sintieron atraídos por un acontecimiento singular. Un viejo caballo, que por los visto ya no servía para la escuela de equitación, estaba tumbado en el suelo con las patas delanteras y traseras atadas. En aquel preciso momento un soldado apuntaba con su arma al cráneo del animal. Mi impulso más inmediato fue sacar a los niños de allí lo más rápido posible. Miré sus caras. Veinticinco pares de ojos tenían su mirada puesta sobre el caballo y el soldado, absolutamente concentrados y esperando lo que había de llegar. Veinticinco corazones de niños temblaban y, no obstante, estaban fascinados por aquel instante que de repente los situaba en la frontera entre la vida y la muerte. Al instante se oyó la fuerte detonación del arma. Una gran fuente de sangre brotó del cráneo del caballo. El animal dio unas sacudidas y abandonó la vida. Inmediatamente se acercaron varios soldados provistos de grandes cuchillos y empezaron a descuartizar el cadáver para dar su carne a los leones y tigres. Nos resultó imposible apartar los niños de este teatro. Aquellos que hacía un momento estaban todavía horrorizados, ahora daban muestras de una gran curiosidad. ¿Cómo era un caballo por dentro? ¿Tenía las tripas igual que los hombres? (Hacía poco que algunos niños se habían interesado por la anatomía.) Aplazamos nuestra visita al museo para otro día y nos quedamos en el zoo hasta que los leones y los tigres se hubieron comido el último trozo de carne de caballo. Durante el viaje de regreso a la escuela los niños estaban pensativos. Aquí y allá, como de costumbre, se cantaba una canción, pero el entusiasmo para cantar era inferior al de otros días.

En la escuela, los niños conservan en libros que hacen ellos mismos, en artículos impresos o en dibujos muchas de las impresiones que han ganado fuera. Sin embargo, muchas vivencias solo las guardamos por un tiempo. En el fichero Freinet guardamos algún material de nuestras excursiones al mundo de los mayores para su posterior utilización. Tenemos una colección titulada «Nuestra vida» en la que guardamos breves informes que los niños nos dictan o a veces escritos directamente por nosotros mismos y habitualmente los utilizamos como lecturas de primera mano.

Otro fichero con «Descubrimientos» muestra los pasos que los niños han hecho en sus experimentos, pero deja abiertas las soluciones. Un fichero de cálculo conserva, para la consulta de todo el que quiera, todas las situaciones reales que en casa o en la escuela han dado ocasión para trabajar con números. Los recortes de periódico y de revistas sobre cada área de conocimiento son pegados sobre una hoja blanca y comentados brevemente. Con la ayuda de un sencillo índice son repartidos en distintas carpetas. De este modo, poco a poco, se va recogiendo un material informativo muy amplio sobre los temas más distintos que abastece a los niños más pequeños de lecturas muy apreciadas y a los mayores de material para pequeñas conferencias.

Como hemos visto, el ambiente de la escuela se adapta a los intereses cambiantes de los niños y a la ampliación del currículum. Los procesos de aprendizaje siguen, en gran parte, un ritmo natural: (1) un primer interés a través de estímulos internos o externos (2) largos períodos de experimentación activa (3) ampliación de la actividad elegida por el niño a otras áreas de conocimiento (4) escribir, leer y calcular en relación con el círculo de temas que han surgido de la relación dinámica entre niños, adultos y el mundo concreto. Sin embargo, raramente los niños siguen sin desviaciones este «modelo ideal». La mayoría de ellos dedican una energía y un tiempo considerables a un juego libre que reúne tanto elementos constructivos como representativos, es decir, elementos que surgen de la problemática interna de los niños. Estos juegos llegan a su máximo esplendor allí donde no hay ningún adulto expresando su opinión. En su libro *Imitación, juego, sueño,* Piaget explica que este juego simbólico, que ya en sus primeras formas cumple funciones importantes para la formación de la inteligencia del niño, en la etapa de desarrollo operativo (es decir entre el séptimo y duodécimo año de vida, cuando poco a poco va desapareciendo) desempeña un papel totalmente nuevo y muy significativo: en esta época «el juego simbólico evoluciona en el sentido de una progresiva acomodación de los símbolos a la realidad simbolizada; en otras palabras: evoluciona en el sentido de una reducción del símbolo a la simple imagen».

Esta explicación algo árida de Piaget, de repente, cobró para mi un nuevo significado cuando la relacioné con el libro de Mike Samuel *Seeing with the Mind's Eye*. Este libro trata de nuestras «imágenes interiores» que, para los niños pequeños, representan la forma natural del pensamiento, pero que, en cambio, en los adultos son en gran parte desplazadas por un pensamiento conceptual. Tienen sus orígenes en experiencias de la infancia más tierna, cuando todavía sentíamos que formábamos una unidad con el mundo, cuando dejábamos que el mundo llegara a nosotros sobre todo a través de nuestros sentidos. Samuel describe cómo también los adultos pueden volver a prestar una atención justa al mundo de las imágenes interiores de forma que éstas adquieran nueva fuerza y se conviertan para nosotros en algo que nos llena y nos da sentido. Si una vez abandonada la infancia también pudiéramos vivir con nuestras imágenes interiores y ser cuidadosos con ellas éstas podrían ser una ayuda para nuestra integración personal, para la conservación de nuestra vida interior y para relacionarnos de una forma llena de sentido con la realidad exterior. La capacidad de mirar a nuestro interior refuerza nuestra personalidad y, al mismo tiempo, nos une con el resto de la humanidad. Nos hace posible el pensamiento creativo, dona fuerzas curativas y ayuda a planificar la vida práctica.

A este pensamiento en imágenes se opone el pensamiento conceptual, sistemáticamente favorecido por la escuela tradicional. Según Piaget, precisamente en la edad escolar las imágenes interiores pueden llegar al grado más alto de concordancia con la realidad exterior. Sin embargo, la disciplina escolar prohíbe, precisamente en estos años, la práctica de un gran número de actividades que podrían tener como efecto esta concordancia, reforzar al niño desde dentro y enseñarle a vivir armónicamente entre su mundo exterior y su mundo interior. El niño se entrega a sus imágenes pero éstas se convierten en fantasías extrañas a la realidad y en un soñar despierto si, por el resto, en la escuela solo trata con conceptos, para él carentes de valor emocional y a cada momento intercambiables por otros conceptos, y que sin embargo para los adultos se han convertido en aquello que tiene el más alto valor educativo.

La escuela activa no niega la importancia de los conceptos que en la vida de los adultos cumplen funciones valiosas. Sin embargo, deja al niño tiempo para que asimile estos conceptos de una forma que se corresponda a su proceso de maduración. Este objetivo hay que conseguirlo sin poner en peligro la capacidad de visualizar. Si los niños aprenden a través de situaciones concretas, con movimientos armónicos y con un uso total de sus sentidos, su vida interior se verá reforzada y estará en concordancia con la realidad exterior. Si las verdaderas «copias» de la vida son sustituidas por ilustraciones o toda una serie de técnicas audiovisuales pensadas para ello, se corre el peligro de que las imágenes interiores —que deberían formarse durante la etapa operativa de acuerdo con una realidad tridimensional que habla a través de los cinco sentidos— se conviertan, como muestra J.C. Pearce en sus libros de una forma muy convincente, en algo inseguro que no puede dar suficiente fuerza a la vida interior del niño.

En Ecuador, los métodos audiovisuales son el último grito tanto en los jardines de infancia como en la escuela primaria. A nosotros nos parecen un modo muy efectivo de hacer del niño un ser pasivo y dirigible desde fuera. Seguro que con el inicio de la etapa de las operaciones formales (aproximadamente a los catorce años) estos medios son de gran ayuda para poner a los jóvenes en contacto con numerosas informaciones. En cambio, para la escuela activa, y como más profundizamos en ella más cierto nos parece, cada vez cobra más importancia el contacto con un mundo real y vivo.

En esta fotografía podemos ver con qué interés y dedicación los niños, por iniciativa propia, aprenden a leer y escribir —sin dirigismos o presiones procedentes del exterior.

ESCRIBIR Y LEER COMO FORMAS DE EXPRESIÓN Y DESARROLLO PERSONAL

De las personas que nos visitan pocas son las que no quedan impresionadas por las posibilidades y perspectivas de una educación abierta, por los fundamentos del respeto y por un método que sigue la naturaleza del niño, en lugar de luchar contra ella. La mayoría contempla admirada los materiales que los niños tienen a su disposición y se alegra del buen ambiente que se respira entre niños y adultos. Pero, finalmente, muchos visitantes expresan sus dudas y preocupaciones: «Nos han dicho que aquí los niños no aprenden ni a escribir ni a leer. Estamos de acuerdo en que esto no debe formar parte del plan de estudios del jardín de infancia. Pero es que hemos oído que en la escuela tampoco se obliga a los niños a que aprendan ambas cosas. Entonces ¿qué hacen ustedes cuando año tras año los niños se niegan a aprender a leer? ¿Qué hacen cuando ya tienen doce años y todavía no saben leer?».

En el fondo de estas dudas y preguntas seguro que se halla, en primer lugar, el convencimiento de que enseñar a escribir y a leer —y naturalmente a calcular (esto ya se tratará en el capítulo siguiente)— es la tarea más importante de la escuela. En segundo lugar, la idea de que todos los niños deberían aprender ambas cosas al mismo ritmo y de que la edad adecuada para ello es algo bastante fijo. Y, en tercer lugar, la teoría de que esto no se consigue si no es mediante ejercicios sistemáticos y constantes a través de los cuales los niños aprenden a su debido momento «que la vida es una cosa seria». A lo largo de este proceso, el adulto puede distinguir, desde un principio, los más dotados de los menos dotados. De modo que, según esta concepción, bastante pronto se pone de manifiesto qué niños serán aptos para más tarde realizar estudios superiores. En otras palabras, cuando oímos el término «escuela» todos hacemos más o menos la misma asociación, todos vemos ante nosotros la misma imagen: hileras ordenadas de mesas y sillas —en escuelas modernas tal vez un poco más informales, en grupos— con niños inclinados sobre sus cuadernos que trabajan laboriosamente, leyendo o escribiendo durante varias horas del día. De vez en cuando miran con interrogación hacia la pizarra o al maestro que les está dictando algún texto (en Ecuador se destinan muchas horas al dictado, incluso en los cursos superiores) o hojean un libro. Un alumno tiene que escribir miles de palabras, frases y páginas para finalmente poderse incorporar a la sociedad civilizada. Nadie pregunta si más tarde, en la vida, también dedicará mucho tiempo y muchas energías a la escritura. Después, en su vida laboral y privada, muchos adultos solo leen y escriben un pedacito de toda la escritura que han producido y asimilado en su época de escolares.

Este ir llenando sistemáticamente libretas y libros de ejercicios ¿es verdaderamente la mejor manera de introducir a los niños en el mundo de la palabra escrita? Ya desde hace algún tiempo, varios educadores reflexivos defienden la necesidad de hacer más fácil a los niños este trabajo fatigoso y a menudo insípido. Sin embargo, siempre ocurre que, después de una ola de renovación de este tipo, cuando niños educados durante unos cuantos cursos de una forma más libre se encuentran a las puertas de una formación superior y no disponen de unos conocimientos sólidos de ortografía y gramática, surge la reacción contraria que defiende una vuelta a lo «esencial».

En su libro *La des-educación obligatoria,* Paul Goodman especula con la idea de que en nuestra civilización actual, en la que por todas partes se pueden ver palabras escritas, toda persona mínimamente inteligente, más pronto o más tarde, llegaría a descifrar textos, sin haber recibido ninguna introducción formal a los secretos de los signos de escritura. En su breve libro *Méthode naturelle de lecture,* Célestin Freinet describe con gran delicadeza los comienzos y los progresos de un niño que de forma espontánea, siguiendo su necesidad de armonía con su entorno, de forma progresiva aprende a leer y a escribir prácticamente solo. Para ello utiliza inocentemente los mismos mecanismos con los que, por ejemplo, ha aprendido a hablar o a andar, es decir, se sirve de su necesidad de moverse, de imitar, de expresarse y de desarrollar cada vez más posibilidades que le permitan comunicarse con los otros. Y al igual que ocurre con estas capacidades, que todo niño pequeño aprende sin «método», sus progresos son el resultado de estar constantemente probando, comparando y mejorando. El niño no para de buscar nuevos modelos y, en caso de necesidad, pide ayuda. ¡Con qué placer el niño de un año ya pinta sobre la mesa con su papilla o su zumo! Barro, colores y todo aquello con lo que se puede embadurnar y dejar rastros despiertan en él el placer de «escribir». Qué suerte tiene un niño cuando los adultos le permiten estos actos y le van ofreciendo nuevas posibilidades para esta expresión espontánea que va acompañada de tanto placer. Si este niño pudiera llegar a la edad escolar confiando en la protección de su entorno, sin dejar de realizar sus intentos de pintura y escritura, sin que los elogios y las críticas, la impaciencia de los sabelotodo y el dirigismo constante le hicieran perder el valor para probar y equivocarse, entonces nuestros escolares aún mostrarían las mismas ganas y la entrega total a la escritura que muestran los pequeños «cochinitos» que, sin miedo, pintan, con el material que sea, sobre cualquier superficie que nosotros no les hayamos prohibido expresamente.

Cuando llega a los tres o cuatro años, un niño así empieza a escribir las primeras letras y palabras de la forma más natural. A los cinco años muestra interés por todo aquello que sea escritura y a menudo se dedica con gran constancia a copiar palabras y frases. Quiere escribir cartas correctas y le gusta dictar largas cartas que luego resultan demasiado extensas para copiarlas. Todo esto es una manifestación espontánea del organismo en crecimiento que, de forma natural, asimila los elementos de su entorno de acuerdo con las estructuras internas propias de su edad y que, por los menos hasta el octavo año de vida, tiende a realizar constantemente nuevas diferenciaciones de los movimientos, los sentimientos y las percepciones. Pero el adulto valora este primer amor hacia la palabra escrita de un modo válido para él —es decir, egocéntricamente—, porque desconoce los criterios internos del niño. Así, a esta primera escritura del niño el adulto ya le da un valor «intelectual» e intenta dirigir al niño pequeño según su propio modo de entender las cosas. Muchos niños, que solo reciben plena atención y el reconocimiento de los padres si se muestran «intelectuales», hallan en una escritura y lectura precoz y en la adaptación a la lógica adulta un camino infalible para recibir el amor que necesitan para su crecimiento.

Pero si dejamos que el niño siga su propio ritmo, más de una vez nos llevaremos una sorpresa: Ocurre con frecuencia que hacia los seis años, precisamente hacia la edad en que los niños empiezan a ir a la escuela y deberían aprender a leer y a escribir de una forma seria y metódica, los niños del sistema libre muestran menos interés y menos constancia para la escritura. Si antes el pintar pacientemente letras se correspondía a una auténtica necesidad, ahora tiene ganas de experimentar a un nivel nuevo y muestra un gran interés por todo aquello que se puede contar y medir. Esto es fácil de comprender, basta que recordemos que, a los seis años, el niño se halla en un momento de transición a la etapa operativa de su desarrollo. Del mismo modo que un niño que está aprendiendo a andar concentra todas sus energías en esta nueva tarea y parece que en otros terrenos no haga el más mínimo progreso, el niño de seis años pierde provisionalmente su interés por ejercitar la motórica de precisión y se entrega al descubrimiento de nuevas relaciones a través de las cuales llega a un nivel de comprensión del mundo más elevado.

Sin embargo, no existen dos niños cuyo desarrollo sea igual. Especialmente en estas etapas de transición el hecho de que el sistema abierto no cese de estimular la educación lingüística, pero no enseñe a un mismo ritmo a todos los niños, representa una gran ventaja. Durante la segunda mitad del séptimo año de vida, aquellos niños que han disfrutado de unas vacaciones espontáneas en materia de escritura, muestran un nuevo e intenso interés por esta capacidad. De la noche a la mañana, por así decirlo, aprenden lo que otros han asimilado durante un proceso largo y continuo. Nuestro propio hijo, por ejemplo, una semana aún no sabía escribir solo, es decir, sin un modelo, y a la semana siguiente ya escribía largas redacciones y cartas y, además, no permitía que nadie le ayudara. Este es solo un ejemplo; cada niño hará su propio proceso de acuerdo con su carácter: lo más importante es evitar que, a su corta edad, el niño se convierta en un fracasado solo porque fue enseñado en un momento que no era el adecuado y en condiciones difíciles.

Antes de intentar describir distintos medios y caminos con la ayuda de los cuales los niños pueden aprender a leer y a escribir de un modo individual, me gustaría volver a mencionar dos diferencias fundamentales entre la escuela primaria tradicional y la escuela activa. Dada nuestra sociedad actual, en la que cada vez existen menos ocasiones para que los niños puedan ser activos en un sentido pleno —sea a través de juegos que no entrañen peligro o de la participación en la vida y en el trabajo de la comunidad en el seno de la que crecen—, la escuela activa siente como una obligación propia el procurar a los niños no solamente conocimientos y capacidades, sino también el crearles un espacio vital en el cual ellos puedan ser activos y responsables de una forma infantil, sin estar continuamente sometidos a la amenaza de choques, molestias o peligros. Como es natural esto es especialmente importante para los niños de ciudad. Viven en un espacio limitado y, por lo general, no pueden explorar solos los alrededores de sus casas y encontrarse con niños de su misma edad. Sus padres tienen trabajos que para los niños muchas veces son incomprensibles. Muchos se mudan tan a menudo que pierden el sentimiento de pertenencia y comunidad a un sitio determinado. Por otra parte y de otro modo también es importante que posibilitemos a los niños procedentes del campo una experiencia escolar que no los separe y aleje de su vida habitual. La escuela debería confirmarlos en su experiencia real de la vida y mostrarles cómo de una forma progresiva pueden llegar a abstraer y a simbolizar sus experiencias concretas sin renunciar a sus valores culturales. Solamente de este modo podremos evitar que o bien se sientan inferiores a los ciudadanos de cuellos limpios e impecables corbatas o renieguen de sus propios orígenes y emigren a la ciudad. De este modo, la escuela activa se convierte en un lugar en donde se ayuda a elaborar las experiencias de la vida y, en caso de necesidad, se posibilitan experiencias vitales de las que los niños carecen.

En este sentido, invita a todos —maestros y alumnos— no solamente a utilizar un camino ya prescrito que en línea recta conduce a la adquisición de capacidades y conocimientos, sino a descubrir muchos y diferentes caminos. A aquél que quiera absorber en el mínimo de tiempo el máximo de materia, este método le parecerá innecesario y una pérdida de tiempo. Sin embargo, tiene una doble ventaja: por una parte, potencia las capacidades creativas naturales del niño y, por otra parte, aviva constantemente su curiosidad y sus ganas de descubrir cosas nuevas, en lugar de fatigarlo con la repetición de todo aquello que, de todas formas, el maestro ya sabía mejor desde un buen principio.

Ambos aspectos se encuentran reflejados en el modo como la escuela activa aborda el problema de la educación lingüística. Nosotros vemos la escuela como un sitio en el que, en primer lugar, los niños tienen derecho a vivir cada día en toda su plenitud. Ahora bien, en este espacio vital la palabra hablada y escrita ocupa un lugar de honor. No debe ser objeto de ejercicios y duras memorizaciones, sino algo altamente considerado y celebrado como elemento muy importante que es en el seno de una cultura con conciencia lingüística. Todos los cientos de actividades espontáneas de los niños, que tanta satisfacción les reportan, llegan a un grado más elevado de conciencia a través del lenguaje. Sin embargo, nunca cabe la menor duda de que la realidad —acciones concretas, intereses personales y sentimientos— ocupa el primer lugar, que el lenguaje tiene que estar relacionado de una forma correcta con la realidad, que hablar sin actuar no está muy bien considerado. Si un niño se limita a dar vueltas por la escuela pronunciando a los otros grandes discursos y sin mover un dedo, no tardará mucho en oír un comentario como el siguiente: «¿Qué haces hablando tanto y sin hacer nada? Será mejor que cojas un cuchillo y nos ayudes a mondar patatas y mientras tanto también podemos charlar». Especialmente en esta edad la actividad concreta garantiza la relación adecuada entre cada expresión lingüística y la realidad. Por eso, nosotros respetamos mucho sobre todo el hablar espontáneo con el que no solamente los más pequeños, sino también los niños mayores, acompañan de una forma natural y dan vida a todos sus actos. Observando estas situaciones siempre nos sorprendemos de lo egocéntricos que son los discursos y de cómo, poco a poco, a través del trato libre con sus iguales, se van convirtiendo en auténticos diálogos o discusiones. Expresión oral libre: esto no es equiparable a un «cuchicheo ocultado por las manos» acompañado de un sentimiento de culpa. Tampoco significa un juego de preguntas dirigido por los adultos consistente en hallar la respuesta correcta o, en caso de duda, mejor callar para no ponerse uno mismo en ridículo.

Al fin y al cabo, ¿qué sentido puede tener para un niño expresarse por escrito si ni siquiera se siente libre en sus conversaciones orales? Si queremos que la expresión escrita de los niños esté llena de vida y no sea simplemente un cliché de algo que han escuchado o leído no podemos poner trabas a la vitalidad de la expresión oral. Y las trabas la ponemos cuando consideramos que el que tiene más derecho a hablar en clase es el maestro, precisamente aquel más ejercitado en hablar.

En el capítulo anterior ya se habló de como se pueden interrelacionar las materias y de que las asignaturas de clase no tienen por qué estar separadas, las unas de las otras, a través de la señal de la campana o de un cambio de los libros. Si queremos que los niños se dediquen a leer y a escribir, a parte de algunos recursos técnicos, sobre todo necesitamos vivencias válidas: cosas que nos interesan vivamente, contactos humanos que nos trasmiten calor y que piden calor de nosotros. De este modo encontramos sentido a lo que hacemos y sentimos que tenemos en ello una participación personal que nos sirve como una fuerza que nos empuja en el acto complicado de escribir y nos ayuda a superar dificultades. Este es un principio importante para los adultos, pero mucho más para los niños ya que su sano crecimiento depende totalmente de que vivan en armonía con sus sentimientos.

De las muchas y distintas posibilidades que existen en una escuela activa para poner en relación la realidad concreta con su simbolización —la palabra escrita— tal vez puedan ser de utilidad algunos ejemplos: Al principio es el maestro y más tarde son los niños mismos los que procuran que la palabra escrita sea, por decirlo de algún modo, omnipresente y que desde los distintos centros de interés llame la atención a todos. Los grandes signos, los anuncios y carteles se renuevan y cambian según convenga. Así, por ejemplo, en la mesa de agua:

POR FAVOR, NO OLVIDÉIS LOS DELANTALES.

O:

¿QUIÉN PUEDE LLENAR UNA BOTELLA
SIN DERRAMAR AGUA?

En la mesa de arena:

AQUÍ JUGAMOS CON ARENA.
POR FAVOR NO TIRÉIS ARENA A LOS OJOS.

En la cocina:

QUIEN COCINA, DESPUÉS TAMBIÉN TIENE QUE LIMPIAR.

En la imprenta:

ATENCIÓN, AQUÍ SOLO SE IMPRIMEN MENTIRAS.

En el terrario:

POR FAVOR, DE VEZ EN CUANDO,
ACUÉRDATE DE REGAR LAS PLANTAS.

En la mesa de la naturaleza:

ESTAS PIEDRAS LAS TRAJIMOS DEL RÍO SAN PEDRO.

En las jaulas de los animales:

CUIDADO AL ABRIR LA PUERTA.
AL PERRO LE GUSTA COMER CONEJOS.

Por todas partes los niños ven este tipo de carteles pintados con rotuladores de colores de una forma tan vistosa que no pueden pasar desapercibidos. Al poco tiempo los mismos niños empiezan a colgar signos parecidos y rótulos de adorno. Algunos centros de interés son especialmente apropiados para comunicar cosas por escrito y para las fichas con acciones. Como es natural, en la cocina hay la caja de recetas con indicaciones sencillas para cocinar. El rincón para experimentos tiene su propia caja de propuestas donde los niños siempre encuentran ideas y estímulos nuevos; lo mismo ocurre en el centro de pesos y mediciones. «¿CUÁNTAS CANICAS NECESITAS PARA IGUALAR EL PESO DE UNA TAZA DE ARROZ?» «PRIMERO INTENTA ADIVINAR: ¿QUÉ PESA MÁS: UNA TAZA DE AGUA O EL IMÁN GRANDE?» «¿QUÉ LONGITUD TENDRÍAN TODAS LAS MESAS JUNTAS SI LAS PUSIÉRAMOS UNA PEGADA A LA OTRA?» Naturalmente las posibilidades para proponer este tipo de iniciativas son ilimitadas.

Cada centro tiene un cartel con su nombre, por ejemplo: CENTRO DE CÁLCULO. Al lado del cartel ponemos listas con todos los objetos que están guardados en las estanterías. Cada objeto lleva una etiqueta con el mismo nombre; ¡un material idóneo para que los que aprenden a leer puedan comparar! Los numerosos y variados juegos también van acompañados de sus reglas de juego. En todas partes donde se puede confeccionar algo también es indicado poner por escrito distintas ideas. Así, por ejemplo, en el rincón de costura, en la carpintería, en el puesto del mecánico, en el rincón para el arte y las manualidades. Regularmente confeccionamos listas de compra para la cocina y las tenemos presentes hasta que se ha realizado la compra. También se pueden ver listas con los nombres de los niños que se han apuntado para poder participar en los distintos grupos de trabajo. En los lados forrados con corcho de las estanterías cuelgan fotografías con sus descripciones, recortes de periódico interesantes, publicaciones de la imprenta escolar, anuncios para excursiones, noticias que los niños se intercambian y cartas que han sido enviadas de fuera.

Así pues, mucho antes de que un niño esté preparado para poder utilizar material didáctico o, simplemente leer libros, ve por todas partes y rincones centenares de palabras escritas que llaman su atención. Obviamente, en relación con este tema la biblioteca y el rincón de lectura ocupan un lugar especial. Se trata de un lugar muy agradable, con mullidos cojines, esteras de paja y una mesa de sofá muy baja en la que siempre hay a mano periódicos, revistas, noticias sobre fútbol, cómics y pasatiempos. Los estantes con los libros también sirven para dividir el espacio y dan un carácter privado a la cómoda sala de lectura. En ellos se pueden encontrar, ordenados por idiomas, libros para todos los gustos y para todos los niveles de lectura: cuentos, historias verídicas, aventuras, libros informativos, diccionarios, los habituales libros de texto de todas las asignaturas y, también, enciclopedias y libros hechos en la escuela en tres idiomas. Este rincón de lectura raramente está vacío. Además, no solamente sirve para leer, también sirve para descansar cuando las energías flojean o cuando un niño lucha contra la gripe, para escuchar música e historias, para estar apaciblemente hojeando libros que todavía son demasiado difíciles para que los niños puedan leerlos solos y los niños también lo utilizan mucho como punto de encuentro entre amigos. Cuando un niño quiere leer algo a un adulto nos llama a uno de nosotros para que vayamos a este rincón tan sosegado. Allí nos sentamos muy juntos y a menudo con los brazos entrelazados y nos prestamos mutuamente atención, leyendo en voz alta. Con los principiantes leemos las frases de forma alternada. Más tarde nos turnamos la lectura por párrafos o por páginas. De este modo, desde un principio, se conserva la tensión de la historia, no hay muestras de cansancio y, poco a poco, los niños adoptan sin darse cuenta nuestro ritmo de lectura y nuestra forma de entonar y, sin ninguna presión, llegan a leer de forma fluida y totalmente expresiva.

Un estante de un tamaño considerable contiene una gran cantidad de material didáctico sacado en gran parte del método Montessori para aprender gramática, a leer y a escribir. También en este caso están representados los tres idiomas. Es cierto que los niños de habla alemana o inglesa aprenden más pronto o más tarde a leer y a escribir sin esfuerzo el español, sin embargo, nos parece importante dejar que, primero, cada niño trabaje en su lengua materna. Ya en el jardín de infancia los niños tienen a su disposición el material de introducción a la lectura y a la escritura. Sin embargo, algunos niños de seis o siete años aún sacan provecho del abecedario de papel de vidrio que básicamente utilizan cuando no están del todo seguros de cómo se escribe una letra. El alfabeto móvil todavía les sirve para juegos de combinaciones divertidas y como preparación para la imprenta escolar. El estante de lengua está muy bien provisto de cajitas llenas de pequeños objetos para los primeros pasos en la escritura y la lectura, fichas con palabras y frases acompañadas de ilustraciones, fichas con órdenes, bloques de sílabas, temas de redacción, palabras y frases para ordenar según las distintas categorías y, además, material en todos los grados de dificultad para aprender la gramática hasta llegar al análisis de oraciones.

Junto a este estante está instalada la imprenta escolar. La utilizamos —siguiendo el ejemplo de Freinet— como instrumento para aprender a leer y a escribir y, aparte de esto, para un montón de cosas más. Como más seguridad tienen los niños a la hora de escribir, más provecho sacan de la imprenta escolar para ampliar su capacidad de expresión y a la vez mejorar su ortografía. Aprenden a pasar el tiempo que sea necesario puliendo una redacción, una poesía o sus anuncios hasta que, según su opinión, está verdaderamente listo para la impresión. En una edad en que la curiosidad que tienen por tantas otras cosas disminuye su interés por hacer buena letra o distribuir correctamente una hoja, la imprenta siempre los hace volver a la necesidad de presentar la palabra escrita de una forma adecuada. La composición de las letras y la impresión, el secado, la clasificación, la encuadernación y, finalmente, el reparto son actividades que cada vez les ponen en contacto con cosas concretas, además son una ocasión para trabajar en grupo, con amigos, para asumir responsabilidades y notar la necesidad de saber organizar su trabajo.

Tanto los libros de Freinet como los de Hans Jörg ofrecen una amplia información sobre las diferentes posibilidades que la imprenta escolar puede ofrecer a los niños. Sin embargo, teniendo en cuenta nuestros dos años de experiencia con este magnífico instrumento debo añadir que su importancia en la escuela activa hay que comprenderla de un modo distinto a como se entiende en las escuelas tradicionales. En nuestro caso, además de la imprenta, tenemos a nuestra disposición otros materiales que conceden a los niños una libertad de movimiento tan grande como la imprenta así como la posibilidad de trabajar en equipo y dedicarse a actividades creativas. Por lo tanto, no nos puede extrañar que en la escuela activa la imprenta no sea utilizada con la misma avidez que en este tipo de escuelas que, por lo general, ofrecen muy pocas ocasiones para ir de aquí para allá, para manipular, probar cosas y charlar espontáneamente con los amigos. En nuestra escuela, a veces pasan dos o tres semanas sin que nadie se fije en la imprenta y durante las cuales los niños concentran todas sus energías en descubrir cosas nuevas. Sin embargo, llega el día en que la imprenta también saca provecho de toda esta vida de actividades pues los niños vuelven a sentir la necesidad de poner por escrito sus vivencias y publicarlas. Pensamos que para los niños es importante permitirles este ir y venir, de este modo también nos alegramos mucho más de la originalidad y frescura de unos textos que han surgido de forma espontánea. Algunas pruebas de lectura que guardamos en nuestro archivo tal vez puedan dar testimonio del placer con que nuestros niños escriben. Un niño de siete años escribe:

¡No te vayas!

Por favor, no te vayas.
Yo me quedo solo.
Y me siento triste, cuando te vas.
Sin ti no puedo dormirme
Quédate conmigo porque me da miedo la oscuridad.
Por favor, ¡no te vayas!

Un niño de ocho años expresaba así sus sentimientos:

Miedo

Toda la ciudad tiene la piel de gallina.
A media noche sale el fantasma del sarcófago.
Nos tapamos con las sábanas hasta la nariz.
El fantasma nos quiere pegar un susto.
Se convierte en un murciélago
y busca otra víctima.
Con dientes afilados muerde en el cuello.
Yo cierro la ventana y
escondo la cara en los cojines.

En la piscina, Vinicio, nuestro joven maestro, jugó con los niños haciéndoles todo tipo de travesuras. Cuando llegaron a la escuela ellos inmortalizaron el suceso en la imprenta:

Quejas contra Vinicio

¡Espera a que te cojamos!
Te haremos pagar mil veces
lo que tú nos has hecho.
Escucha nuestras acusaciones:
Vinicio me ha tirado el zapato al agua.
Vinicio me ha empujado al agua
precisamente cuando estaba al sol, entrando en calor.
Vinicio me ha ahogado en el agua.
Vinicio me ha robado la toalla.
Vinicio me ha quitado en el autobús el asiento al lado de la ventana.
Vinicio ¿qué va a ser de ti?

Aquí un eco desde la cocina de la escuela:

Lo que comemos

Verónica se come todo lo que le dan.
Carolina solo come tortillas.
Alba se pasa el día comiendo patatas fritas.
Tania come mermelada de fresas.
Florencia hace choquilla de margarina,
cacao y azúcar que nadie quiere comer, excepto ella.
Carmen come carne vegetariana.
Cuando estamos todos juntos, comemos
sopa de patatas con queso fresco, huevo batido y mucho perejil del jardín.

Aquí un fragmento de un informe sobre una excursión:

El túnel

Llevábamos linternas.
Por suerte calzábamos zapatos resistentes
porque el camino hacia abajo era pura rocalla.
Los más rápidos llegaron los primeros al túnel.
Encendimos las linternas

y recorrimos el túnel andando sobre las vías.
Qué suerte, que ya no viajan más trenes
si no ahora ya habríamos muerto como ratas.
En una cavidad hallamos las costillas de Atahualpa.
En otra había escondida una lanza prehistórica.
Apagamos las linternas y
dimos un susto a los rezagados.
Entonces se oyeron chillidos de verdad.

Así es como, poesía tras poesía, redacción tras redacción, va creciendo nuestro archivo. Mientras los textos son nuevos los dejamos colgados durante un tiempo en el tablón para que los niños los relean. Cada niño guarda un ejemplar de todo lo que sale de la imprenta en su libreta de anillas. De este modo, poco a poco nos hacemos poseedores de un libro de lectura que refleja nuestra propia vida y que para todos está lleno de recuerdos. Orgullosos, los niños muestran en casa sus creaciones y después de tantas lecturas casi que se saben los textos de memoria. El último día de escuela, cuando en todas partes los niños solamente piensan en las vacaciones, tres niños imprimieron estas líneas y las repartieron entre sus amigos:

Último día de escuela

Ya nos quedan pocas horas para estar juntos.
Pocas horas para jugar juntos.
Pocas horas para cocinar algo bueno
y comer juntos.
Pocas horas para aprender algo nuevo.
Pocas horas para contarnos las aventuras.
¿Por qué llegan tan pronto las vacaciones?
Creo que todos nos vamos a echar mucho de menos.

En un libro alemán de lengua para niños de segundo curso encontré una página doble con el título: «Reflexionar sobre la lengua». A partir de dos historias parecidas los niños tenían que reflexionar sobre cómo se utilizaba la lengua en cada uno de ellos. Si tenemos en cuenta el elevado porcentaje de discurso egocéntrico propio de los niños de esta edad y lo mínima que es su capacidad de reflexionar, podemos hacernos una idea, casi como si lo viéramos, de cómo el maestro tiene que dirigir un ejercicio de este tipo. Los niños están sentados con las cabezas inclinadas sobre sus libros. El maestro hace todo tipo de preguntas dirigidas ya hacia una respuesta y, hábilmente, conduce a los niños de modo que éstos, en un tiempo adecuado, lleguen a estar de acuerdo con su propia reflexión.

En el mismo libro de lengua encontramos una unidad didáctica cuyo objetivo consiste en que los niños de segundo curso hagan un análisis crítico de opiniones. En una página gráficamente fantástica se leen una buena veintena de opiniones totalmente o en parte contradictorias. Se trata de una mezcla de frases, impresas en distintos colores, sobre: deporte, salud, rasgos del carácter, negros y chinos, problemas generacionales, maestros y alumnos, pelirrojos y morenos, muebles y circulación vial. De entre todas estas opiniones, un grupo de alumnos tiene que elegir aquellas que considere ciertas y, por el contrario, otro grupo, aquellas que considere falsas. Las oraciones que han sido elegidas por ambos grupos se discuten en primer lugar. El juego consiste en que los niños de un grupo intenten convencer de su punto de vista a los del otro grupo dando razones y ejemplos. Con ello el pedagogo espera que podrá enseñar a los niños algo sobre los prejuicios, la argumentación lógica y los ejemplos válidos. A la vez, el ejercicio anima a utilizar los ejemplos aducidos para hallar adjetivos...

Con ejercicios de conversación y discusión ¿podemos verdaderamente conseguir que mejoren las facultades mentales de unos niños que justo están a comienzos de la etapa operativa de su desarrollo y que, por lo tanto, según Piaget, los próximos cinco o seis años desarrollarán sus estructuras lógicas mediante el trato con objetos y situaciones concretas? Las demandas de los maestros y de los libros de texto ¿corresponden de verdad a los intereses espontáneos y a la lógica de los niños a los que van destinados? Por nuestros conocimientos «teóricos» sobre el desarrollo del niño, sabemos que en la etapa operativa solo consigue orientarse de vez en cuando —y la mayoría de veces de forma intuitiva— con la causalidad, la finalidad y con inversiones; que se siente confuso cuando un problema contiene más de dos o tres elementos y todavía más cuando el problema está fuera de su campo personal de experiencias. En la práctica tal vez veamos que niños hábiles e inteligentes se adaptan de una forma sorprendente a nuestras ideas adultas. Sin embargo, también sabemos cuál es el precio que pagan por ello: una cierta inseguridad emocional y una cierta rebeldía que, como muy tarde, se manifiesta abiertamente en la pubertad. Y también hay una gran cantidad de niños que no consigue esta adaptación y la mayoría vive con el convencimiento de que la culpa es suya.

La escuela activa renuncia al ejercicio de debates lógicos en la clase de lengua —a no ser que vengan de una forma espontánea de los niños— y concede el máximo peso a acciones que, como es natural, tienen consecuencias claras. La capacidad de reflexión tiene que ir progresivamente creciendo a partir de un gran número de situaciones concretas. A través de la presión que las situaciones reales de la vida ejercen sobre el niño, éste se ve progresivamente empujado a dejar atrás su forma de pensar egocéntrica. Empieza a percibir distintos puntos de vista y a no vivir única y exclusivamente según su propias necesidad: Si dejo la mesa sucia, no tengo ningún derecho a quejarme del desorden de los otros. Si digo algo tonto contra otro niño, pronto alguien dirá algo negativo de mí. Los más pequeños ya aprenden que una botella se derrama si se la llena demasiado, y que el ser descuidado puede tener consecuencias desagradables como, por ejemplo, chocar con otro cuando se lleva la bandeja llena. En una situación en la que a cada momento los niños se afectan unos a otros con el juego de sus fuerzas, pronto se ponen de manifiesto las caras menos amables de la vida. Las ilusiones se derrumban más deprisa y surge con toda claridad la necesidad de reflexionar. En lugar de «reflexionar sobre el lenguaje» (en realidad, ¿cuántos adultos reflexionan sobre el lenguaje?), los niños aprenden a reflexionar sobre la vida.

Así pues, la educación lingüística tiene lugar en las situaciones tangibles de muestra realidad. Los primeros libros que confeccionan los párvulos son libros para pintar que reflejan su mundo y sus experiencias personales. Dictan a un maestro o a un niño mayor el texto correspondiente y, después, lo repasan con lápices de colores. La biblioteca tiene una sección con una cantidad considerable de estos primeros libros de lectura: «Nosotros en la piscina», «Nuestro cajón de arena», «Excursión al río Chiche», «Nuestros animales», «Fiesta de cumpleaños en casa de Carolina», «Así son los mayores». Tenemos toda una serie de lecturas escritas e ilustradas por los niños mismos.

Los niños mayores publican una hoja de crónicas: *«Noticias Pestalozzi»*. La escriben los niños o los niños con los maestros e informan de los sucesos más interesantes —para los niños— de la semana. «El arroz se quemó. Necesitamos mucho tiempo para volver a tener limpia la olla.» «Una araña enorme tejió su tela de una columna hasta la otra. Cogimos la escalera grande y la observamos con la lupa. Después, buscamos por todo el edificio hasta que le encontramos una buena pareja, pero la otra araña no quiso quedarse allí arriba.» «Hoy es el cumpleaños de Ladna. Su madre envió un gran pastel de chocolate. Lo cortamos con mucho cuidado en treinta porciones para que nadie tuviera ni demasiado ni demasiado poco. A pesar de todo, al final sobraron tres porciones y de ellas tuvimos que hacer de nuevo treinta mini porciones. Hicimos una fiesta muy bonita. Y cada uno de nosotros regaló a Ladna un dibujo como recuerdo de su octavo aniversario.» Estas hojas con noticias las colgamos en la biblioteca y un poco le dan el aire de un antiguo café vienés.

Todo el ambiente de la escuela activa está pensado para que incluso el más tímido de los niños adquiera confianza. ¿Cómo podría un niño abrirse, expresar sus sentimientos y pensamientos si le falta la confianza fundamental? Cuando el niño empieza a escribir sus primeros pequeños textos nos guardamos mucho de señalar sus faltas. Naturalmente, nosotros, los adultos, creemos que un niño así nunca aprenderá a escribir bien, que si desde un principio no erradicamos sus faltas se acostumbrará para siempre a escribir mal. Pero con ello estamos infravalorando la inteligencia humana y su tendencia innata a enfrentarse a la realidad hasta donde lo permitan las propias fuerzas. «La fluidez va antes que la exactitud» —este principio fundamental también vale para el aprendizaje de la escritura. Cuando un niño me da a leer su redacción libre le pregunto si quiere que le ayude con la corrección de las faltas. Si la respuesta es «no», asunto concluido. Si la respuesta es «sí», para cada palabra mal escrita confecciono una pequeña tarjeta en la que aparece la palabra escrita correctamente. Cuando las entrego a los niños para ellos es como un pequeño juego de detectives comparar las palabras incorrectas con las correctas.

Antes de que nuestras obras pasen a la imprenta escolar es una paso natural corregir las faltas. Pero también el estante de lengua está bien provisto con fichas y cuadernos hechos por nosotros con la ayuda de los cuales los niños pueden ir mejorando su inexacta ortografía. También en el fichero Freinet hay toda una sección dedicada a la ortografía. Los días en que los niños no tienen «ninguna idea más buena» les gusta escribir algo que mejore su ortografía y, para ello, buscan ejemplos en los libros. Continuamente los niños preguntan de una punta a otra de la clase: «¿Cómo se escribe...?» Quien sabe la respuesta la dice con la misma despreocupación con que se pregunta. A veces, nosotros, los adultos, simulamos que tampoco sabemos la respuesta y consultamos el diccionario junto con los niños.

Los niños no siempre tienen ideas originales para «redacciones libres» y la exhortación: «Escribe lo que se te ocurra» no siempre es el mejor punto de partida para un texto inspirado. Muchas veces, la relación con otras materias, el cálculo inclusive, conduce de un modo más directo a la expresión escrita que «la lengua por la lengua». Una gran cantidad de materiales con ideas útiles, que siempre se van renovando, hacen más fácil a los niños la tarea de decidirse por una u otra idea. Por ejemplo, los nombres de los niños escritos en tarjetas individuales y sus apellidos escritos en tarjetas de otro color. Con ellas, propuestas de trabajo: ¿Qué nombres pertenecen a estos apellidos? Toma nota de qué aspecto tiene cada niño: altura, color de cabello y ojos, etcétera. Pregunta a varios niños cómo se llaman sus padres, cuándo nacieron, qué enfermedades han tenido, cuáles son sus comidas preferidas, cuál es su juego preferido. De estos pequeños reportajes y juegos de escritura hay solo un paso hasta las estadísticas, gráficas comparativas y actividades similares que, en realidad, tienen muy poco que ver con el «lenguaje».

Una gran cantidad de fichas en la que los niños descubren semejanzas y desemejanzas y después las ordenan en una lista les enseña a llevar una libreta de forma ordenada y a dividir el espacio de una forma lógica. Esto también lo aprenden con el material de gramática propio del método Montessori. A veces, los niños simplemente tienen ganas de «copiar» algo: una historia, poemas, canciones, los nombres más raros de animales que encuentran en la enciclopedia de la fauna, los países con los nombres más extraños y cosas parecidas. En realidad todos estos ejercicios consisten solamente en copiar, pero requieren un nivel muy elevado de concentración que los niños consiguen tener porque el trabajo es voluntario.

El cronómetro es un acompañante muy apreciado en muchos de nuestros juegos mentales y de escritura: ¿A ver quién escribe más palabras en cinco minutos? ¿Quién es capaz de escribir más palabras relacionadas con la comida, con el tráfico, con el agua, con la escuela? ¿Cosas que se pueden oler? ¿Y de cosas que se pueden oír? Alargar y acortar frases, buscar adjetivos, escuchar un dictado y pasarlo directamente a pasado o a futuro, acabar de escribir historias ya empezadas o buscar un principio para un final ya dado, escoger a ciegas de una caja un papelito con un tema de redacción, describir imágenes, hacer poesías y rimas: todo son ideas que también se ponen en práctica en las clases de lengua tradicionales pero que en la escuela activa tienen otro aire. La diferencia es que aquí los niños pueden decir «no»: «Hoy no tengo ganas de hacer eso, prefiero hacer un libro de cocina nuevo para el aniversario de mi mamá». Y el libro de cocina es confeccionado con todo el cariño, mientras otros diez niños ponen las mismas ganas en un juego de asociaciones. En estos juegos los niños mayores se mezclan con niños más pequeños. Unos escriben treinta palabras en cinco minutos, los otros, solamente seis. Después los mayores elogian a los más pequeños: «¡Hay que ver lo rápido que ya escribes!». También el scrabble, las loterías para leer y juegos similares atraen a niños de distintas edades. De este modo, los concursos lúdicos se convierten en juegos familiares, en los que no importa tanto quién gana, como el tiempo tan bonito que se pasa juntos.

También con la lectura perseguimos el mismo objetivo: Todo lo que hoy haga con alegría, mañana se convertirá en un hábito apreciado. Alba, una niña que no podía estar sentada tranquilamente ni cinco minutos, aprendió a leer con fichas de actividades. Después de cada palabra corría a realizar la acción que se podía leer en la ficha. Durante este estadio, si en lugar de esto le dejábamos leer un librito de cinco páginas, le cogía un tic nervioso y no paraba de mirar ansiosamente por la ventana. Allí hay una gran cesta con una colección cambiante de hojas dobladas y cogidas con clips metálicos. Los niños se arman con una «caña de pescar», es decir, con un palo con un hilo al cabo del cual cuelga un imán. Los niños pescan hojas de la cesta y se piensan si quieren realizar lo que pone en ellas: «Da de comer a los conejos», «Haz un castillo de arena», «Graba ruidos con el magnetófono». Si la idea les gusta se ponen manos a la obra.

Los niños hacen progresos sorprendentes en lectura si encuentran textos que verdaderamente les interesan. Un pequeño fanático del fútbol se pasó todo un año leyendo exclusivamente literatura futbolística, después, poco a poco, se fue ampliando su horizonte. Pero, mientras tanto, gracias a su verdadero interés ya había asimilado una técnica de lectura extraordinaria.

María Belén vino a nuestra escuela con diez años. Su madre había participado en uno de nuestros cursos para adultos y, basándose en lo que había aprendido, pudo detectar en su hija los síntomas de una neurosis escolar, aunque en realidad sobre sus notas no había nada que objetar. Uno de estos síntomas era que María Belén no se divertía nada leyendo. Por el contrario, tan pronto como se encontraba ante un libro abierto, empezaba a transpirar por todos los poros y la voz, que normalmente tenía segura, le empezaba a temblar. Una vez, yo, que no sabía nada de esto, le propuse que buscara las palabras más largas de una historia y, de repente, le empezó a sangrar la nariz. Durante meses me esforcé por quitarle el miedo a leer. Nos sentábamos bien juntas, le pasaba mi brazo por la espalda e íbamos alternando la lectura porque ella, después de unas pocas palabras, lo leía todo de una forma desordenada y no entendía nada del sentido. Además, la mayoría de los libros que me traía para que leyéramos eran de lo menos interesante que se podía encontrar: aburridos libros de texto, tratados sobre piedras y cosas parecidas. Me era imposible lograr que eligiera un libro divertido o de suspense. Parecía estar convencida de que leer tenía que ser algo horrible. Después de una de estas lecturas martirizantes sobre alimentos básicos le pregunté si aquello le había interesado de verdad. Se me quedó mirando con cara de sorpresa y dijo que no. «Entonces, ¿por qué quieres leerlo?» La pregunta le hizo gracia y de pronto se echó a reír. Pero el círculo se rompió finalmente cuando un día adquirí un libro sobre sexualidad pensado para niños y, sin decir nada, lo escondí entre los otros libros. María Belén fue la primera en descubrirlo —esto era justamente lo que yo había estado esperando calladamente, porque mi impresión era que se trataba de una niña un poco mojigata que no se atrevía a mostrar su curiosidad. Cogió el libro magníficamente ilustrado y comentado y se sentó en el tranquilo rincón de la biblioteca. En media hora leyó todo el libro. Después fue a buscar a sus amigas y les leyó fragmentos del libro. Era como una gran conspiración: risitas, exclamaciones, discusiones y llamadas al orden; el libro pasó de unas manos a otras. Entonces María Belén me vio desde lejos y vino hacia mí: «Imagínate, he leído un libro entero. Pero, ¿esto es leer?». No se podía acabar de creer que, leyendo, uno puede descubrir un mundo nuevo y disfrutarlo. A partir de aquel día, empezó a buscar en la biblioteca solamente libros interesantes y pronto pasó a pedir regularmente lecturas en préstamo para llevarse a casa. Su madre ahora se quejaba: «Por las noches María Belén ya no quiere ir a dormir. Se pone a leer con la linterna debajo del edredón».

Escribir cartas y recibirlas es uno de los medios más efectivos para despertar y mantener un interés espontáneo por la escritura y la lectura. Durante mucho tiempo buscamos en Ecuador un grupo de correspondencia que fuera adecuado, un grupo de niños que como grupo y también individualmente regularmente intercambiara cartas con nuestros niños. Pero, en las escuelas, esta correspondencia fue considerada una pérdida de tiempo; los maestros no se aclaran de tanto trabajo que tienen en embuchar a los niños el plan de estudios y cuando llegan a casa estos niños ya no tienen ningunas ganas de escribir porque los martirizaron toda la mañana con ello. Así que, desde hace un tiempo, buscamos estos grupos de correspondencia en otros países que, además de cartas, intercambian con nosotros fotos, pinturas y materiales de ilustración y con todo ello podemos hacer geografía y ciencias sociales de una forma viva.

Y bien, ¿una escuela activa llena de analfabetos?: Creo que el peligro es mínimo, incluso teniendo en cuenta que muchos de nuestros niños no aprenden a leer y a escribir hasta los siete u ocho años porque primero han tenido que solucionar problemas más importantes. La lengua tiene que ser la expresión de sus vidas. ¿De qué les sirve a los niños hablar muy bien y escribir fantásticamente si su verdadera experiencia de la vida no tiene nada que ver con ello?

En este capítulo solo pude explicar de un modo muy esquemático cómo abordamos en Tumbaco la cuestión de la educación lingüística. A parte de los libros de Montessori y Freinet, que a pesar de su «envejecimiento» vale la pena que se los estudie, desearía recomendar vivamente dos autores que a propósito este tema ofrecen muchas y fructíferas ideas: Herbert Kohl y John Holt. En el libro más reciente de este último, *¿Para qué sirve la escuela?*, el lector interesado podrá encontrar una gran riqueza de propuestas utilizables y adaptables a las concretas circunstancias de cada escuela para practicar de una forma viva en la clase de lengua. Estamos completamente de acuerdo con estos autores de que en este terreno no existe un único método que sea el verdadero. Tenemos que dar a los niños la oportunidad de que desarrollen su propio estilo de vida y, que junto con éste, también desplieguen su lenguaje.

EL PLACER DE CALCULAR

Cuando me dispuse a anotar las ideas principales para este capítulo noté un antiguo malestar en la zona del estómago. Desde hace tiempo sé que se trata de una señal inequívoca de que estoy tocando cosas que un día me produjeron dolor o problemas que aún tengo por resolver. Si me tomo el tiempo necesario para intentar aclarar esta sensación vienen a mi memoria antiguos recuerdos e imágenes del pasado. Dos escenas que he tenido olvidadas durante mucho tiempo son las siguientes:

Múnich: estoy sentada en casa, es la hora del desayuno y el pan con mermelada no quiere ponerse en su sitio. El café desprende un olor desagradable. Hojeo nerviosamente un cuaderno de fórmulas, sin buscar nada preciso. Hoy tenemos examen de matemáticas.

Cuando la campana de la escuela suena yo ya estoy en clase, con mis compañeros. Estamos excitados, nerviosos y unos a otros nos deseamos mucha suerte. El profesor entra y nosotros, atormentados, nos sentamos en nuestros sitios. Mientras se reparten las temidas hojas con los ejercicios decisivos —en tres versiones distintas para que no se pueda copiar— mi estómago se revuelve de una forma insoportable. Noto el ruido que hace el desayuno todavía por digerir. Durante unos valiosos minutos, los signos y los números saltan diabólicamente sobre el papel; no puedo distinguir si los ejercicios son fáciles o difíciles. Entonces, haciendo un gran esfuerzo, intento decidir el ejercicio por el que debo empezar. Aquí mis recuerdos se interrumpen hasta dos horas más tarde: Suena la campana y pongo mi examen al borde de la mesa, tal como se nos pide. Con la mirada de verdugo el maestro va pasando por todas las filas y recoge los exámenes siguiendo el orden en que estábamos sentados (a pesar de las precauciones tal vez haya copiado alguien y así será más fácil descubrirlo). Cuando recoge mi examen siento de nuevo el mismo dolor en el estómago.

¿Calcular puede ser algo interesante? Basta con fijarse en como está sentada esta niña ante el ejercicio de cálculo que ella misma se ha propuesto realizar para darnos cuenta de que está ahí «en cuerpo y en alma». Los materiales Montessori ayudan a fortalecer y desarrollar el contacto con la realidad concreta y a no hacer un salto demasiado prematuro al pensamiento abstracto.

Una semana más tarde el maestro entra en clase y lleva en sus manos la temida carpeta. Por dentro nos helamos; por fuera, nos lanzamos unos a otros significativas miradas. Unos cuantos valientes hacen ver como si la cosa no fuera con ellos. Todos saben lo que viene ahora: diez minutos de sermón moral, primero, sobre «esta gente que de forma inexplicable ha pasado de curso y está en esta clase», después, sobre «esta gente que no tiene nada de tonta pero que, ¡lástima! ha tenido mala pata» para acabar hablando sobre esta «gente de la que en realidad no cabe esperar nada bueno pero que esta vez ha tenido suerte». El discurso dura un rato y después viene lo peor: «Si ahora ya les devuelvo sus exámenes, ustedes solo se interesarán por su nota. De modo que antes de que reciban sus pruebas, vamos a escribir juntos en la pizarra los pasos más importantes para que vean las soluciones acertadas y, después, no tengan que preguntarme innecesariamente». Cada vez que en la pizarra aparece un resultado, noto perfectamente que mi estómago se encoge. Por mucho que me esfuerce no consigo recordar las soluciones a las que llegué la semana pasada y juraría que lo hice todo mal. Al final de la hora el maestro reparte los exámenes por orden meticuloso de puntuaciones. Se oye el respiro de alivio de los primeros que reciben sus exámenes (comentario del maestro: «Más vale que no se les suba a la cabeza. ¡El curso todavía no ha terminado!»), mientras que los últimos pasan vergüenza. Comentario al repartir los últimos exámenes: «Exactamente lo que me había esperado».

¿Cómo conseguí durante toda mi época escolar sacar en matemáticas buenas notas, aunque no las mejores, e incluso en el examen final de bachillerato obtener un sobresaliente? Me acuerdo que, años más tarde, cuando ya había perdido de vista a mis antiguos maestros de matemáticas aún tenía pesadillas y me despertaba porque tenía que hacer de nuevo el examen final de bachillerato y no conseguía acordarme de los pasos aritméticos correctos. Durante veinticinco años, todo mi cuerpo ha guardado cuidadosamente registrados estos recuerdos. Cuando llegué a Ecuador descubrí, por primera vez en mi vida, que el trato con números puede convertirse en un juego placentero. De los chinos, que aquí en la zona costera son los dueños de los restaurantes y tiendas con más éxito, aprendimos a calcular con el ábaco. Algunas tardes, cuando vivíamos en la selva, jugar con el ábaco e intentar ser cada vez más rápidos calculando era nuestro pasatiempo. Más tarde aplicamos esta habilidad a la práctica e incluso intentamos hacer competiciones con calculadoras electrónicas. Desde entonces he perdido un poco el miedo a los números y disfruto de empezar de cero con los niños del Pestalozzi. Junto con ellos descubro la alegría de combinar, clasificar, ordenar, hacer modelos, limitar, medir, pesar y comparar, de formular, valorar y buscar símbolos. Contamos y calculamos y nos hacemos amigos de los números como si fueran de la familia.

Para los niños todas estas actividades son de lo más natural. Forman parte de sus actividades preferidas mucho antes de que a nosotros se nos ocurra hablar de «cálculo». Cada movimiento del cuerpo en el espacio y en el tiempo, cada juego con cosas concretas, cada participación en la vida práctica de la familia, en definitiva, absolutamente todas y cada una de las relaciones con personas, animales o cosas, para el niño, en realidad, son cálculo y sus primeras matemáticas. Sin embargo, en el mismo momento en que nosotros, los adultos, pensando hacer un bien, tomamos la dirección se corre el peligro de que el flujo natural del pensar y obrar infantil se vea interrumpido, de que el niño tenga que adaptarse a nuestro modo de pensar abstracto y de que, para poder seguir nuestras explicaciones, satisfacer nuestras expectativas y demostrarnos su inteligencia, se salte de forma acrobática varias de sus etapas naturales de desarrollo. Inconscientemente a muchos niños estas acrobacias les introducen miedo y, de adultos, cuando tienen que operar con conceptos matemáticos, aún se sienten como en la cuerda floja que a cada momento se puede romper. Otros, en cambio, disfrutan esta sensación de altura porque parece que los separa de la dura realidad y les concede la sensación de una cierta superioridad.

Una clase de aritmética que conduzca a los niños a un pensamiento abstracto, antes de que sean lo suficientemente maduros para ello, puede ser un factor crítico en el proceso de extrañamiento del individuo con respecto a la realidad. Cuando los niños empiezan a ir a la escuela, pensar y sentir forman todavía una unidad y, si no fueran separados de forma artificial, podrían quedarse así toda una vida. Cuando se acorta precipitadamente el proceso, aquellos conceptos que, paso a paso, podrían derivarse de situaciones y relaciones «llenas de sentido» y de experiencias vivas quedan despojados de su valor y se convierten en algo fácilmente manipulable. Pasan a obedecer única y exclusivamente a las leyes de la utilidad y están faltos de una fuerza de gravedad propia que procura por nuestro equilibrio interior y exterior.

Por los estudios de Piaget sabemos que la capacidad de abstracción de los niños aparece mucho más tarde de lo que normalmente suponemos. A menudo, la capacidad natural que tienen los niños para adaptarse a las circunstancias dadas y la posibilidad de suplir la falta de una verdadera comprensión con refinadas imitaciones —adivinando o memorizando— ha hecho que este dato nos permaneciera oculto. Sin embargo, cuando tratan con números abstractos y sus relaciones entre ellos, muchos niños no pueden recurrir fácilmente a sus eficaces «trucos» que tan buenos resultados les dan en otras materias. Por esto, no tiene nada de extraño que muchos niños, que para otras cosas tienen una inteligencia normal, pronto piensen que para calcular desgraciadamente ellos no sirven.

En la Escuela Pestalozzi no conozco ni a un solo niño —a no ser que se trate de uno procedente de otra escuela y recién incorporado a la nuestra— que tenga miedo a calcular. La escuela activa parte sencillamente de la base que todo niño sano tiene una capacidad para operar con números más o menos suficiente, pero que antes de que esta capacidad —como consecuencia natural del desarrollo orgánico y de la experiencia con lo concreto— esté a punto para la abstracción, es necesario que pase un largo período trabajando con materiales concretos. Preocupados, muchos padres repiten la misma pregunta: «¿Cómo podemos saber cuándo o si alguna vez los niños pueden resolver un problema sin la ayuda de material concreto?». En la práctica no hay ninguna duda: Cuando un niño se vuelve demasiado comodón como para ir a la estantería, coger todo el material y hacer la ceremonia de extenderlo sobre la mesa y, por su propia voluntad, prefiere calcular de cabeza o sobre el papel ha llegado el momento de ofrecerle nuestra ayuda. Pero mientras un niño dé muestras evidentes de que todo el movimiento, la exposición cuidadosa de los materiales, palparlos, mirarlos, le divierte y de que se deleita buscando otros materiales paralelos, descubriendo en ellos similitudes y diferencias y observando lo bonitos que son los modelos, sería una verdadera lástima apartarle de estas valiosas experiencias y limitarlo prematuramente al lápiz y papel. Porque, en realidad, ¡qué sosas son las páginas de libros y libretas en comparación con las montañas de materiales de una escuela activa!

Pero que evitemos proponer demasiado pronto a nuestros alumnos la abstracción, de ningún modo significa que renunciemos a calcular. Al contrario: a cada paso los niños se sienten motivados para trabajar con números y con todas las actividades relacionadas con el cálculo. Esto sucede en el terreno de la vida práctica; en un ambiente que favorece el movimiento, como resultado de la lúdica interacción de éste con los organismos llenos de vida de los niños y, también, utilizando con mucha frecuencia nuestro equipado laboratorio de cálculo. Estos tres territorios nunca están separados, sino que se complementan con toda naturalidad.

En un libro americano dirigido a los maestros se afirma que, antes de los siete años, se deben «enseñar» los siguientes conceptos básicos para que la posterior enseñanza de la aritmética tenga éxito: tamaños y formas (grande, pequeño, alto, bajo, recto, oblicuo, etcétera.), longitudes y distancias, contenido, cantidad, comparaciones, cálculo de espacio, de tiempo, de velocidad, dinero, descripciones de datos sensibles y el uso de los números del 1 al 10. ¿Cómo se pueden enseñar todos estos conceptos si no es a través de la propia actividad del niño apoyada por el libre fluir de palabras descriptivas? En la mesa de agua y en la arena, al jugar concentradamente con recipientes y utensilios de todo tipo; en la cocina, al pesar, medir, contar y comparar, al verter líquidos y remover, llevando y trayendo cosas; al poner la mesa y al repartir la comida; en el jardín, al medir el terreno de cultivo, arar, repartir las semillas, al transplantar y al regar, al escribir la fecha y durante el período de espera hasta que llegue el tiempo de la cosecha; en la carpintería, al medir y observar los ángulos; en la imprenta, al contar las letras y las páginas imprimidas, al recortar el papel, preparar la tinta y organizar todo el proceso de trabajo; al realizar todo tipo de manualidades que implican cortar, dividir superficies, trazar líneas, doblar, decorar, mezclar, amasar y dar formas. Todas estas actividades, que los niños realizan con tanta naturalidad y mediante las cuales se convierten en personas felices y equilibradas, contienen, aparte de una gran cantidad de impresiones sensoriales y de movimientos llenos de energía, todas los fundamentos prácticos del cálculo. En todas estas actividades solo se necesita dar un pequeño paso más, un empujoncito, para lograr que los niños, sin dejar su actividad preferida, entren en conocimiento de la forma más agradable con la teoría de conjuntos, la adición y la sustracción, la multiplicación, la división, el cálculo de áreas y de volumen, con los tantos por ciento y con todos esos, como quiera que se llamen, fantasmas espantosos.

Supongamos que en estos momentos unos niños están cocinando para cuatro personas, ahora llegan de fuera más niños y, para ayudar un poco, nosotros preguntamos: «¿No podéis cocinar el doble de comida?». Inmediatamente empiezan a calcular y no paran hasta que todos los ingredientes de la receta se han duplicado.

Antes de hacer la compra para la cocina de la escuela, basándonos en nuestra lista, hacemos un cálculo aproximado del dinero que necesitamos. Un niño va a buscar al despacho un poco más de dinero de lo necesario y firma un recibo. Después un pequeño grupo va a comprar al pueblo. Todos controlan si, desde la última compra, los precios han subido y que el dueño de la tienda no se equivoque en la suma. Los niños se reparten lo que han comprado de la forma más equitativa para que ninguno de ellos tenga que llevar demasiado peso. En la escuela lo volvemos a pesar todo y comprobamos los precios, para ver si todo es correcto. Finalmente se suman de nuevo todos los precios. Unos creen que irán más deprisa si utilizan papel y lápiz, pero tal vez se equivocarán. Otros calculan un poco más lentamente con el ábaco, pero llegan al mismo resultado. Y ¿de cuánto nos hemos equivocado en nuestras previsiones? ¿Y en qué relación está esta cantidad con el dinero del cambio? La suma total es anotada en el libro de gastos domésticos. Después, se hacen las cuentas en el despacho con la secretaria y se canjea el recibo por el tique de la tienda y el dinero del cambio.

Al final de mes hacemos un balance de cuentas. ¿Hemos mantenido nuestro presupuesto? Los gastos mensuales son comparados con los de meses anteriores. Hablamos del encarecimiento de la vida, de la inflación y de otros problemas de nuestros días. Poco a poco, los niños perciben si a mitad de mes se ha gastado aproximadamente la mitad del presupuesto, si pueden gastar tranquilamente un poco más o si, por el contrario, tienen que limitarse. Hablan de comidas caras y baratas. En la tienda, piden el «queso más barato» como experimentadas amas de casa y, como es costumbre en Sudamérica, negocian un pequeño extra cuando se trata de tomates o cebollas. Al final del curso pasado los niños redactaron una solicitud a la dirección para que les concedieran un aumento del presupuesto de la cocina: «Querido Sr. Director Mauricio: La comida cada día está más cara. Este mes los precios han subido un 10%. Aquí pronto no podremos hacer ningún pastel. ¿No te parece mal? Si la respuesta es afirmativa, ¡danos un poco más de dinero para la cocina!».

Cuando los niños quieren organizar una fiesta y el presupuesto no alcanza se ponen de acuerdo para que cada uno traiga algo de su casa. En estas ocasiones hay grandes deliberaciones, propuestas, denegaciones y debates. El problema es real y todos pueden notar los resultados. Todos los niños se familiarizan con conceptos como gramos, libras y todo tipo de cantidades, sean litros o galones.

Estos comienzos del cálculo práctico son accesibles para todos los niños. Los más pequeños aguzan el oído cuando oyen hablar a los mayores. Muy pronto todos quieren escribir números que resulten legibles para poder también ayudar a llevar el libro de gastos domésticos. A cada paso el trato con los números se manifiesta como una función natural de la inteligencia humana, pero nunca se interrumpe el curso natural de la vida. También los ejercicios semanales que los niños hacen en casa incluyen invitaciones al cálculo práctico. Los más pequeños cuentan las ventanas, las puertas, los muebles, los vestidos, los platos, las tazas y otros utensilios domésticos, los enchufes y bombillas. Pintan las manos y los pies de los miembros de la familia, preguntan la edad a sus parientes y conocidos, miden el volumen de las ollas y de la bañera con medidas de un litro, buscan los objetos más largos, más cortos, más altos y más bajos de la casa. Las posibilidades son infinitas y, con un poco de fantasía, la casa de los niños de convierte en un laboratorio de cálculo inagotable.

Los niños mayores calculan con compras, diferencias de edades, miden personas, distancias y objetos con medidas estandarizadas. Hacen conversiones, se informan de precios en tiendas y agencias de viajes, cuentan los peatones y coches que pasan en un período de tiempo determinado, confeccionan gráficas para las distintas categorías, calculan superficies y volúmenes, medias y porcentajes. Todo aquello que se utiliza o se vive en casa puede convertirse en un problema de cálculo. De vez en cuando, padres a los que les gusta colaborar nos envían series de fichas hechas en casa con ejercicios de cálculo que reflejan el «cálculo vivo» de la familia y que, de este modo, también puede ser de provecho para los compañeros de clase. Muchos de estos ejemplos de cálculo práctico se encuentran en el entretenido librito de Célestin Freinet *L'enseignement du calcul*. Quien trate con «niños activos» fácilmente podrá ampliar las ideas de este libro con nuevos ejemplos.

Naturalmente, el cálculo es también omnipresente en todos los movimientos de los niños, carreras de velocidad, salto de altura y longitud, natación, juegos con balón, competiciones de fuerza, etcétera; todo aquello que simplemente denominamos «deporte» puede convertirse en la clase de aritmética más animada si dejamos que los niños midan los campos de juego y los equipamos con cintas métricas, cronómetros, lápiz y papel. La presentación más amplia de ideas para calcular relacionadas con la tendencia al movimiento de los niños la he hallado en el libro de John Holt *¿Para qué sirve la escuela?*. Hay ideas presentadas en distintos grados de dificultad para que niños de todas las edades, sin tener que sentarse nunca más de diez minutos para cada ejercicio, puedan aprender a operar con longitudes, alturas, velocidades, lapsos de tiempo, gráficas de rendimiento, con la acción cardíaca, respiración, pesos, con la conversión de medidas de tiempo y de longitud, valoraciones y comparaciones. A todos aquellos maestros que hasta ahora estaban convencidos de que el cálculo solamente se puede enseñar si los niños están sentados y en silencio les aconsejo la lectura inmediata de este libro.

Para los más tranquilos o para aquellos que después de tanto movimiento ya no pueden más, existe una gran cantidad de juegos con los que se puede practicar sin hacer grandes esfuerzos. Los *shuffleboards* con números pequeños y grandes no solo sirven para ejercitar la destreza para conseguir el número deseado, sino también la suma conjunta de puntos positivos y puntos negativos. Pueden confeccionarse en diferentes grados de dificultad, para calcular con cifras bajas y con cifras elevadas. También tienen mucho éxito los juegos de azar y de tablero; normalmente solo se los considera actividades de fin de semana, pero con ellos los niños de primaria adquieren una seguridad cada vez mayor para operar con números, combinar los valores de las tiradas, formarse una idea de la situación y prever situaciones. Si resulta que tenemos mala conciencia porque los niños dan muestras de que se divierten demasiado con sus actividades podemos reforzar el rincón de juego con loterías para calcular, dominós para hacer combinaciones con números y con teoría de conjuntos. Como en Ecuador este tipo de cosas apenas se pueden comprar porque los establecimientos no las tienen, estamos acostumbrados a confeccionarlas nosotros mismos. Este sistema también es aconsejable para aquellas situaciones en las que la compra de materiales para la escuela experimental o abierta resultara demasiado cara. Es importante ofrecer a los niños muchos juegos de este tipo y mantener vivo su interés a través de variaciones constantes. Por ejemplo, los bastoncitos de mikado los pueden hacer los mismos niños, a menudo mucho más originales que los de compra. También hemos hecho con los niños un económico juego de ajedrez. En nuestra escuela tiene especialmente éxito el juego africano «wari». Al principio jugábamos fuera y con una cuchara vieja excavábamos en la tierra o arena los catorce hoyos necesarios para jugar. Más tarde confeccionamos un juego en cerámica, pero para el uso regular ahora en la escuela tenemos dos juegos de madera. A quien quiera saber algo sobre la madurez de sus alumnos o sobre su capacidad de aprender de las experiencias solo puedo recomendarle que se dedique a observar a niños de distintas edades jugando a wari.

Naturalmente, el centro de juegos también está equipado con puzzles geométricos de distintos niveles de dificultad, rompecabezas, laberintos y todo aquel tipo de juegos que invitan a los niños a reflexionar y resolver problemas. También hay juegos para hacer construcciones, un gran surtido de cubos de madera de todos los tamaños y formas, coches y si es posible un tren eléctrico (lástima que en Ecuador es demasiado caro). Al que le asuste la idea de ver cómo los escolares juegan durante las valiosas horas de clase con todos estos juegos de niños pequeños, le propongo una apuesta: ¿cuántas relaciones matemáticas derivadas de los juegos con cubos de madera, con construcciones, cochecitos y trenes podemos hallar en quince minutos? Estoy convencida de que esta apuesta nos conduciría a ganar un nuevo respeto por los juegos de los niños y a serles de ayuda para que con su actividad libre lleguen a descubrir nuevas relaciones y pensamientos más complejos.

Con ello hemos llegado al tercer territorio de experiencias de aritmética activa: el laboratorio de cálculo. En mi opinión, a pesar de la libertad que reina para la vida práctica, para el movimiento y el juego, sin este laboratorio no saldríamos adelante. Sin su ayuda, todos nuestros esfuerzos para que los niños experimenten el cálculo como una función viva pronto llegarían a los límites de lo concreto y nos veríamos obligados a recurrir al lápiz y papel, a los libros de cálculo y a las explicaciones abstractas. El laboratorio contiene aparte de una gran cantidad de materiales naturales no-estructurados, una oferta completa de material estructurado que de una forma muy lenta y progresiva ayuda al niño a tender el puente entre lo concreto y lo abstracto.

Al comienzo dejamos que los niños midan con pasos, pies, palmos y codos. Pero más tarde necesitan cintas métricas y metros estandarizados, así como un gran surtido de instrumentos interesantes para medir aberturas, grietas y ranuras, anchuras y alturas. Con este equipo miden todo aquello que les ofrece su ambiente. Cuando más tarde utilizan los instrumentos propios de la clase de geometría, este uso está impregnado del recuerdo de todas las otras experiencias de medición en situaciones concretas. Para pesar, primero, utilizan canicas, semillas de todo tipo, arena o agua. Más tarde pasamos a utilizar los pesos estándar y las sencillas balanzas de confección casera son sustituidas por balanzas de cocina, de correos, de muelle y para personas. Cuando juegan con agua y arena, al principio, los niños tienen suficiente con recipientes no estandarizados. Poco a poco necesitan contenedores estandarizados e instrumentos de medición de todo tipo para hacer cálculos precisos. Para trabajar los conceptos temporales, que los niños aprenden después de los espaciales, nos servimos de un gran número de ayudas mediante las cuales los niños ven como transcurre el tiempo mientras ellos realizan sus actividades: sistemas de goteo, relojes de arena de distintos tamaños, relojes fáciles de regular con la mano, metrónomos, cronómetros y estetoscopios.

El laboratorio de cálculo contiene muchos cestos y cajas llenos de material básico contable, medible y pesable: semillas de todo tipo, piedras de todas las formas, tamaños y colores, conchas, raíces, palos, hojas, plumas, corchos, tapones de botellas, arroz, maíz, alubias, té, café, sal, azúcar, arena, canicas, clavos, clips de oficina; una lista que se puede ampliar infinitamente y con la que se pueden hacer tantas combinaciones como se quiera. Cada concepto de cálculo nuevo puede ser trabajado de formas distintas y ampliado y fijado a través de nuevas variaciones. La calidad va antes que la cantidad. Para reforzar la capacidad de generalización y aplicación de lo aprendido a nuevas situaciones, cada niño necesita mucha más experiencia con «lo mismo y solamente un poquito de otra cosa» de lo que el adulto supone. Antes de pasar a nuevas dificultades tendríamos que ofrecer al niño distintas experiencias de cualidades nuevas pero del mismo nivel.

Pero incluso el surtido más amplio de material no-estructurado tiene sus límites. Más pronto o más tarde nos vemos con la necesidad de dejar que el niño haga experiencias concretas de relaciones precisas con la ayuda de material estructurado. El material de cálculo Montessori tiene para nosotros un valor incalculable a la hora de poner orden a muchos conceptos de los que el niño aún tiene una comprensión vaga, adquirida solo a través del material no-estructurado. Sin su ayuda continuamente nos hallaríamos representando el antiguo papel del explicador de conceptos. El material Montessori tiene todas las cualidades de los materiales concretos: apariencia atractiva e impresiones sensoriales de todo tipo. Conduce al niño desde el concepto cualitativo y cuantitativo del número a través de todos los niveles de cálculo necesarios: desde la simple adición hasta el cálculo decimal, la extracción de la raíz y la derivación de la fórmula para calcular el volumen cúbico. Primero el maestro puede dejar tranquilamente el material al niño, hasta que éste agote todas sus propias posibilidades de juego. Le puede decir: «Vamos a ver qué puedes hacer con esto. Cuando no se te ocurra nada más puedes llamarme y te enseñaré un par de cosas que he probado yo». A menudo cuando miro a los niños jugando creativamente con estos materiales descubro nuevas posibilidades de utilización que, a su vez, enriquecen la clase de cálculo.

Algunos maestros que aplican el método Montessori se sienten más seguros si, desde un comienzo, enseñan a los niños la forma «correcta» de utilizar del material. Esto tiene la ventaja de que los niños aprenden los pasos de cálculo por «el camino más corto» y no pierden tanto tiempo. Sin embargo, para el desarrollo del pensamiento matemático, el camino más corto es también el menos fértil. Hoy en día, para resolver ejercicios de cálculo basta con aprender a pulsar las teclas de una máquina. De modo que no es ninguna pregunta tonta la de algunos niños que nos piden por qué tienen que aprender a calcular. A través del trato creativo con material estructurado, como por ejemplo el material Montessori, el niño que juega se aproxima al descubrimiento del pensamiento matemático en general. A través de muchos rodeos, descubre relaciones, posibilidades de resumir, de invertir, etcétera. Se trata de un auténtico viaje de descubrimiento: no sin el peligro de perder el camino, pero también con la perspectiva de descubrir un país desconocido y superar dificultades imprevistas. Lo que los niños escriben en el curso de sus descubrimientos a menudo es largo e innecesariamente complicado pero refleja la excitación y el placer de su hacer. También aquí las vivencias positivas, fruto de situaciones concretas, preceden durante un largo tiempo a su traducción en símbolos.

Estas experiencias con el material concreto que se renuevan y se varían constantemente son infinitamente más ricas que el trabajo con libro de texto y el típico señalar, encerrar en círculos, copiar ejercicios y resolverlos. Tomemos por ejemplo el material con el que el niño se familiariza con el sistema decimal: perlas individuales para las unidades, cadenas de decenas, cuadrados de centenas y dados de millares, todos formados con perlas. Con ello el niño puede realizar los cuatro tipos de operaciones. Si, por ejemplo, obtiene como resultado la cifra 8 537, puede contemplar esta cantidad en tres dimensiones. Con mucho cuidado, el niño construye la torre con sus ocho millares para que no se derrumbe y le caiga sobre la cabeza y contempla con satisfacción su obra. A su lado están colocados los cinco cuadrados de centenas. Por su altura se ve claramente cuánto más bajos son con respecto a los millares que se alzan a su lado. A menudo basta un gesto de admiración para llamar la atención del niño sobre este respecto. Una pregunta del maestro hecha con cuidado y en el momento adecuado y este niño encuentra sin presiones, espontáneamente, el camino hacia otra operación más compleja.

A continuación, un ejemplo de como los niños hallan por sí solos modos de abreviar pasos. El camino que aquí describo fue «descubierto» ante mis ojos por una niña de ocho años y después, llena de alegría, lo recomendó a sus compañeras: María Gabriela dispuso sobre la mesa en forma de cuadrado un gran número de cadenas de multiplicar de distintos colores (las tiras de distinguen por sus distintos colores). Se trataba de una colorida sucesión de cadenas de distintas longitudes y colores. Cuando tuvo el cuadrado cerrado tenía que hallar el número total de perlas contándolas. Pero en vistas de que siempre se descontaba tomó la decisión de seguir un camino más corto. Agrupó todas las cadenas de un mimo color y obtuvo por ejemplo 5 × 7, 3 × 2, 5 × 4, etcétera. Algunas multiplicaciones ya las podía resolver de cabeza, otras las tenía que comprobar contando las perlas. Cuando llena de orgullo me presentó su «invento», bastó un pequeño paso para enseñarle la notación que todos conocemos para este tipo de operación: (5 × 7) + (3 × 2) + (5 × 4), etcétera. A partir de este momento ensayó ambas posibilidades; algunas veces extendía primero las cadenas y después anotaba las abreviaciones o primero inventaba sobre el papel una «lombriz» y, después, colocaba las cadenas siguiendo el dibujo.

Muchas veces, un material para principiantes oculta grandes posibilidades de descubrimientos para los artistas del cálculo ya avanzado. Un paño cuadrado que con unas tiras cosidas sobre su superficie queda dividido en 64 cuadrados, como un tablero de ajedrez, sirve a los pequeños para practicar de forma concreta la adición entrecruzada de pequeñas cantidades. El niño pronto descubre cómo de una hilera a otra los valores van subiendo y contempla con placer como las hileras de un mismo color traviesan en diagonal todo el paño. Si los pequeños se limitan a este «juego», a los mayores, las distintas diagonales del mismo color que cruzan el paño les supone un quebradero de cabeza. ¿Tiene esto algún significado? Una vez que se ha despertado la curiosidad del niño, mostrar nuevas relaciones es algo que divierte mucho, tanto a maestros como a alumnos.

Obviamente, el material Montessori, si es de compra, es caro y para muchos está absolutamente fuera de su alcance. Aquí en Ecuador donde una moneda poco favorable y los gastos de transporte e importación harían imposible una compra regular, nos vemos obligados a confeccionar nosotros mismos una gran parte de él. Con perlas como las que los indios, preciosamente engalanados, llevan en el cuello confeccionamos el material más atractivo. Los leñadores del país nos dan la materia prima para la mayoría de las piezas que realizamos en nuestra carpintería. El material geométrico no descansa ni un solo día. ¿A quién le sabría mal la cantidad de días que fueron necesarios para su confección?

Sin embargo, ¿no es alarmante para un maestro que niños de la misma edad no se sepan de memoria, todos a un tiempo, las tablas de multiplicar? ¿Cómo podemos estar seguros de que un niño más lento llegará a aprenderlas? Nuestra niña enfermiza Alba hizo los progresos más lentos que yo jamás he visto. Su necesidad de realizar trabajo práctico que conllevara mucho movimiento parecía inagotable. Cuando, sin embargo, empezó a utilizar el material didáctico nunca se cansaba de poner una y otra vez las bolitas en los agujeros de los tableros preparados. Después de mucho tiempo descubrió, primero, las hileras de dos. Animada por este éxito empezó a jugar con cadenas de tres. Sostenía el recipiente con las cadenas en la mano llena de respeto. «Cuando quiera puedo contar las cadenas. Pero hoy no quiero, hoy quiero contarlas de cabeza.» Con el ceño fruncido iba arriba y abajo de la clase y contaba, primero para sus adentros: «¿es cinco?». Venía hacia mí. Yo movía la cabeza: «¿No preferirías sacar las cadenas del recipiente?». Se negaba obstinadamente: «Lo voy a resolver sin las cadenas». Así se pasaba una hora. Daba vueltas por la sala como un científico que sigue la pista de un descubrimiento importantísimo. Contaba y contaba de cabeza y, mientras, guardaba en sus manos la caja con las cadenas como si se tratara de una joya. Estaba decidida a salir adelante sin su ayuda. Después de esta hora de duro trabajo había «conquistado» la serie del tres hasta el 30. «No me lo ha enseñado nadie. Lo he hallado sola». Esta conquista está unida a un sentimiento de felicidad que influye en todos los aspectos de su vida. Su madre dice: «Ahora Alba ya no es más el terror de la familia. Raramente busca pelea, ya no es tan difícil de contentar con la comida y no pide continuamente dinero para comprase golosinas». Los comportamientos indeseados de nuestros hijos, ¿tendrán algo que ver con el modo como aprenden a calcular, leer, escribir o todo aquello que es tan provechoso para ellos?

En el caso de los niños más rápidos, el paso de lo concreto a lo abstracto generalmente se desarrolla de una forma menos dramática y muchas veces el maestro apenas se da cuenta de ello. Pero en lugar de medir toda una clase a partir de los más rápidos y hacerla progresar de acuerdo con ellos, para nosotros, los adultos, sería más instructivo observar atentamente los pasos lentos y, a partir de ello, sacar nuevas conclusiones. De este modo, precisamente aquellos que son más lentos en el cálculo podrían sernos de gran utilidad, en lugar de desesperarnos con ellos en clases en grupo.

Lluvias repentinas ofrecen numerosas posibilidades para realizar actividades al aire libre.

EXPLORAR EL MUNDO

A todas las personas que un día deberán saber afrontar las exigencias de la vida —por cotidiana que ésta sea—, la educación primaria debe servirles para que sus ojos aprendan a miran su entendimiento aprenda a entender y su espíritu esté preparado para reaccionar a estímulos. La educación artística enseña y desarrolla todas estas cualidades. Esta es la auténtica justificación de que hoy en día ocupe un lugar importante dentro de la escuela.

SYBIL MARSHALL

Aplicadas a la escuela activa, estas ideas reciben además otro significado. No podemos relacionarlas únicamente con la educación artística —tan importante y hoy en día a menudo olvidada—, sino que las vemos en relación con «el arte de vivir» en general. Los educadores de las escuelas abiertas de todo el mundo están de acuerdo en que la escuela primaria —o las escuelas en general— no está ahí para acumular saberes, sino para estimular la inteligencia, ofrecer una «degustación» de lo que es aprender y con ello animar e impulsar que la actividad de aprender se continúe durante toda una vida. Desde esta perspectiva nos resulta fácil alejarnos del antiguo esquema de las «asignaturas». En lugar de dedicarnos a separar claramente las materias —las ciencias naturales, la geografía, la historia, la física, la química, la música, el deporte y la educación artística— ayudamos a los niños a que abran sus sentidos, su corazón y su entendimiento y a que, paso a paso, «exploren y conquisten el mundo». Como más respetado se sienta un niño, más fértil puede resultar esta abertura al mundo, al mundo exterior y a su propio mundo interno. Nos parece evidente que la educación artística, la música o el deporte solamente tienen sentido si están en contacto con materiales y circunstancias concretas. Incluso en las escuelas tradicionales, el cuaderno de dibujo y la caja de pinturas van siendo sustituidos por un gran número de interesantes materiales. Aquí, en Ecuador, estas posibilidades se reconocen con muchas reservas y la mayoría de asignaturas artísticas son todavía aburridas y estériles. Por ejemplo, por naturaleza la población de aquí es muy aficionada a la música y al ritmo, pero tan pronto la música se convierte en una asignatura de la escuela el gusto por ella se reprime sistemáticamente. Uno de nuestros conocidos que dirige una pequeña orquesta y él mismo toca tres instrumentos afirma que «no entiende nada de música» y eso lo dice solo porque en la escuela no le entró el solfeo. La clase de música se limita a un monótono ensayo de canciones patrióticas —o religiosas si se trata de escuelas de alguna orden— y, por lo demás, a inculcar, sin ningún tipo de perspectivas, nociones elementales de teoría musical que cualquier niño que tuviera acceso a instrumentos aprendería en tres horas de clase. Pero por la experiencia de otros países sabemos que una clase práctica de música, realizada con sentido, es algo con lo que verdaderamente disfrutan tanto niños como maestros y que puede convertirse en uno de los recuerdos más agradables de la época escolar.

Por lo que se refiere a la clase de deporte nunca se ha puesto en duda la necesidad de la práctica y, en cada caso, de una inmediata relación con el medio ambiente. ¿A quién se le ocurriría sustituir la hora de gimnasia por conferencias o pases de diapositivas? Es cierto que todavía se ven muchos maestros de gimnasia que, ellos mismos, no se esfuerzan demasiado; provistos de silbatos y vestidos con un impecable equipo de deporte van dando órdenes a los niños y así éstos consiguen llevarse a casa su obligatoria ración semanal de agujetas. Pero aún así, como mínimo los niños aprenden a nadar en el agua, entrenan con aparatos, juegan con balones y hacen experiencias valiosas en el espacio y en el tiempo, aprenden coordinación, a jugar en equipo, algo sobre la fuerza de gravitación, sobre señales de fatiga, velocidad y cosas parecidas que les pueden dar información sobre sí mismos y sobre el mundo en el que viven.

No es nada extraño que muchas veces estas «asignaturas» sean las únicas ocasiones de salir y la única posibilidad de moverse que los niños tienen dentro de todo el programa educativo. Niños que normalmente pasan la mañana soñolientos y sin dar muestras de interés, para estas horas se despiertan y muestran su parte activa y viva. El trato con los materiales concretos es lo que da a los niños la posibilidad de levantarse, andar de un lado a otro, ir a buscar cosas y devolverlas a su sitio. Si cuchichean un poco con el vecino no son inmediatamente castigados. La destreza y la fuerza están bien consideradas. Los ánimos aumentan, el cuerpo recupera sus derechos y se pone en contacto directo con el mundo exterior.

En la escuela activa estas «asignaturas movidas» no están separadas de las «asignaturas propiamente dichas». El arte y los trabajos manuales, el trabajo práctico, la música, la danza y el deporte son valiosas posibilidades de expresión para la vida activa de un organismo sano. Son de gran ayuda para reforzar la autoconfianza, crear equilibrios y favorecer la destreza y la armonía con el mundo circundante. Pero, además, pueden convertirse en punto de partida de innumerables «investigaciones» a través de las cuales tanto niños como maestros topan con todos los campos del saber formal. Por ejemplo, cuando un niño se pasa horas jugando con agua se están formando en él las estructuras de comprensión para la física, la geografía y muchos campos vecinos del saber especializado. Si estos contactos orgánicos interiores tienen lugar alguna vez, entonces también se dan las condiciones previas y la disposición para el saber formal. Si por el contrario, estos contactos no se producen, más pronto o más tarde, habrá que recurrir al método de empollar. En el capítulo anterior mencioné las propuestas de John Holt para actividades deportivas que, con la ayuda de cintas métricas, cronómetros y otros instrumentos, introducían a los niños en todas las formas de cálculo y en el método estadístico. El aspecto más interesante de este tipo de clase es el hecho de que el cuerpo del niño y sus procesos de aprendizaje ocupan el centro. Si la tendencia del niño al movimiento no se reprime, o no solamente se valora en competiciones, se convierte en punto de partida de observaciones detalladas, comparaciones, mediciones y cálculos. Un ejemplo: medir el recorrido de una carrera. Antes de la salida los niños comprueban su pulso y anotan los valores. Después de correr repiten la medición y comparan los valores. Descansan, por ejemplo durante cinco minutos, y comprueban otra vez su pulso, vuelven a correr, vuelven a comparar. Anotan todos los resultados y hacen estimaciones. ¿Cuánto tiempo necesita el cuerpo después de una carrera para volver a tener un funcionamiento «normal»? ¿En qué relación está el aumento de las pulsaciones con la velocidad? ¿Qué sucede cuando el corredor va cargado con pesos? Se abre un gran número de preguntas que son puestas en relación con la realidad y con ello surgen nuevas preguntas; se practican técnicas de medición, cálculo y anotación. Todo esto sin haber menospreciado ni un momento la necesidad natural que tienen los niños de moverse.

Una situación parecida surge con sus queridos trabajos manuales: Los niños construyen, por poner un ejemplo, barcos de distintos modelos y con distintos materiales. Para ello les dejamos la libertad de que procedan según su juicio, incluso cuando fácilmente podríamos predecir que algunas de estas obras están muy bien adornadas pero su navegabilidad es muy limitada. De modo que nos guardamos nuestro saber. En lugar de confrontar a los niños con nuestra mayor experiencia les posibilitamos una excursión a un riachuelo cercano. Entre un gran vocerío y todo tipo de apuestas los distintos barcos son puestos a prueba. «¿Por qué tu barquito se aguanta en la superficie y el mío pierde el equilibrio?» De nuevo es la realidad, y no el juicio autoritario del adulto, lo que obliga al niño a hacerse preguntas, a reflexionar y emprender correcciones. «Esta vez voy a construir mi barco de otra manera para que no pierda en la carrera.» Este es tal vez el momento adecuado para ofrecer al niño libros ilustrados y modelos de barcos, tomar medidas, convertirlas a la escala deseada, realizar todo tipo de pruebas en el tanque de agua de la escuela y discutir los resultados. Algunos niños, a partir de esta actividad, empiezan a interesarse por la historia de la navegación. Leen con gran entrega cosas sobre los grandes viajes de descubrimiento, estudian mapas, aprenden geografía, se interesan por las corrientes marítimas o por cualquier cosa que tenga que ver con barcos. En esta edad la escuela activa da prioridad a la actividad concreta del niño, pero no se queda aquí, sino que también muestra caminos de cómo uno puede asimilar saber de segunda mano. Pero lo más importante de eso es que este saber no viene impuesto desde fuera, sino que satisface la auténtica curiosidad del niño. De modo que no importa si se trata de la propia experiencia o de la experiencia de un tercero: el impulso surge de una activa búsqueda de comprensión.

¿Cómo podemos conseguir que los niños exploren el mundo y lo conquisten sin que ellos mismos se pierdan en la empresa? Creemos que no existe otro camino que el partir una y otra vez de la experiencia personal y concreta del niño. Cada niño viene de casa con sus propias experiencias y nosotros no tenemos ningún derecho a separarlo de la realidad familiar solo porque atraviesa la puerta de la escuela. El ambiente de la escuela tiene que resultar muy interesante para que los sentidos trabajen a un nivel de conciencia lo más elevado posible. Sin embargo, las condiciones individuales de cada niño son tan diferentes queda voluntad y la decisión «ahora me quiero dedicar a esta cosa», por fuerza tiene que ser distinta en cada niño. Hace poco estábamos sentados en la sala de primaria —silenciosa sin la presencia de los niños— con un matrimonio que a causa de la educación de sus tres hijos se ha mudado cerca de nuestra escuela; conversábamos animadamente cuando entró su hijo de diez años, el mayor, lentamente, arrastrando los pies. Pudimos ver cómo al entrar en la sala su actitud cambió; su nivel de atención subió varios grados. Parecía que aguzaba el oído, sus ojos se agrandaron y sus manos se pusieron tensas como si quisieran ponerse manos a la obra. Lenta y pensativamente fue de un centro de interés a otro. Finalmente su mirada se posó en la imprenta escolar. Se acercó una silla y, sin decir nada, empezó a ordenar las letras que por la mañana un niño había dejado en una cajita porque ya no había tendido tiempo de dejarlas en su sitio.

Este despertar de los sentidos en un ambiente estimulante es lo que permite que cada niño pueda conectar con sus propias experiencias anteriores. A su vez, este proceso conduce a nuevas actividades, a la solución de problemas prácticos y a plantear preguntas. Si este proceso de activación interna y externa puede seguir adelante cada día, al organismo del niño le estaremos dando ocasión para satisfacer antiguas necesidades, deshacer bloqueos, evitar nuevos bloqueos y de este modo se abrirán canales a través de los cuales puede fluir, sin que nada lo impida, la comprensión de experiencias internas y externas.

En el ambiente de la escuela activa, tan amigo de los niños y ricamente equipado con materiales estimulantes, tiene lugar en todas las situaciones y de una forma muy clara un proceso similar: para cada material nuevo que los niños hallan necesitan un período, para nosotros la mayoría de las veces insoportablemente largo, de probaturas libres. Cuando equipamos nuestro pequeño laboratorio, cada día los niños descubrían nuevas variantes de como mezclar fluidos en los tubos de ensayo, de sacudirlos, de acercarlos al calor, de dejarlos sedimentar, de vaciarlos succionando la pipeta, de filtrar; unos a otros se mostraban sus «experimentos» y se los explicaban. Disponían de una gran superficie de trabajo que, por precaución, cubrimos con un mantel de plástico. Después de sus experimentos los niños debían dejarlo todo limpio y ordenado pero, por el resto, los dejábamos solos con su técnica, que hicieran lo que quisieran. Solo muy de vez en cuando se acercaba un niño y nos mostraba una de sus milagrosas obras. Por lo general, el placer de probar y la concentración eran tan grandes que los niños olvidaban totalmente el mundo circundante. Solo después de semanas de estas actividades no dirigidas —nuestra tarea se limitaba a reponer las materias primas— pareció que había llegado la hora de dar algunas ideas. Cuando la primera hambre de actividad libre quedó saciado, los movimientos se volvieron más tranquilos y la expresión de las caras más pensativa, los niños parecieron dispuestos a dejarse llevar por nuevos caminos a través de preguntas y sugerencias. Durante este segundo estadio nos pedían cada vez más frecuentemente que acudiéramos a ellos, nos mostraban sus resultados, pedían consejo y parecían estar dispuestos a conversar sobre ello y a anotar resultados. Más tarde, su interés era tan fuerte que discutían y buscaban información nueva en los libros sin realizar actividades concretas.

Si seguimos atentamente la evolución de este proceso y dejamos al niño todo el tiempo que de verdad necesita para probar libremente y acercarse de una forma lúdica a aquella materia nos daremos cuenta de dos hechos interesantes: el primero, es que, por lo general, los niños dan con muchas más variantes y preguntas de las que nosotros habríamos tratado si hubiésemos realizado una clase dirigida. El segundo es que durante este proceso pasan por fases que, aparentemente, no tienen nada que ver con la «ciencia pura», pero que de una forma clara tienen que ver con sus ánimos y su actitud ante la vida. Un ejemplo sacado de nuestros anales tal vez pueda ilustrar un poco este punto:

Por las conversaciones que tuve con la madre de Alicia, supe que la relación entre ellas era desde hacía tiempo tensa. La madre tiene un «aspecto artístico» con una larga cabellera gris y sus ropas, en comparación con la gente de aquí, se ve pasada de moda. Se mueve entre círculos algo aventureros, evita la vida social normal y, además, tiene ciertas dificultades para dar a su hija calor y dedicación maternal. A menudo siente que su hija de diez años es una molestia para su pintura, se olvida de que necesita otros niños para jugar y que la belleza del hermoso valle donde se ha ido a vivir, retirada, no es suficiente para la niña. Alicia compara a su madre con otras mujeres y desde hace un tiempo vive con el temor de que su madre tal vez sea una «bruja». Esta historia yo la sabía por una conversación que tuve con la madre de Alicia en la que me pidió consejo sobre la convivencia con su hija.

Alicia estaba haciendo experimentos en el laboratorio. Había llegado al estadio en que ya contaba gotas, sostenía a contraluz el tubo de ensayo para comprobar que todo fuera correcto, mezclaba, agitaba el fluido y anotaba los resultados. Un observador con conocimientos de pedagogía fácilmente habría podido pensar que ahora ya se daban todas las condiciones para introducir cuidadosamente a Alicia en la siguiente fase de una enseñanza dirigida. Pero de repente su rostro adoptó una expresión inesperada. La voz con la que acompañaba sus actos se convirtió en una especie de cantinela. Sus movimientos se aceleraron y empezó a hacer todo tipo de mezclas raras. Oí como le decía a otro niño: «¿Quieres jugar conmigo a brujas?». Progresivamente se unieron al juego más y más niños hasta que el contagio se convirtió en una verdadera fiebre de brujería y empecé a temer por la seguridad de los delicados instrumentos del laboratorio. Siguiendo mi consejo, los niños salieron fuera y allí continuaron su juego, cada vez más intenso, con utensilios irrompibles. Mezclaban arena, agua, colores, trituraban hojas, extraían jugos de las plantas. Al final no quedaba en ninguna parte ni un solo recipiente que no estuviera lleno de pócimas «venenosas», ni un bastón que no fuera una barita mágica. El juego se intensificó tanto que arrastró a toda la clase. Bailaron danzas de brujas al ritmo de canciones inventadas para la ocasión y cuando llegó la hora de regresar a casa solo con mucho esfuerzo conseguí que los niños ordenaran el gran desorden que habían armado. Durante dos días el juego fue de nuevo recreado por grupos individuales, después se extinguió por sí solo, reapareció todavía otra vez en el guiñol y en la imprenta de una forma serena y, finalmente, desapareció por completo. La química se convirtió de nuevo en algo «científico» y la madre de Alicia explicó aliviada que últimamente su hija le tenía más confianza, la molestaba menos mientras trabajaba y que ahora a menudo se sentaba a su lado y también pintaba.

¡Cuántas veces nos sorprendemos a nosotros mismos intentando conseguir lo más rápido posible que los niños contemplen el mundo desde nuestra perspectiva de adultos! Sin embargo, toda nuestra insistencia será poca en recordar que nuestra impaciencia solo conduce a que el estado de egocentrismo infantil se alargue y, además, limita o retarda una abertura sin miedo a nuevas impresiones. Precisamente la capacidad que tiene el niño pequeño de dejar que experiencias y impresiones sensoriales penetren en él de una forma libre —sin hacer rigurosas separaciones entre ellas ni tampoco relacionarlas lógicamente— es lo que le permite almacenar un rico tesoro de experiencias vivas. Este tesoro se va elaborando de forma progresiva y, más tarde, constituye la materia prima del pensamiento formal. Por la investigación de Piaget *Juicio y proceso mental infantil,* sabemos que la mayoría de los niños se sienten inseguros con las conexiones lógicas hasta la entrada de la pubertad. Así, por ejemplo, para ellos, saber si un ginebrino puede ser al mismo tiempo un suizo o si todos los suizos son también ginebrinos puede ser durante mucho tiempo un misterio.

Esta circunstancia, los representantes de la escuela activa la incluyen de una forma consciente en su «programa». Día a día procuran que los niños hagan experiencias nuevas y distintas con materiales siempre nuevos y en nuevos contextos. Es necesario despertar los sentidos, agudizarlos, practicar con palabras descriptivas, reforzar acciones inteligentes. Los niños deben tener permiso para tocar y utilizar —y no solamente mirar llenos de respeto— todas las cosas que se llevan a clase para estimularlos. Las excursiones amplían progresivamente el campo de experiencias infantiles y tienden el puente hacia el campo de vivencias de los adultos. A partir de los nueve o diez años, crece en el niño la necesidad de ocuparse también de aquellos temas que se apartan temporal y espacialmente de su campo personal de experiencias. Tomemos por ejemplo un niño pequeño que de acuerdo con sus disposiciones más tempranas juega con instrumentos rítmicos y aprende a acompañar sus primeras canciones. Posteriormente, tal vez tenga interés en aprender a tocar un instrumento melódico sencillo. A medida que va creciendo su destreza, con el material adecuado y un poco de ayuda, el niño confecciona sus primeros instrumentos primitivos. Más tarde vienen los experimentos con la transcripción de los tonos, su aumento y disminución. De aquí ya no se está muy lejos del interés por el proceso auditivo que puede ser alimentado con libros ilustrados, dibujos que hace el mismo niño, mediciones y comparaciones. Si un niño, de acuerdo con su madurez y su interés espontáneo, pudiera vivir plenamente todas estas etapas, por una parte, tendría fácil la comprensión de la historia de los instrumentos musicales, el placer de la buena música y la notación y, por otra parte, la adquisición de una sensibilidad para el significado de la técnica tonal moderna.

Mediante este método, que parte de la experiencia personal del niño y que está conducido por el respeto a los procesos internos del niño, finalmente conseguimos mostrar claramente las diferencias fundamentales del mundo exterior a investigar. En *Consejo para desaconsejados,* Schumacher divide los campos de saber que se ocupan del mundo exterior en dos grandes clases. Por una parte, las ciencias «descriptivas» como, por ejemplo, la historia natural y, por otra parte, las «ciencias prácticas», a través de las cuales aprendemos a investigar el funcionamiento de determinados sistemas y sus posibilidades de aplicación. La química y la física son las representantes que más sobresalen de este grupo. La pregunta decisiva del investigador a la hora de explorar este campo es la siguiente: «¿Qué tengo que hacer para conseguir ciertos resultados?» Una manipulación lúdica y no siempre respetuosa de cosas y materias posibilita al niño la exploración de este mundo de objetos y reacciones carentes de vida y, poco a poco, a través de esta actividad que constantemente se renueva, desarrolla su lógica.

Por el contrario, el trato personal con cosas vivas, plantar y cuidar las plantas, la observación, la experiencia del nacimiento y el crecimiento, del marchitarse y el morir, transmite al niño el respeto por un mundo que siente y sigue sus propias leyes. Del mismo modo que el niño se siente a sí mismo y se sabe respetado, sabe reconocer y sentir las necesidades de otros seres vivos. En la misma medida que se sabe protegido de manipulaciones y tratos incorrectos aprende a tratar otras formas de vida con gran respeto y, en caso de necesidad, a protegerlas.

El curso escolar pasado, por primera vez, redactamos un «certificado» de quince páginas para nuestros niños en el que intentamos describir y dejar constancia de las distintas actividades y progresos de cada niño. Esta información tiene como finalidad que los padres se hagan una idea del trabajo que los niños realizan en la escuela e intenta responder a las exigencias del Ministerio sin tener que utilizar el sistema de notas habitual. Un equipo de maestros de una escuela pública de Quito numeraba cada una de las actividades que se mencionan en el certificado con el equivalente de la clase en la que normalmente se aprende esta materia. Junto a las siguientes observaciones hallamos comentarios sorprendentes:

Trata los animales con cuidado: ¡Imposible! Los niños son todos unos desconsiderados.

Cuida las plantas y las plantaciones: ¡Los niños solo saben destrozar!

Si queremos que los escolares aprendan a explorar el mundo de una forma correcta no tenemos más remedio que dejarles que experimenten, en su propia piel, el mundo real y noten ellos mismos las diferencias cualitativas entre las cosas manipulables, más o menos inanimadas y la naturaleza viva con sus innumerables manifestaciones. En último término, ni los sermones moralizantes sobre la protección del medio ambiente, ni las diapositivas o los mejores libros ilustrados consiguen transmitir al niño la sensibilidad para aquello que está vivo. Creemos que los niños que han experimentado que sus necesidades auténticas eran respetadas sabrán proteger también todo lo que en este mundo tiene vida. Explorar el mundo: ¿al fin y al cabo no significa esto respetar y amar la vida? Solamente cuando los niños no han perdido el sentido por su propia vida pueden aprender a medir el valor de la vida de otros seres y a asumir la responsabilidad relacionada con su medio ambiente.

LIBERTAD Y RESPONSABILIDAD

Al Centro Experimental Pestalozzi llegan muchas visitas: padres que buscan una escuela adecuada para sus hijos; los padres de nuestros niños que pasan con nosotros su «mañana obligatoria» o que quieren enseñar la escuela a familiares o conocidos; maestros de otras escuelas que sienten curiosidad; profesores y estudiantes de las dos universidades de Quito y, a veces, también visitas del extranjero. Van tocando cosas aquí y allá, contemplan maravillados el gran número de materiales y de vez en cuando no pueden resistir la tentación de probar ellos mismos un experimento o empezar un juego. Es probable que muevan la cabeza, escépticos, cuando se les diga que con un puñado de clavijas de colores se pueden calcular raíces cuadradas (uno de nuestros niños tiene el hobby de demostrar a visitantes incrédulos la extracción de la raíz cuadrada de números con cinco cifras). También se suelen acordar de la clase donde aprendían en su propia infancia y se maravillan de «cómo cambian los tiempos» y de que ahora una clase pueda parecer un taller decorado con muchos colores. Si han estudiado psicología no cesan de elogiar el material concreto que, como está demostrado, favorece el desarrollo de la inteligencia de los niños.

Sin embargo, también raramente falta el adulto que de alguna forma u otra hace notar sus dudas y temores con respecto a la libertad de los niños. Basta con que oigamos la palabra «libertad» relacionada con «escuela» para que nuestra fantasía se vea asaltada por imágenes monstruosas: niños que a toque de campana abren bruscamente las puertas y chillando y empujando son un peligro para los pasillos y la escalera del edificio de la escuela. Niños, que se golpean mutuamente las cabezas y responden con insolencia a los adultos, que rompen los cristales de las ventanas y destrozan los materiales que son propiedad

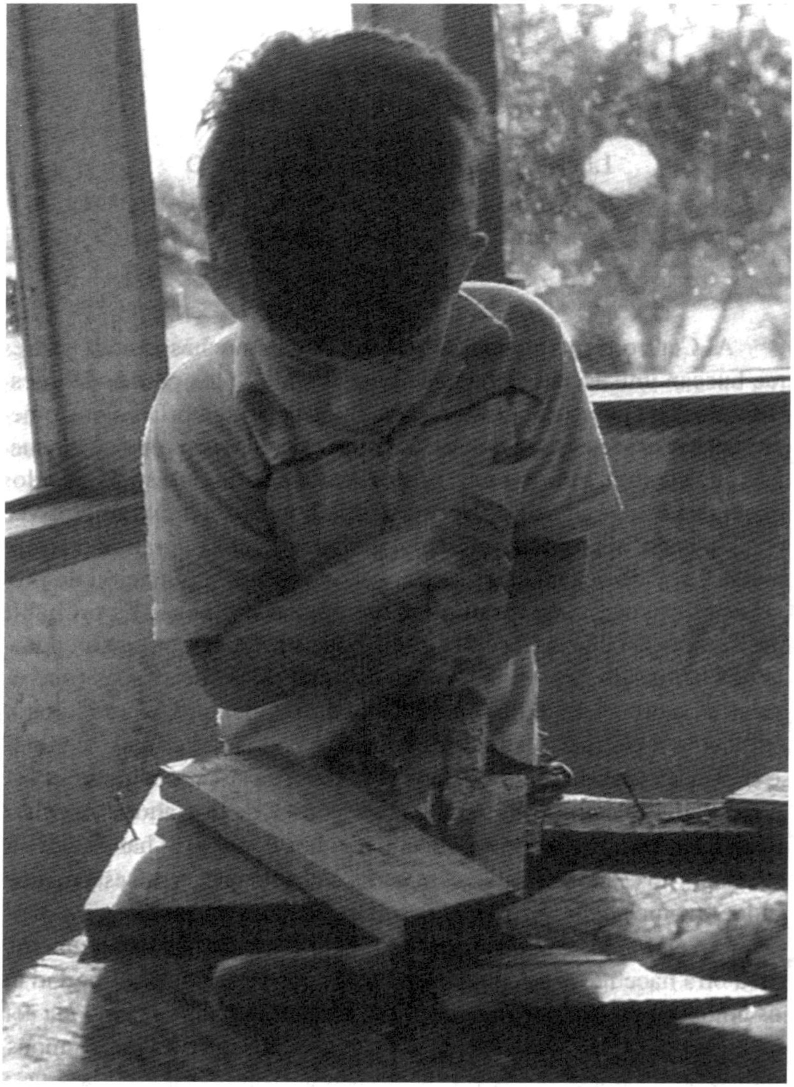

¿Podemos fiarnos? En un ambiente adecuado los niños aprenden desde un principio a descubrir sus capacidades y sus límites. Aunque aquí los niños del jardín de infancia ya tienen acceso a todas las herramientas, aparte de las inevitables pequeñas heridas, nunca ha ocurrido nada.

de la escuela, que rayan libros, que arrancan las patas de las moscas, que no se cortan el pelo y que cuando andan arrastran los pies.

Otros sienten un miedo a la libertad más atenuado: ¿No se acostumbrarán los niños a hacer siempre solo aquello que más les guste y a evitar dificultades? ¿Cómo pueden llegar a conseguir una formación equilibrada? ¿Cómo podrán más tarde acostumbrarse a la disciplina que en nuestra sociedad es necesaria? ¿No sufrirán un choque cuando se hallen ante las exigencias de la vida que eliminan todas las ventajas de la educación activa? Una maestra de una buena escuela tradicional expresó su preocupación así: «Si en la clase no hay silencio, ¡es imposible repasar las tablas de multiplicar!».

Ahora bien, nuestras convicciones están influidas por el modo de funcionar de nuestro cerebro. En su libro *El proceso mental,* Edward de Bono describe de una manera sorprendente lo condicionados que estamos por nuestro aparato pensante cuando analizamos una cosa y cómo éste da prioridad a los contrarios extremos para que, a través de este efecto de contraste, lleguemos más rápidamente a juicios. Según argumenta de Bono, este juicio rápido es muy ventajoso cuando está al servicio de la autoconservación. Consideraciones parciales, matizaciones y precisiones son sacrificadas en favor de un inmediato juicio de «sí» o «no». Sin embargo, para llegar a una comprensión más profunda, que se acerque más a la realidad de la vida, es necesario abandonar la postura autodefensiva, relajarse y darse tiempo para poder contemplar una cosa desde distintos ángulos, para poder «compenetrarse» con ella y pronunciar la palabra mágica «PO» de la cual de Bono habla en su libro *El pensamiento lúdico*. Siguiendo su consejo, con esta palabra podemos iniciar un proceso que posibilita soluciones inesperadas y novedosas. Significa algo parecido a: «Suelta, ábrete; la solución que necesitas es sorprendente y no vendrá por la dirección en la que has estado pensando hasta ahora».

Si aplicamos este principio al problema de la libertad en la escuela, lo primero que salta a la vista es que no existe ningún motivo para pensar que solo existen dos caminos contrarios para abordar la pregunta de la disciplina. Hasta ahora, tal vez estábamos acostumbrados a pensar con los conceptos «autoritario» y «antiautoritario». Autoridad significa que creemos en el orden en la escuela y utilizamos nuestra autoridad para crearlo. Que queremos ver resultados y suponemos que el adulto es el que mejor puede determinar qué, cómo y cuánto trabajo es necesario para conseguir estos resultados y, en caso extremo, presionar para que se apliquen estas determinaciones. El peso central de este argumento reside en las demandas que el entorno y la estructura social existente ejercen sobre el individuo y a las que éste se ve obligado sin que se tomen en consideración sus realidades internas.

Tendemos a preferir una educación antiautoritaria cuando la prepotencia de estas demandas exteriores nos preocupa y nosotros queremos conceder al individuo el mayor número posible de derechos, aun cuando el ejercicio de estos derechos originaría todo tipo de estrés en el entorno.

Sin embargo, en la vida real hay infinitas situaciones para las cuales no es adecuado ni el principio autoritario, ni el antiautoritario. Efectivamente, hace mucho tiempo que la vida habría desaparecido por completo de nuestro planeta si no fuera por la conservación constante de una ley natural que siempre y en todas partes tiende a un equilibrio entre dentro y fuera, alto y profundo, pesado y ligero y todo aquello que se inclina demasiado hacia un lado sin tener en cuenta el lado contrario.

Tomemos como ejemplo la siguiente situación: un grupo de adultos alquila una casa para vacaciones. Todos desean descansar y divertirse. Nadie quiere tomar responsabilidades; nadie quiere imponer normas a los otros. Todos tienen la esperanza de que pasarán unas vacaciones en armonía y placenteras. Es fácil darse cuenta de que, incluso en una situación de este tipo, aparentemente no-estructurada, una serie de reglas fundamentales explícitas o implícitas influyen desde el primer momento en la convivencia y las acciones de los individuos, que se reparten pequeñas responsabilidades y roles, que aquí y allá se limitan libertades. Incluso allí donde nadie se siente como una autoridad ni nadie toleraría un comportamiento autoritario, se toma y se acepta, de forma provisional, la dirección. Supongamos que uno de ellos conoce la zona de anteriores ocasiones. Los otros se dejarán aconsejar por él: en qué restaurante se come mejor, qué paseo sería demasiado cansado para fulanito y en cambio ideal para menganito. Si uno es un experimentado practicante de la vela, los otros dejarán con mucho gusto que les introduzca en este tipo de navegación o que les den un paseo en velero. Otro tal vez sea un amante de aventuras peligrosas. Otros que tienen inclinaciones similares, pero menos iniciativa, a menudo se unirán a él. Algunas veces uno estará con su ocupación favorita y otro le interrumpirá, y si uno está en apuros, todos los demás olvidan su necesidad de diversión y están dispuestos a sacrificarse.

Consciente o inconscientemente, una disciplina «funcional» de este tipo se aplica siempre, en todas las situaciones de la vida, si la vida natural aún no ha sido sacrificada a manos de una vida artificial. Con matices siempre cambiantes y otros ropajes, ésta es también la disciplina de la escuela activa. Veamos un ejemplo de nuestra práctica cotidiana como ilustración de esta disciplina funcional: Dos muchachos martillean con todas sus fuerzas un trozo de madera. Están totalmente absortos en su trabajo y se olvidan de todo lo que ocurre a su alrededor. Con este ruido, a otro grupo de niños les resulta difícil entenderse y gritan a los carpinteros: «¿No podéis martillear fuera? ¡Aquí ni siquiera uno se puede oír a sí mismo!». «Bueno, porque se trata de vosotros, ¿eh?», responden los dos y se van a hacer su trabajo delante de la puerta.

La actividad concreta de los niños con materiales concretos conlleva mucho movimiento. Repetidamente se produce la situación en que los niños cargados de objetos que transportan de un sitio a otro casi chocan. Aprenden a desviarse, con mayor o menor delicadeza hacen notar al otro su torpeza y se disculpan. Se preguntan mutuamente: «¿Puedes hacerme un poco de sitio en tu mesa?» «¿Quién me puede prestar un par de millares?» «¿Vas a estar todavía mucho rato con estas cadenas?» Cuando accidentalmente se desparrama por el suelo toda una lata llena de perlas, los niños que en aquel momento se hallan cerca se agachan y, si en aquel momento no están concentrados en su propia actividad, ayudan a recogerlas con toda naturalidad.

De muchos materiales estructurados en clase solo hay un ejemplar o muy pocos de ellos. Siempre hay quien tiene que esperar hasta que el material con el que quiere trabajar queda libre. Siempre y en todas partes, niños y adultos se enfrentan a situaciones en las que tienen que decidir si su actividad puede mermar la libertad de otro o si ellos mismos sienten que otro los molesta. Aprenden a juzgar hasta dónde pueden tolerar este tipo de molestias y dónde trazan las fronteras que indiquen al otro sus límites. Nuestras normas de la casa que hacen posible la convivencia y conceden a cada uno la seguridad necesaria son pocas, pero son respetadas por todos. Quien se niega a seguirlas, recibe una reprimenda de sus compañeros y no siempre de la forma más dulce. Las reglas son tan sencillas que «todos los niños» sienten en su propia piel que son necesarias y comprensibles: si uno utiliza algo, después tiene que guardarlo en su sitio para que otro lo pueda utilizar. Cuando alguien o un grupo están realizando una actividad, no deben ser molestados. Las personas no deben ser heridas y no hay que hacer travesuras y causar desperfectos en el material. Si uno quiere participar en un grupo de trabajo voluntario, debe aceptar la disciplina de este grupo.

Protegidos por este orden funcional, pero a la vez libres de seguir la actividad elegida por ellos mismos, los niños adquieren poco a poco una capacidad de concentración y una autodisciplina que solo es comparable con la entrega, la constancia y el nivel de concentración propios de una persona creativa. Se sienten tan unidos a su actividad que no ahorran esfuerzos y a menudo se olvidan de comer y beber. Las actividades de los compañeros que hay alrededor constantemente obligan a cada niño o bien a escoger de la gran oferta de estímulos sensoriales aquellos que más cerca están de su propio interés y seguirlos excluyendo los otros estímulos o bien alejar de la propia conciencia todas las impresiones procedentes del exterior y solamente prestar atención al propio interés. Según nuevos estudios del cerebro humano, que se pueden consultar en el libro de Taylor, la inteligencia humana se ve favorecida precisamente a través de esta actividad consistente en elegir estímulos acordes con el propio organismo. Con ello empezamos a dudar de si verdaderamente vale la pena hacer el gran esfuerzo para que toda la clase calle y, después de largos sermones y castigos, conseguir aquel maravilloso silencio en el que todos juntos aprenden las tablas de multiplicar o a concentrarse en un trabajo. En la escuela activa vemos diariamente el nivel más elevado de concentración en medio de un sinfín de ofertas de distracción.

En realidad, ¿qué ideal es éste que de una forma tan decisiva nos ha hecho creer que solo podemos considerar como aprendizaje aquello que sucede bajo la dirección de una autoridad, sigue un horario exacto, todo el mundo lo hace a la vez y a menudo comporta monótonas repeticiones del mismo tipo de ejercicios? ¿Se esfuerzan nuestras escuelas por aplicar métodos que de la forma más efectiva despiertan el auténtico interés de los niños y con ello todos sus talentos o más bien procuran para la mejor adaptación de los niños en la sociedad existente? En *La tercera ola,* un análisis sociológico de nuestra realidad, Alvin Toffler describe como las condiciones del sistema económico mayoritariamente aceptado influyen en los métodos e ideales del sistema de formación. En su capítulo sobre el «plan de estudios no-oficial» escribe:

«Con el traslado de la oferta de puestos de trabajo del campo a las fábricas se produjo la necesidad de preparar a las nuevas generaciones para la vida en la fábrica... Si consiguiéramos preparar a tiempo a los jóvenes para las necesidades del sistema industrial, en el futuro, los problemas de disciplina disminuirían sustancialmente. El resultado de reflexiones de este tipo condujo a otra característica central de la estructura de todas las sociedades industriales: la educación de las masas (es decir, la obligatoriedad de la enseñanza para todos. *Nota de la Autora*). Partiendo de las necesidades de las fábricas, la formación de las masas consistía en la transmisión de unos conocimientos básicos de lectura, escritura y cálculo, algo de historia y un par de asignaturas más. Este era como mínimo el "plan de estudios oficial". Sin embargo, el "plan de estudios no oficial" que estaba en el trasfondo de esta enseñanza era mucho más esencial. Consistía —y consiste todavía hoy en la mayoría de naciones industriales— en tres "asignaturas": puntualidad, obediencia y uniformidad en el ritmo de trabajo. En las fábricas se necesitaba un trabajador que por las mañanas llegara puntual y que fuera útil para el trabajo en la cadena de fabricación. El trabajador ideal era aquel que obedecía sin rechistar las órdenes de los miembros jerárquicamente organizados de la dirección. El trabajo en la fábrica pedía hombres y mujeres que estuvieran dispuestos a dejarse esclavizar por las máquinas o a realizar tareas de una uniformidad brutal en oficinas.»

Según Toffler, desde entonces muchas generaciones de jóvenes han sido educadas bajo el rígido control de este sistema escolar y han garantizado el funcionamiento del modelo de vida industrial. Este estilo de educación de la segunda ola u ola industrial ha sido adoptado tanto por los países capitalistas como por los comunistas. Los países del Tercer Mundo, que se han incorporado a la segunda ola más tarde, no constituyen ninguna excepción. Al contrario: tal vez por miedo a perder el tren del desarrollo, sus escuelas se distinguen por métodos más brutales de los que uno podría suponer que hallaría en los países «desarrollados».

Siguiendo con los argumentos de Toffler, hemos de constatar que nos hallamos ya en el umbral de una nueva ola: la tercera ola económica. Incluso aquellos que bajo todas las circunstancias siguen defendiendo una adaptación incondicional del individuo a las necesidades de la sociedad, se plantean la pregunta de si los ideales educativos de la segunda ola serán los mismos que los de la tercera ola. Al respecto Toffler no alberga ni la más mínima duda: la tercera ola ya no exigirá al individuo la misma combinación de «puntualidad, obediencia y disponibilidad para el trabajo rutinario», sino más bien ciertas capacidades creativas, que nos deberán distinguir de las máquinas milagrosas de la microelectrónica. Junto a estas capacidades, necesitaremos una integración lo más elevada posible de todas nuestras estructuras cerebrales, una acceso libre a nuestros sentimientos y una capacidad de juzgar y decidir que el instrumental microelectrónico, a pesar de sus refinamientos, nunca conseguiría tener.

Decisión y juicio: dos conceptos que inmediatamente nos conducen a la pregunta por la libertad y la responsabilidad. Para poder tomar decisiones, necesitamos tener ocasión de practicar de forma continuada y en las situaciones más variadas. Aunque se trata de una capacidad perteneciente a un nivel de conciencia más elevado, esta práctica se puede comparar con la utilización de nuestra musculatura. Así, el niño pequeño no aprende a correr mediante clases o lecturas sobre la sucesión correcta de movimientos, las leyes del equilibrio, de la fuerza de gravedad y de la velocidad, sino a través del ejercicio infatigable. El niño se cae innumerables veces y con la misma asiduidad vuelve a levantarse. De vez en cuando necesita ayuda pero, sobre todo, necesita libertad de movimientos y un entorno muy variado en el cual pueda superar sin grandes peligros nuevas dificultades y llegue a dominar el andar. Cuando un niño pequeño se halla en su período sensitivo, para aprender a andar es infatigable y obstinado y no escamotea esfuerzos.

Este ejemplo cotidiano ya nos puede dar una idea de como el nivel de libertad de movimientos determina el nivel de responsabilidad. Mientras llevamos a un niño de la mano, éste deja a nuestro cargo, además de la dirección, la responsabilidad: nosotros somos los encargados de que el niño no ponga los pies en un charco, no tropiece con ninguna piedra o de que ningún coche lo atropelle. En cambio si un niño se halla solo, en una excursión de exploración, pone mucha más atención a todos los obstáculos. Sopesa largamente si se atreve a saltar sobre una zanja e inspecciona cada obstáculo detenidamente para decidir si lo puede superar. En el caso de andar, por así decirlo, su conciencia se halla en un nivel superior: se siente responsable y con esta responsabilidad aprende a corregir sus errores. Si por ejemplo se cayera y se hiciera daño, aprendería a soportar las consecuencias de sus propias acciones. En cambio, un niño que va de la mano de un adulto, conducido por él y que ha depositado en este adulto la responsabilidad, también «anda», pero la calidad de este andar es totalmente distinta. El nivel de conciencia que acompaña al acto de andar es inferior: el adulto prevé en lugar del niño, corrige el sentido de sus pasos. La falta de atención del niño está inmediatamente compensada por una acción del adulto. Si a pesar de esto, se diera el caso de que el niño cayera, el pequeño no se siente responsable de este contratiempo. Estará mucho menos dispuesto a poner en relación su dolor con su propia falta. Tal vez, incluso culpará al adulto: «No has estado atento».

No existe la menor duda: Si nuestros hijos, cuando sean adultos, deben tener la capacidad de tomar decisiones, juzgar cosas y adoptar responsabilidades, ya hoy necesitan tener innumerables ocasiones para ejercitar este «arte». Si la escuela debe servir de preparación para un futuro en el que, si damos crédito al análisis de Toffler sobre la llegada de la «tercera ola», en una estructura social en cambio también cambiarán las exigencias respecto al individuo, ya hoy, en la escuela, debemos cambiar el «plan de estudios oculto». ¿Qué capacidades humanas serán importantes en la «tercera ola» si la combinación de «obediencia, puntualidad y trabajo rutinario» ya no es válida? Toffler nos lo explica: Los procesos de producción serán realizados por máquinas altamente inteligentes que son obedientes, de fiar, puntuales y no tienen nada contra la rutina. Por el contrario, los hombres, con su fuerza creadora e imaginación, deberán planear y dirigir el trabajo de estas máquinas. Tendrán que ser capaces de evitar en la medida de lo posible problemas en el proceso de producción, de organizar trabajos complicados y de prever posibles paralizaciones. Deberán poseer, por lo tanto, un nivel elevado de atención y la capacidad de adaptarse a situaciones imprevistas, si no quieren convertirse en esclavos de estas máquinas inteligentes y verse obligados a tener que correr en horas inapropiadas para poder evitar catástrofes.

Además, podemos imaginar que con la liberación del individuo del aburrido trabajo rutinario dispondrá de más tiempo libre y más espacio para su vida privada. Es previsible que la familia —o como sea que en un futuro se llame al círculo de personas que conviven muy juntas— pasará más tiempo junta que hoy. Hoy en día resulta difícil distinguir si un marido habla poco con su esposa porque llega a casa muerto de cansancio del trabajo o porque ya no se entiende bien con ella. Si tenemos mucho tiempo para estar con los otros deberemos aprender de nuevo a comprendernos, a dominar nuestras emociones y nuestras debilidades humanas. Por eso, el nuevo «plan de estudios oculto» debería dar a nuestros niños la ocasión de conocer sus sentimientos en muchas situaciones inesperadas y de aprender a responsabilizarse de ellos.

Si intentamos reunir todos estos elementos llegaremos a la suposición de que el futuro pide hombres bien integrados, que se distinguen de las inteligentes máquinas informáticas por su fuerza creadora, la fortaleza de sus sentimientos y por un grado elevado de conciencia. Ya hoy, en la escuela, es necesario ejercitar el pensamiento creativo y analítico, los sentimientos, la decisión, la capacidad de juzgar, la acción responsable a un nivel de conciencia elevado. Ya no pueden bastarnos más los antiguos métodos de enseñanza, limitadores de la conciencia y represores de los sentimientos y en los cuales las responsabilidades más importantes están en manos de una autoridad. Aun cuando queremos lo mejor para nuestros hijos y estamos convencidos de saber mejor que ellos qué, cuánto, y cuándo algo es bueno para ellos y con medios más o menos buenos hacemos que cumplan nuestra voluntad, es necesario decir que con ello ya no les hacemos ningún favor. Puede resultar doloroso, para nosotros y para ellos (pues es sabido que el uso de un músculo que no ha sido ejercitado produce agujetas): Hoy ya debemos aprender a sentir, a decidir, a reflexionar y a ser flexibles en situaciones imprevistas.

A pesar de nuestro miedo, debemos confrontarnos con la pregunta por la libertad en la escuela. Tal vez nos miremos unos a otros un poco perplejos. ¿Cuándo fuimos nosotros mismos libres? ¿En la escuela? ¿En el trabajo? ¿Qué experiencia de la libertad tenemos nosotros que podamos compartir con nuestros hijos? Debemos reflexionar sobre aquellas experiencias en las que nosotros mismos nos hemos sentido vivos, en posesión de nuestros sentimientos, llenos de interés, momentos en los que nos hemos sentido plenamente como «personas». A partir de estas situaciones de la vida —sean de la familia, con amigos, durante las vacaciones, en un trabajo especialmente interesante— debemos construir el modelo para la «escuela del futuro»: una escuela del ser que no excluye el saber, porque solo cuando yo «soy», puedo «saber» verdaderamente.

John Holt, que desde hace muchos años en EE.UU. defiende nuevas formas de educación escribe a propósito de este tema:

«Algunos podrían objetar que la libertad que una persona gana, otra, debe perderla. No, ¡las cosas no son así! La libertad no es ningún trozo de pan, de un tamaño así y no mayor, del cual todos intentan hacerse con el mayor pedazo posible. La mayor libertad que yo tengo y siento —y en gran parte la tengo, porque la siento— no se gana a costa de otro. En una cierta medida, y espero, que cada vez mayor, más libertad para mí significa también más libertad para otros, funcionarios de la administración, maestros, padres y, sobre todo, estudiantes y niños. Como menos prisioneros seamos de una visión estrecha y fija de como deben ser las cosas, más libres seremos todos en nuestros progresos y en nuestra evolución.»

Cuando hablamos de la influencia de Piaget en la pedagogía, ya tocamos el problema de la libertad. Con gran énfasis, Piaget señala una y otra vez que una inteligencia digna del hombre solamente puede formarse mediante la libertad para actuar y experimentar, para cometer errores y corregirlos. Insiste en que solo el trato con iguales conduce a una responsabilidad social, en que la autoridad refuerza el egocentrismo y retrasa la transformación del individuo en una «persona», es más, incluso lo impide.

En su libro *The Undiscovered Self,* C.G. Jung nos ofrece una imagen impresionante del hombre moderno. Jung habla de que normalmente vivimos con la creencia de que nuestra pequeña autoconciencia comprende toda la verdad y de que, en realidad, no somos conscientes de nuestros sentimientos y deseos ocultos y que, por ello, no podemos calibrar su fuerza. Debido al desconocimiento de nuestro propio yo, que tenemos por descubrir, al desconocimiento de nuestra «sombra», vivimos con un miedo y tensión inexplicables. Pero acostumbra a pasar que no nos sentimos libres para concienciarnos de nuestra propia sombra y con una conciencia creciente, adoptar también la responsabilidad de nosotros mismos. Así pues, gustosamente concedemos esta responsabilidad a una autoridad que nos promete seguridad y la conducción de nuestras vidas. Pero el sentimiento oculto, causante de miedo, procedente de las profundidades de nuestro propio inconsciente, lo proyectamos sobre nuestro entorno, sobre nuestro prójimo que aparentemente no nos deja vivir tranquilos; lo proyectamos sobre un adversario, sobre un partido o sobre una nación enemiga o raza. Si todas estas proyecciones inconscientes son manipuladas adecuadamente por un poder que mientras tanto se ha convertido en el responsable de nosotros, no queda muy lejos la destrucción de todo un mundo. De modo que C.G. Jung muestra que la consecución de un nivel de conciencia superior no solo es indispensable para una mayor realización de los individuos, sino también para la conservación de la humanidad en general.

Otra visión del problema de la libertad nos la proporciona Arthur Koestler en *Janus*. En su capítulo «Libre albedrío en el marco de la jerarquía» argumenta que el libre albedrío depende de un surtido más rico de posibilidades de acción. Como más bajo dentro de la escala de la evolución se encuentre un ser vivo, menor será el espectro de posibilidades de acción. Como más elevado, mayor será este espectro y las ocasiones en que este libre albedrío se puede poner en práctica. Todas estas matizaciones de la libre elección y del libre albedrío que están representados en las distintas criaturas, la podemos reencontrar en cada individuo. Koestler ilustra esta idea con el ejemplo de un conductor que está conduciendo por una carretera con poco tráfico, que conoce muy bien y «automatiza» su conciencia. Realiza todas las acciones que están relacionadas con la conducción de forma automática y, mientras, está pensando en otra cosa (igual que un alumno sentado en una clase aburrida realiza automáticamente todo lo que se le pide, pero, en realidad, está pensando en otra cosa). Por lo tanto, la tarea de conducir su coche ha sido desplazada de un nivel más superior a uno de más inferior de la jerarquía de la conciencia. Pero en el momento que el conductor quiere adelantar a otro coche (o el maestro se acerca a la mesa del alumno) abandona su rutina semiconsciente y cambia a un nivel de conciencia superior. Si en la carretera se halla ante una situación verdaderamente peligrosa (o el maestro llama a un alumno a la pizarra) se pasa a un nivel de conciencia todavía más elevado.

Durante toda nuestra vida realizamos acciones en estos distintos niveles de conciencia. Es cierto que el automatismo de acciones rutinarias nos hace libres para poder poner atención en un nivel de conciencia superior, pero descender demasiado a menudo a un estado de conciencia inferior amenaza con convertirnos en «animales de costumbres» o autómatas y con disminuir nuestra capacidad de actuar con «plena conciencia». Esta es una cuestión crítica durante toda la vida pero lo es especialmente durante los años de crecimiento, durante los cuales se forman la mayoría de nuestros hábitos. El uso de nuestra conciencia superior nos posibilita un grado más elevado de libre albedrío. Si se desea que éste se desarrolle plenamente, será necesario que se ejercite a través de la toma de decisiones en situaciones nuevas, siempre cambiantes. Detrás de esta ejercitación hay un trabajo duro, que desde fuera raramente se sospecha.

Libertad no significa lo mismo que ausencia de reglas. Koestler presenta el ejemplo del juego de ajedrez. Sus reglas son las mismas para un principiante que para un campeón. Sin embargo, el nivel intelectual del campeón es superior y le permite un número infinitamente mayor de movimientos posibles. Por lo tanto, su libertad es mayor a pesar de que ambos obedecen a las mismas reglas. En este sentido, las «reglas de la casa» de la escuela activa son comparables a las reglas del ajedrez. Son reglas que atañen a todos, también a los adultos, y sirven a todos para llegar a nuevos grados de conciencia y, con ello, tomar nuevas responsabilidades a través de decisiones con sentido.

«La costumbre es la negación de la creatividad y de la libertad, una camisa de fuerza puesta voluntariamente y llevada inconscientemente», dice Koestler. Y continúa: «Otro enemigo de la libertad es la pasión, más exactamente, un exceso de emociones autoafirmantes. Cuando éstas son despertadas, se adopta el control de comportamiento de aquellos niveles primitivos de la jerarquía que están en relación con el "cerebro antiguo". La pérdida de libertad resultante de este desplazamiento hacia abajo se refleja en el término jurídico de la "disminución de las facultades mentales" y en el sentimiento subjetivo de estar obrando bajo presión, cosa que se aprecia muy bien en expresiones como: "Simplemente no pude hacer otra cosa", "perdí la cabeza", o "no debí estar en mis cabales"».

«Pasiones»: ¿no son precisamente aquel sufrimiento y aquellas necesidades insatisfechas procedentes de la infancia que, relacionadas con el dolor, a menudo han sido bloqueadas con éxito, pero que están siempre presentes?

En la clase abierta, donde se manifiestan claramente muchas cosas que si no permanecen ocultas, podemos observar distintas clases de «falta de libertad». Existen niños a los que, por alguna razón, les ha faltado la cantidad adecuada de calor humano y de contacto corporal. Se pegan como lapas a los maestros y a sus compañeros y solo pueden disfrutar y utilizar limitadamente el gran surtido de material. En todo lo que hacen quieren que un adulto esté cerca de ellos y en caso de necesidad lo llaman para que venga a cada momento. Demasiado a menudo las múltiples ocasiones que tienen para aprender de forma autónoma de las propias faltas son sacrificadas porque la satisfacción de una necesidad profunda tiene prioridad.

A muchos de los niños que vienen a nuestra escuela les ha faltado hasta entonces la libertad de movimientos necesaria. Al llegar a la escuela tienen que recuperar esta necesidad de una forma impulsiva. Al principio, algunos dan la impresión como si alguien despiadado los estuviera persiguiendo. Cada día, jugando libremente, recorren muchos kilómetros. Poco a poco consiguen la tranquilidad que les permite percibir las muchas posibilidades que tienen de realizar actividades con calma. Otro caso es el de aquellos niños a los que les falta autonomía personal. Son niños que siempre y en todas partes tuvieron un tutor, fueron guiados, convencidos, aquí y allá empujados o llevados de la mano. Estos niños, en cada ocasión tienen que convencerse de que es verdad que aquí se les da autonomía. Procuran evitar al máximo a los adultos, como si no se acabaran de fiar de ellos. Como es natural, mientras dura esta desconfianza se pierden muchas ocasiones en las que podrían aprender o experimentar cosas interesantes. A todas las propuestas responden con un «no» e incluso se quedan en la escuela mientras los otros van a la piscina o de excursión, hasta que comprenden que aquí, por suerte, nadie los obliga. Cuando comprenden esto, empiezan a tomar decisiones auténticas.

Y así podríamos seguir mencionando muchas clases de necesidades insatisfechas con sus correspondiente falta de libertad. En la escuela activa, estas necesidades se manifiestan de forma muy clara como limitaciones internas del individuo. Son un obstáculo para su capacidad de decisión y para su capacidad de comportarse armónicamente. ¿Cómo podemos ayudar a estos niños a alcanzar una forma más elevada de libertad, a conseguir un nivel más elevado de conciencia y a que se abran a su entorno sin miedo? *El miedo deforma* y *La estupidez se puede aprender* son los títulos de dos libros de Jürg Jegge en los cuales, a través de muchos ejemplos, describe el efecto «deformante» de las presiones internas y externas. ¿Cómo podemos contribuir a que los niños sean inteligentes, abiertos y conscientes? Para Janov no existe ninguna duda: hay que disolver los bloqueos; primero, hay que satisfacer las antiguas necesidades. De modo que nosotros, en la escuela activa, creamos ocasiones para que los niños puedan satisfacer sus necesidades insatisfechas, mientras esto no afecte al bienestar de los otros o limite su libertad. Puede sabernos mal ver cómo, por ejemplo, un niño se pierde su período sensitivo para la formación de la motórica de precisión y tal vez nunca llegará a escribir tan elegantemente como otro niño que precisamente en esta época hace muchas prácticas de caligrafía. Sin embargo, ahora debemos dejar que corra, trepe y salte, porque esta necesidad procede de una fase anterior del desarrollo y si permaneciera insatisfecha, pondría en tensión todo su ser.

Si respetamos estas condiciones internas y permitimos que se expresen de forma legítima, podremos llegar a ganarnos la confianza de los niños. De esta confianza dependerá el que podamos y cuánto podamos seguir ayudando a un niño. Más adelante, en otro capítulo quiero hablar de estos procesos terapéuticos en los cuales una libertad también creciente va de la mano con una conciencia de la responsabilidad creciente. Estos procesos siempre están relacionados con una relajación interior, con una sensibilidad creciente y con una abertura hacia fuera.

No quisiera cerrar estas reflexiones sobre «libertad y responsabilidad» sin mencionar la aportación a este tema de E. F. Schumacher en su inestimable libro *Consejo para desaconsejados*. También él habla de la jerarquía de la conciencia, de como ésta va elevándose a través de los cuatro grandes campos de la vida. Describe como, en línea ascendente, cada actividad se va desplazando del exterior al interior: Una piedra solo puede ser movida o transformada desde el exterior y desconoce cualquier tipo de participación interna en este movimiento. Por el contrario, las plantas ya muestran una capacidad limitada de adaptarse, a través de cambios internos, a circunstancias externas. Los animales, a través de su conciencia creciente y de su movimiento libre y consciente de un objetivo amplían las posibilidades de la actividad. Pueden expresar felicidad y tristeza, confianza, miedo, esperanzas y decepciones y con ello demuestran que tienen una «vida interior» y una clara transformación del objeto al sujeto.

Todos estos niveles de fuera hacia adentro también están representados en los seres humanos. En muchas ocasiones el hombre es empujado como un objeto; debe adaptarse a muchas condiciones de vida para no morir, igual que una planta; y como un animal —generalmente sin saberlo— es impulsado a la acción por sus instintos y emociones. Sin embargo, no todas sus acciones están subordinadas a las condiciones de una motivación externa. Lleva dentro de sí una nueva fuerza que falta en otros campos de la vida y que podríamos denominar su «voluntad interior». Esta voluntad le da la fuerza para moverse y actuar aun cuando no actúa sobre él ninguna fuerza motivadora externa. El hombre posee un «espacio interior», una sede de posibilidades creativas, que se forma y amplía a través de las fuerzas de la vida, la conciencia del mundo exterior y de sí mismo:

«Desde el momento que un hombre hace uso de su capacidad de autorreflexión, entra en el nivel de la persona, en el nivel de la libertad. A partir de este momento vive, en lugar de "ser vivido". Es cierto que todavía existen numerosas presiones que se han ido agrupando en el pasado y que siguen determinando su hacer. Pero una pequeña brecha ha sido abierta, se ha realizado un cambio muy pequeño de dirección. Es posible que apenas se note, pero muchos instantes de autorreflexión pueden causar muchos cambios de este tipo e incluso hacer cambiar la dirección.»

Schumacher continúa: «La pregunta por si el hombre es libre, se parece a la pregunta por si es millonario. No es millonario, pero puede llegar a serlo. Puede anunciar como su objetivo la aspiración a la riqueza. Del mismo modo, puede declarar como su objetivo la aspiración a la libertad. En su "espacio interior" puede desarrollar un centro de fuerzas, de modo que su libertad para actuar sea más fuerte que sus presiones». Esta ampliación del «espacio interior», ¿no significa una ampliación de experiencias interiores sin la cual, y a pesar de que no se pueda contar con los medios científicos habituales, ni medir, ni pesar, una persona no sería verdaderamente una persona con plena autoconciencia? Con ello no estoy pensando en que nosotros, en la escuela, tengamos que desarrollar métodos que cultiven sistemáticamente esta conciencia interior y estas experiencias interiores. Seguro que nuestra tarea es la de ayudar a los niños a orientarse en este mundo, en el espacio y en el tiempo. Pero forzosamente esta orientación adopta un carácter nuevo cuando se realiza con la conciencia de que los niños tienen una vida interior. En una escuela que se propone servir al ser, hallaremos experiencias mensurables y experiencias que no son mensurables. No podemos perder de vista nunca que del «espacio interior» de los niños surge una voluntad propia que debemos aprender a respetar. Sin embargo, este «espacio interior» no va a estar únicamente al servicio de una «contemplación interior» que se basta a sí misma, sino que se corresponderá con un campo de fuerzas que desencadena actividad tanto hacia fuera como hacia dentro. Para la actividad que sigue el camino de dentro hacia fuera, nosotros, los educadores, debemos crear un espacio exterior adecuado y aprender a no interponernos en el camino de los niños. En sus conocidos libros *Small is beautiful* y *Good work,* Schumacher da algunos ejemplos de como esta actividad creativa no solo se limita a la «vida interior», sino que también puede ofrecer soluciones para antiguos problemas de una forma más nueva y humana.

Ahora deberíamos, como mínimo, vislumbrar las posibles respuestas a las preguntas anteriormente formuladas. Sin embargo, las respuestas válidas surgen en la práctica, que nos ofrece pruebas y demostraciones. Diariamente experimentamos que los niños nunca se quedan cortos en su deseo de saber y que cuando su actividad está motivada desde dentro nunca evitan las dificultades. De acuerdo con su propio tiempo y siguiendo su propio ritmo se abren a todos los campos del saber. Tampoco odian ciertas asignaturas por no haberse sentido nunca seguros en ellas porque les fueron presentadas inadecuadamente o en un momento inapropiado. Pero, sobre todo, durante los años de aprendizaje autodirigido, han adquirido tanta seguridad personal que de ningún modo podrán sentirse presionados por las demandas de la sociedad ni tampoco se convertirán en unos indeseables por falta de disciplina. Como anexo de su libro *On Teaching*, Herbert Kohl publica una interesante serie de datos recogidos a lo largo de muchos años de trabajo comparativo entre amplios grupos de alumnos de escuelas tradicionales y alumnos de la escuela alternativa. Los datos demuestran claramente que las ventajas de las formas educativas alternativas todavía se pueden reconocer muchos años más tarde, durante los estudios y, finalmente, en la vida familiar y profesional.

NIÑOS, EDUCADORES Y PADRES EN LA ESCUELA ACTIVA

En la escuela abierta el aula está centrada tanto en el maestro como en el niño. Dicho de una forma más exacta: la clase es un ambiente centrado en la persona y está abierta para el crecimiento del maestro como ser que piensa, siente y actúa en la misma medida que lo está para el crecimiento del niño. Como Charity James ha escrito en «Vidas jóvenes están en juego», también la vida del maestro está en juego. Los maestros deben desear para sí mismos el mismo apoyo, el mismo respeto y el mismo optimismo que se espera que ellos tengan para con los jóvenes.

CHARLES SILBERMAN

Contemplemos, pues, más de cerca estas «personas» y sus relaciones dentro de la clase de la escuela abierta. Con ello nos daremos cuenta de lo mucho que los padres también pertenecen a este campo de relaciones. En nuestra situación concreta, al ser la única escuela no-directiva que existe en el país, esto es algo que se ve claramente. En los países en los que este tipo de educación infantil ya está algo extendida y en los que hace tiempo que se conocen resultados concretos, los padres que buscan una escuela para sus hijos tal vez puedan sentirse moralmente apoyados por otros. Aquí solo en casos muy raros —quizá que conoce las escuelas alternativas del extranjero— podemos esperar hallar comprensión para la educación abierta. Para el típico padre de familia ecuatoriana estas experiencias del extranjero son solo un consuelo muy pobre porque siempre queda la duda de si precisamente este sistema «moderno» solo funcionará en los países desarrollados.

De modo que por las experiencias de los últimos años cada vez hemos tomado más conciencia de la necesidad de hacer un trabajo conjunto con los «padres Pestalozzi». Pero antes de que podamos tener una relación personal, muchas veces ya tiene lugar una cierta selección a través de las conversaciones que preceden a toda nueva admisión de un niño en la escuela. Cuando oyen la condición de «respetar las necesidades de los niños» algún buen matrimonio ya huye. Especialmente crítico es el comportamiento que tienen los padres cuando se trata de la escuela de primaria. A aquellos que ya han mostrado su interés durante el período del jardín de infancia, los métodos de la escuela primaria les resultan más fáciles de comprender. Sin embargo, cada año viene a nuestra escuela un reducido número de niños procedentes de otras escuelas. En estos casos debemos asegurarnos de que los padres no solamente buscan una salida a una situación negativa, sino que comprenden suficientemente los principios básicos de la escuela activa para poder tomar una decisión válida. Los niños del jardín de infancia paralelo «Pestalozzi II», automáticamente tienen derecho a una beca para hacer la primaria en la «escuela de primaria» del Pestalozzi II, pero también los padres de estos niños tienen que pasar, antes de la admisión, por la rueda de conversaciones preparatorias. A estas medidas de precaución sigue la firma de un contrato. En él, la escuela se compromete a ofrecer todos los elementos del método activo y los padres prometen que, una vez al mes, participarán en un curso y una vez por trimestre, visitarán la escuela y observarán las actividades de los niños.

Otro modo de asegurarnos la comprensión y seriedad de los padres se deriva de forma natural de nuestra forma de entender el «preescolar». Mientras que aquí, en el país, los niños empiezan su enseñanza obligatoria a los seis años, nosotros, en nuestra escuela, no aceptamos a los niños de forma oficial hasta los siete años. Entre los seis y los siete años tienen entrada libre a los ambientes preparados para los «mayores», si es el caso que se interesan por ello. Pero si resulta que prefieren el jardín de infancia, igualmente son bienvenidos. Esta normativa es ya un resultado de las experiencias que hicimos el primer año que tuvimos la escuela de primaria. Pudimos ver con toda claridad que, por lo general, los niños de seis años, una vez habían pasado por la primera gran emoción de finalmente hallarse «en la escuela», tenían muchas ganas de regresar al jardín de infancia. Pero era evidente que estos niños recibieron la presión de sus casas para que «progresaran en el trabajo», es decir, mostraran lo más pronto posible libretas llenas y otros resultados parecidos que hicieran visible una educación exitosa. De modo que estos niños tenían a menudo un conflicto entre su propio deseo de pasar más tiempo en el jardín de infancia y el deseo de sus padres de que se comportaran como alumnos normales. Pero precisamente en esta edad las diferencias de un niño a otro parecen ser especialmente grandes: Algunos ya han cerrado definitivamente su etapa preoperativa y están visiblemente preparados para entrar en el período operativo y realizar los trabajos correspondientes. En cambio, otros no han alcanzado este grado de madurez interior y necesitan más tiempo para crecer.

Especialmente impresionantes son los signos indicativos de una falta de disposición para ir a la escuela en aquellos niños que no pudieron superar del todo las dificultades emocionales de los primeros años. Si a esos niños se le deja la libertad necesaria siguen el impulso de la naturaleza e intentan, precisamente durante este año, reestructurar tanto como pueden sus estructuras emocionales antes de entrar en la siguiente fase de desarrollo. Estos niños de seis años a menudo se pasan meses hablando como bebés, juegan con muñecas, se buscan amigos más pequeños y regularmente aterrizan en el regazo de algún adulto para llorar a lágrima viva. Presienten que este tipo de comportamiento no estaría bien visto entre los niños mayores y se sienten más a gusto con los más pequeños. A menudo, lo que hace que estos niños permanezcan durante más tiempo en el jardín de infancia es más la presión social que una verdadera inmadurez intelectual.

Los padres que dan más valor (por lo general, inconscientemente) al reconocimiento social que al bienestar de sus hijos, pronto se horrorizan ante la idea de seguir viendo a su hijo un año más jugando en el jardín de infancia mientras que los otros ya hace tiempo que llevan de aquí para allá una pesada cartera llena de libros y cuadernos y, en casa, se pasan las tardes haciendo los deberes.

Una y otra vez los padres nos hablan de lo difícil que se puede volver su vida si mantienen la idea de educar a sus hijos en una escuela alternativa. En un país como Ecuador los lazos familiares son mucho más estrechos y poderosos que en los países desarrollados. La gente joven que quiere seguir un camino propio se siente presionada por todas partes. Por eso entendemos que es nuestro deber hacer mención de este peligro, especialmente a los padres que se interesan por la escuela de primaria, y proporcionarles una introducción a los principios de la educación activa los más amplia posible. Las sesiones mensuales persiguen un doble objetivo: por una parte, posibilitar el estudio y la discusión de aspectos importantes de la educación activa, por otra, favorecer la convivencia humana de los adultos y así se ayudan entre ellos a reforzar sus convicciones y a menudo se hacen buenos amigos.

En estas sesiones escuchamos muchas anécdotas sobre la vida de los niños en casa. Poco a poco, los padres pasan de la desorientación porque no saben cómo acabar con las críticas de los numerosos parientes a sentirse orgullosos de sus niños «activos» que, cada vez más a menudo, se revelan como personas inteligentes que están a la altura de las situaciones de la vida. Una madre contó lo siguiente de su hijo de ocho años: «El pasado domingo en nuestra casa estábamos de mal humor. Nadie quería hacer el desayuno. Discutíamos sobre quién trabajaba más durante la semana y quién era el que más se merecía un domingo tranquilo. Cuando estábamos verdaderamente furiosos y dando rienda suelta a nuestro mal humor, Santiago desapareció en la cocina sin que nos diéramos cuenta. Preparó tostadas, huevos fritos y café, puso la mesa y nos llamó rebosante de alegría para que fuéramos a comer». (Santiago vino a nuestra escuela como niño «hiperactivo»; anteriormente, en otras dos escuelas lo habían declarado no-educable.)

Estas experiencias en las que los propios niños resuelven problemas, tienen un comportamiento tranquilo en situaciones de estrés y, en especial, el hecho sorprendente de que nunca se aburren porque están acostumbrados a buscar constantemente ocupaciones interesantes, representan un gran impulso para nuestros padres. Empiezan a comparar a sus hijos con los de sus parientes y conocidos. Y, poco a poco, les llama la atención el hecho de que, para ser felices, sus hijos necesitan menos «placeres» que los otros niños. Prefieren los vestidos sencillos a los caros —ellos necesitan sus vestidos para «trabajar»—, no sufren el miedo crónico a los exámenes o a las notas, no se quejan de sus maestros o de los malos compañeros y no exigen que la familia les ayude a hacer sus deberes para casa. Por las mañanas, a los niños activos no le cuesta salir de la cama, raramente se ponen enfermos y no necesitan ni maestros de refuerzo ni psicólogos caros. La única queja de los niños se oye durante el fin de semana: la mayoría de ellos, los sábados y los domingos preferiría estar en la escuela y, generalmente, las vacaciones también les resultan demasiado largas.

Los «niños activos» traen cada día aires frescos a la familia. Un número creciente de padres se deja contagiar por esta nueva vitalidad. Ellos mismos empiezan a descubrir nuevos intereses. A menudo toman gusto por la lectura de libros que tratan sobre el desarrollo de sus hijos o que, en general, están relacionados con una comprensión más profunda de la vida humana. Algunos padres también se vuelven «activos» y se ofrecen para ayudar a confeccionar materiales, preparar excursiones o vigilar en la piscina. Los padres se interesan cada vez más por las mañanas que pasan en la escuela. Primero, vienen porque han firmado un contrato y durante su primera visita todavía se sienten inseguros, no saben muy bien cómo y qué deben observar, qué preguntas pueden anotar para poder discutirlas durante las reuniones de padres. La siguiente visita ya se divierten participando directamente. No solo observan a su propio hijo, sino también los hijos de las otras familias que ahora ya conocen mejor. Se alegran cuando un niño se acerca a ellos para leerles algo o para pedirles ayuda para resolver un ejercicio difícil de cálculo, para amasar pasteles o para realizar algún trabajo manual.

Estos cambios en la vida de los adultos no siempre suceden sin ninguna crisis. A veces solo siente este deseo de cambio en la familia o en la vida personal el padre o la madre. Esto puede ocasionar tensiones conyugales que conllevan dificultades inesperadas para los niños. Por lo tanto, para nosotros es necesario desarrollar un buen olfato para estas pequeñas o grandes crisis de los padres y buscar la ocasión para ayudarles, si es el caso que los padres están interesados en este tipo de apoyo. Con gran alegría vemos cómo los padres, a través de sus hijos, empiezan a buscar alternativas para sí mismos y aquí y allá consiguen renovar o profundizar en sus propias vidas. Sin embargo, debemos guardarnos mucho de desear o esperar estos cambios. Este tal vez se haya convertido en el aspecto más difícil de nuestro trabajo: el que nosotros, día tras día, procuremos a los niños un ambiente digno, incluso cuando muchas veces el cambio esperado en sus casas no llega y que, por otra parte, estemos dispuestos a ayudar y apoyar cuando los padres tienen dificultades con sus propios cambios de actitud.

La mayor dificultad que el sistema activo nos plantea a nosotros, los adultos, es la exigencia de dejar vivir a los niños tal como éstos son hoy. Es sorprendente lo difícil que resulta posibilitarles de todo corazón una experiencia rica de su existencia infantil, sin cargarlos con nuestro propio pasado o con nuestras expectativas para el futuro. Normalmente tendemos a preocuparnos continuamente por motivar a nuestros niños para que hagan o aprendan todo aquello que nos parece importante y, en cambio, siempre olvidamos seguir ayudándolos en aquellas cosas para las que ellos, por sus propios intereses, ya están motivados. Como nosotros, para realizar una acción, primero siempre tenemos que aprender a unir la teoría con la práctica, nos asustamos una y otra vez ante la dinámica de los niños que —gracias al sistema activo— no están obligados a vivir con esta tensión. Nos damos cuenta de que solo en la medida que contemos con un espacio interior en nosotros mismos nos tomaremos en serio el «espacio interior» de los niños. Y solo si estamos dispuestos a ser consecuentes con nosotros mismos, a tomar decisiones y responsabilidades podremos permitir, sin miedo, que los niños realicen este proceso y, además, podremos apoyarles con nuestra propia experiencia.

El sistema activo ofrece muchas posibilidades para poder ver a cada niño como una persona única, y no como perteneciente a un grupo cerrado. Conviven mezclados niños de distintas edades y grados de inteligencia; el curso pasado juntamos en una misma clase grupos de todas las edades, desde los seis hasta los diez años. Esta práctica, la «*family grouping*», que en las escuelas abiertas se aplica regularmente tiene varias consecuencias que nosotros valoramos positivamente. Impide que el adulto trate a los niños como si todos hubiesen salido «de un mismo molde», como si todos pudiesen mantener un ritmo de aprendizaje único e idéntico o como si día tras día pudieran interesarse por las mismas cosas. En esta situación, los niños no tienden tanto a hacer carreras de rendimientos. Fácilmente pueden ver que los más pequeños saben menos cosas, y no por eso son más tontos que los mayores, y que los mayores no son necesariamente mejores porque sepan más cosas. Como estamos acostumbrados a incitar a los niños a superarse haciendo comparaciones entre ellos, elogiando a uno y regañando a otro, ofreciendo recompensas o anunciando represalias pensando que, así, conseguiremos unificar la clase, esta ausencia de competitividad puede parecer una desventaja. Pero en la escuela activa la necesidad de que todos los niños se adapten y orienten hacia un mismo objetivo y de mantener un nivel estándar común no existe. Cada niño tiene su propio estándar y su propia meta. Desde un comienzo partimos de la base que cada niño es distinto. Contamos con las diferencias de edad, con distintos grados de madurez, con inteligencias diferentes y, además, con los factores correspondientes a distintas condiciones emocionales. De este modo, nuestra atención no va dirigida a la comparación entre niños. Nos educamos para saber dejar que cada niño sea él mismo y para medir sus progresos con respecto a él mismo.

En lugar de la presión por las notas y de la necesidad de tener que adaptarse al ritmo de todo un grupo de niños de la misma edad —condiciones que se le imponen a un niño desde fuera de forma artificial, mediante la agrupación vertical, se da una dinámica natural que sirve al crecimiento orgánico. Los niños que son más pequeños o más débiles toman como modelos niños mayores o más inteligentes y con ello, de forma inconsciente, son estimulados a la evolución de sus capacidades. Los niños mayores que se sienten imitados por los más pequeños buscan, instintivamente, otras actividades u otros temas para alejar los imitadores. Pero, sobre todo, el impulso que lleva a los niños a realizar constantemente alguna actividad no surge de una motivación permanente procedente del exterior, sino que su fuerza la recibe del interés verdadero el cual refleja una auténtica acción recíproca entre fuerzas exteriores y fuerza interiores. En la escuela activa, los niños siempre están superando nuevas dificultades y no siempre toman, como muchos piensan, el camino que presenta menos dificultades. Pero eso raramente ocurre mediante una «presión desde arriba», sino más bien a través de la satisfacción de las auténticas necesidades, que pueden ser muy distintas de acuerdo con la multiplicidad de diferencias naturales que existen entre los niños. La escuela activa fortalece estas diferencias y no intenta —como sucede en la escuela tradicional— poner todos los niños a un mismo nivel para así, como masa homogénea, introducirlos en nuevas materias de aprendizaje.

La vida nos enseña que los «lentos» o los «tontos» de la clase, que lograron resistir con éxito a la presión de llegar a ser iguales que los otros, más tarde, no siempre se quedan rezagados. El clásico caso de Einstein —en la escuela se consideró que no servía para los estudios— no tiene por qué ser excepcional. Sin embargo, mucho nos tememos que demasiados niños, que en la escuela dan muestras de tener poca capacidad de adaptación, muy pronto dejan de creer en sí mismos y renuncian a su desarrollo para toda la vida. Igualmente cierto es que los «mejores de la clase», que siempre supieron satisfacer a sus maestros, a menudo solo consiguen salir adelante en la vida bajo el cobijo de un tipo de profesión que, de formas distintas. les promete protección ante situaciones de la vida imprevistas.

En la escuela activa las peculiaridades de cada niño son respetadas y conservadas. A la «presión desde dentro» y a la ampliación del «espacio interior» se les concede tantos derechos como a las necesidades externas. Aquí, la necesidad de estar solo puede ser igual de satisfecha que la necesidad de trabajar en grupo. Los bloqueos de años ya pasados pueden disolverse, basta con que dediquemos a los problemas antiguos de índole emocional o intelectual la atención necesaria y éstos sean reelaborados. Los problemas nuevos que surgen son abordados, si el niño está abierto para ello y se siente preparado, y son solucionados con mayor facilidad. Se evita que la dura instrucción de la escuela bloquee el contacto con los sentimientos vitales originarios e impida la abertura del niño hacia fuera y hacia dentro.

Pero no solamente favorecemos estas diferencias cotidianas o «normales» entre los niños, sino que también potenciamos la armonía entre contrarios —muchas veces extraordinarios— tanto de tipo social como racial. Y para nuestra mayor alegría comprobamos que cuando los niños sienten que sus necesidades personales más importantes son respetadas, también con capaces de aceptar estas diferencias. Igual de importante nos parece que niños con diversas discapacidades puedan mezclarse con niños sanos. Por eso también admitimos un número de niños discapacitados que, de otro modo, no tendrían ninguna oportunidad para ir a la misma escuela que los niños sanos. Los excelentes resultados que se han obtenido los atribuimos a la gran oferta de materiales concretos, al respeto por las necesidades individuales y al continuo contacto con niños sanos. Dentro de la dinámica de las diferencias, esta convivencia no solamente aporta muchas ventajas a los niños discapacitados, sino también a los niños sanos en un grado muy elevado. Aquí tienen la oportunidad de practicar diariamente las virtudes humanas más elevadas, como el tacto, la tolerancia y la servicialidad activa. Todavía no caen en la tentación de colgar una etiqueta a sus compañeros discapacitados y de tratarlos según esta clasificación. Con gran imparcialidad se dirigen directamente a aquello que tienen en común, sin dejarse desconcertar por las diferencias y, de este modo, consiguen crear una relación humana que resulta provechosa para todos los que toman parte en ella.

Por ejemplo, desde hace un año, asiste a nuestra escuela un muchacho de catorce años cuya estatura es muy superior a la de los otros niños pero que, sin embargo, sufre claros trastornos motóricos. Antes de acudir a nosotros, debido a la falta de una escuela especial adecuada para su estado, había ido durante siete años a una escuela pública. Allí lo habían atormentado con el aprendizaje de la lectura y la escritura, pero nunca pasó del primer curso. Después de varios meses, cuando mediante el sistema activo se le dio la oportunidad de atender a sus verdaderas necesidades, se despertó en él el deseo de hacer el mismo trabajo escolar que sus amigos de siete años. Los niños sanos sabían que Gustavo había estado enfermo y que solo «podía aprender lentamente». Lo aceptaron sin ningún tipo de reservas, incluso lo invitaron a todas las fiestas de cumpleaños y, en la escuela, a todos los juegos libres y a nadie se le ocurrió la idea de burlarse de él.

Y ahora ¿cuál es la situación del maestro que trabaja en el sistema activo y cuya vida, al igual que la de los niños, también «está en juego»? En verano de 1982, cuando yo estaba planeando el presente libro, aquí de nuevo tenía lugar un curso intensivo de verano de introducción al sistema activo. El primer día nos honraron con su presencia dos señoras muy enjoyadas que, aunque estaban unidas por lazos familiares, se dirigían mutuamente la palabra con el título académico de «la doctora». De modo que a este título querían añadir un diploma de «Introducción al sistema de educación activo». Pero al final del primer día de curso, de repente se acordaron de que ya habían comprado un billete de avión para viajar a España y que, por lo tanto, no podrían seguir participando en el «Curso Pestalozzi». De modo que se escaparon del peligro de conocer más de cerca una alternativa que amenazaba con poner bajo la lupa también sus valores personales. Los veinte participantes restantes, entre los cuales se hallaban tres maestros procedentes de escuelas tradicionales, buscaron de forma sincera nuevas soluciones pero no podían sospechar lo hondo que esto les podía afectar a ellos mimos. A lo largo del curso, cada uno de los participantes sufrió una suerte de crisis y para salir de ella necesitó la ayuda del grupo o de una persona de confianza. Una de las jóvenes maestras me confesó a punto de echarse a llorar: «Ya no puedo escuchar ninguna conferencia más sobre psicología infantil, porque siempre me acuerdo de la cantidad de horas de clase que he impartido con el palo en la mano».

Sin embargo, lo que más sacudió a los participantes no fueron tanto las introducciones a la psicología infantil como el contacto con material concreto y, finalmente, la audición de una cinta magnetofónica grabada durante un juego terapéutico. En ella se halla registrada la voz de un niño de ocho años que está representando con muñecas peleas de sus padres y se aprecia cómo él se deja arrastrar ahora por el uno, ahora por el otro, como está en medio de ambas partes. A una joven la cinta le desencadenó tantos recuerdos que tuvo que abandonar la sala llorando. Más tarde, también los otros confesaron que tuvieron que hacer muchos esfuerzos para mantenerse serenos. Junto con la sensibilización que crecía a través de la interacción diaria del material concreto se creó, cuando menos se esperaba, el contacto con las propias estructuras emocionales y de movimiento. El resultado es la llegada de una oleada de antiguos recuerdos y una duda cada vez mayor en todo aquello que hemos aprendido desde fuera, pero que, a menudo, no hemos compaginado con el propio yo. En estas situaciones de crisis, el que empieza necesita la ayuda de otros que conocen experiencias parecidas y todavía se hallan, ellos también, en proceso de sensibilización.

El curso ha terminado. Nos hemos tomado una semana de vacaciones y después de diez horas de viaje en coche plantamos nuestra tienda junto a una playa del norte del país llena de palmeras. Con ello hemos ganado una cierta distancia con respecto al trajín diario. La ocasión me parece adecuada para aclarar los propios sentimientos y reflexionar sobre nuestro papel en la escuela activa y comprender los sentimientos de otros. Inmediatamente me acuerdo de un joven maestro que, desde hace cinco años, trabaja en la única escuela que hay en una zona andina muy pobre con niños de entre seis y quince años. Pronto se había dado cuenta de que tenía que hallar métodos y también objetivos propios para sus niños porque, en su situación, las disposiciones del Ministerio eran más un estorbo que una ayuda. De modo que trabajó —en solitario y naturalmente incomprendido— a su manera, pero sin tener conocimientos suficientes sobre procesos internos de aprendizaje y sobre la importancia de disponer de material concreto. Finalmente oyó hablar de la Escuela Pestalozzi. Al día siguiente, mandó sus alumnos a casa y viajó a Tumbaco para conocer nuestro trabajo. Se pasó toda una mañana sentado entre los niños, mirando cómo hacían sus actividades. Al final de aquella mañana nos comentó: «Estoy acostumbrado a estar entre niños, pero esta mañana me siento absolutamente excedido por la vitalidad de estos de aquí. Entre ellos yo era una nada. Los niños solo se fijaban en mí cuando no tenían nada más importante que hacer. Mientras estaban ocupados con sus propias cosas yo desaparecía por completo de sus conciencias. Nunca me había sentido tan insignificante. Ahora sé que, a pesar de mis buenas intenciones y de las reformas que he hecho en mi escuela, he seguido siendo el jefe de los niños».

Paseando por la playa empecé a comprender un poco este sentimiento que nosotros, los adultos, tenemos cuando tratamos con los niños de la escuela activa. Su vitalidad se parece al ímpetu del mar. Es una fuerza natural que, a menudo, nos parece maravillosa y a la vez, temible. Si nos presentamos ante los niños con toda nuestra talla y fuerza, para ellos somos como rocas contra las que chocan las espumosas y altas olas del mar, para después retirase lo más rápido posible. Entre las dos fuerzas únicamente se produce un breve contacto. El mar ahueca la roca pero deja muy poco de sus propios tesoros. En cambio, como más llana sea la playa, más duradero e íntimo el contacto entre el agua y la tierra. Poco a poco, la fuerza de las olas se adapta a la forma de la playa, y después de cada marea quedan depositados en la arena los tesoros más sorprendentes de las profundidades del mar. También la playa cambia su forma con la entrada de la marea, pero se trata de un pacífico dar y tomar.

Si nos fijamos en esta imagen obtendremos una idea de la actitud básica del maestro de la escuela activa, que intenta «allanarse» tanto hacia dentro como hacia fuera. Al cabo de la jornada escolar, después del trabajo y a pesar del cansancio, esta actitud hace que no se sienta ni «horadado» ni «ahuecado», sino que tenga un sentimiento de paz y de haberse enriquecido. Cada día deberíamos estar en situación de poder recoger los tesoros que han dejado los niños: no únicamente libretas llenas de hermosos redactados y de bonitos dibujos, sino, sobre todo, una nueva comprensión de su realidad. Cada día deberíamos sentir en nosotros cambios muy sutiles que se han producido a través del trato con los niños. Y cuando ponemos a punto nuevos trabajos y nuevos materiales para que los niños puedan cogerlos al día siguiente, tendríamos que sentir como si dispusiéramos nuestros tesoros en la playa para que el mar los recoja, sin obligaciones y dispuesto a aceptarlos —intercambiándolos con sus propias riquezas maravillosas.

En su obra *Psicología y pedagogía,* Piaget supone que precisamente la actitud interior del adulto y, en especial, del pedagogo es la culpable de que la escuela activa todavía se haya expandido tan poco. Según su opinión, el maestro está habituado a impartir «lecciones», se limita a esto en lugar de llevar a cabo las muchas y diferenciadas acciones que se hacen necesarias en una clase de la escuela abierta. Piaget dice que, en realidad, el trabajo del maestro de primaria debería estar en el mismo nivel que el de un científico; el maestro es el que se halla en mejor situación para poder observar la evolución de los niños día tras día, para ponerlos constantemente en contacto con nuevas situaciones y valorar sus observaciones. Desgraciadamente, la realidad se halla muy lejos de este ideal. Por lo menos aquí, en Ecuador, donde el sistema activo todavía es algo desconocido, necesitamos todas las fuerzas para trabajar diariamente por su supervivencia. Sin embargo, también nosotros tenemos la esperanza de que un día dispondremos de tiempo para valorar nuestras experiencias.

Sería falso si del trabajo del maestro activo me limitara a describir su lado hermoso y gratificante o si intentara poetizarlo. A menudo, nosotros también nos sentimos presionados por todas partes y no en menor medida notamos la presión de nuestro interior. Y después del trabajo —o incluso los fines de semana o en las vacaciones— no resulta nada fácil dejar de sentirla. Por una parte, está la presión derivada de las inseguridades externas que tenemos que afrontar. Mientras que las escuelas privadas trabajan con un gran número de niños a los que, aparte de las aulas necesarias para las clases, un patio, en el mejor de los casos unas instalaciones deportivas y, naturalmente, los maestros necesarios, les ofrecen poca cosa más (por eso aquí, en el país, se considera que son un «buen negocio»), la escuela activa, en cambio, nunca puede darse por satisfecha con los materiales de los que dispone. En los países avanzados, los niños tienen el acceso libre a bibliotecas y otras instalaciones pensadas para la infancia. Por lo general, se pueden obtener subvenciones de fuentes estatales o privadas. En cambio, aquí, pasará mucho tiempo hasta que podamos esperar alguna ayuda por parte de la administración. La supervivencia de la escuela depende de la convicción de aquellos padres que han decidido atreverse a realizar «el experimento» con nosotros. A esto hay que añadir nuestro deseo de que también niños pobres tengan acceso a la escuela, si es el caso que sus padres también se han convencido de su valor. Algunos padres que pagan no están totalmente de acuerdo con esta decisión. Temen tener que financiar la educación de otros niños que no son los suyos. Las ayudas procedentes del extranjero acostumbran a llevar una etiqueta que dice «solo para niños indios pobres». Pero a nosotros estas fronteras nos parecen muy estrechas. Queremos intentar hacer posible que todos aquellos que verdaderamente sienten la necesidad de una educación más humana la tengan y, así, crezcan personas que, de forma espontánea, puedan desarrollar una conciencia social y hallar nuevas soluciones para el futuro del país.

Por lo tanto, como maestros de la escuela activa no disfrutamos de ninguna de las ventajas del sistema tradicional. El futuro de la escuela no está en absoluto asegurado. Nosotros mismos no nos repartimos ningún sueldo fijo. No tenemos ni perspectivas de una pensión para la vejez ni tampoco derecho a la seguridad social. Todos los intereses personales están en un segundo plano; tiene prioridad que la escuela siga adelante.

Y, sin embargo, por otra parte, es necesario tener contento al Ministerio de Cultura, rellenar todos los papeles que deseen, cuidar las relaciones que son importantes y demostrar que estamos dispuestos a colaborar con conferencias y permitiendo que nos hagan todo tipo de visitas. Con frecuencia, este aspecto del trabajo nos roba mucho tiempo y no pocas veces resulta frustrante. Pero tenemos que cuidarlo como es debido, si no queremos ahogar esta alternativa ahora que justo ha nacido.

Finalmente también percibimos como una presión las constantes inseguridades y miedos de los padres. Sucede a menudo que unos padres nos traen a la escuela un niño con claros síntomas de «trastornos escolares»: asma, enuresis nocturna, pesadillas y toda aquello que normalmente puede ensombrecer la vida familiar. Normalmente, un niño así, al cabo de unas semanas o unos meses de asistir a una clase abierta, pierde todos aquellos síntomas que preocupaban a la familia. Sin embargo, los padres olvidan muy pronto por qué trajeron al niño a nuestra escuela y empiezan a presionarnos para que «de una vez hagamos trabajar al niño», para que no se quede atrás con respecto a sus parientes y conocidos (cosa que sobre todo significa que el niño acumula menos saberes aprendidos de memoria). De modo que si queremos evitar que los padres, por miedo a sí mismos o a su entorno, regresen a los métodos ya probados o tradicionales, debemos estar siempre dispuestos a dedicarles tiempo y atención.

A pesar de todo esto, normalmente, la presión principal procede de lo que nos exigimos a nosotros mismos. Tal como Charles Silberman describe detalladamente en su libro *Open Classroom Reader*, las distintas funciones del nuevo maestro tienen muchos aspectos y una especialización individual para el maestro solo es posible en parte. Normalmente, un maestro está dirigido de una forma amplia por las normas del plan de estudios general y su parte de responsabilidad y toma decisiones hay que entenderlas dentro de este marco; en cambio, el maestro de la escuela activa tiene que «poder andar sin andaderas» en todo momento. Él es el responsable del aspecto del aula, de elegir, adquirir, confeccionar y conservar los innumerables materiales que deben estimular y orientar el aprendizaje de los niños. Ya solo este aspecto nos da mucho que hacer. Todos los intentos de compartir esta responsabilidad con voluntarios que no trabajan directamente con los niños duran poco tiempo. En último término, solo aquel que día tras día tiene ante sus ojos las necesidades y los intereses cambiantes de los niños puede sentirse suficientemente motivado para pensar constantemente cosas nuevas y no retroceder ante los trabajos que se derivan de estas ideas. Cuando los padres se ofrecen para confeccionar materiales es una lástima porque, a menudo, sucede que necesitan tanto tiempo para ello que entretanto el interés de los niños ya ha pasado a otro campo totalmente distinto. Así, por ejemplo, si hoy anoto en mi cuaderno: «Roberto está entusiasmado con los volcanes», lo mejor es que al día siguiente yo ya disponga de un material adecuado para él.

Los fines de semana necesito unas horas para poner en orden la clase, preparar cosas nuevas, anotar los intereses de los niños, para trabajos individuales o en grupo, en fichas u otros materiales. Cuando toco los materiales para quitarles el polvo o colocarlos en un sitio mejor se me ocurren toda una serie de nuevas posibilidades de aplicación. Todas estas ideas me las tengo que anotar para que no se queden en pensamientos que se los lleva el viento y pueda disponer de ellos en medio del barullo de una mañana de clase.

Los maestros de otras escuelas que nos visitan tienen dificultades para comprender cómo se puede «dar clase» cuando los niños siguen sus propios intereses y a lo mejor cada uno está haciendo una cosa distinta o se forman grupos espontáneos que el maestro no ha organizado. Para sentirme a gusto en esta situación, cada día tengo que lograr tener un estado de ánimo que reúna la máxima atención posible con la máxima relajación. Tan pronto como siento miedo o me noto tensa, ya no puedo ser verdaderamente una ayuda para los niños en su aprendizaje sin contagiarles mi tensión. En el sistema activo resulta imposible ocultar a los niños el propio estado de ánimo porque, por lo general, no trabajamos con conceptos neutros, sino con materiales concretos a través de los cuales los niños se expresan de forma natural. Tratando con estos objetos, los niños se muestran tal como verdaderamente son. Así que, para ellos, también es fácil valorarme a mí, a través de mi trato con el material y de leer en cada uno de mis movimientos mi estado de ánimo.

No siempre me resulta fácil aceptar totalmente la expresión abierta de los sentimientos de los niños, sin que me afecte. Desde siempre estamos acostumbrados a que, en la escuela, los niños oculten sus verdaderos sentimientos o de que prueben de exteriorizarlos solo después de haber observado con precaución («a ver, qué cara pone el maestro»). Por su parte, los adultos acostumbran a horrorizarse ante las manifestaciones de rabia, el florido lenguaje y las ganas de pelea que los niños desarrollan cuando están entre ellos. Por lo general, todo el mundo critica a los adolescentes por su comportamiento indignante. En los EE.UU. parece ser que ya existen agrupaciones de padres armados que se organizan contra los jóvenes. Solo muy tímidamente va apareciendo, aquí y allá, algún educador que ha llegado a la idea de que toda esta rabia y agresividad podría haberse acumulado durante tantos años de obligado buen comportamiento. El sinfín de horas sentados y en silencio, el estar atento para ver qué querrá el maestro de mí y el esfuerzo de procurar «hacerlo bien» durante tantos años de dependencia personal, poco a poco convierte a nuestros niños en ollas a presión que, tarde o temprano, pueden explotar.

En el sistema escolar activo se debe evitar que los sentimientos y energías reprimidos se estanquen de forma peligrosa. A través de su libertad de expresión y de movimiento, los «niños activos» constantemente chocan con el entorno y con su prójimo de forma más o menos fuerte y tienen ocasión de airear los sentimientos que surgen con estos choques. En sus juegos, en sus escritos y conversaciones dan testimonio de sus miedos, de su rabia, de sus esperanzas y alegrías. Nosotros, los adultos que diariamente compartimos su vida, no podemos evitar de ninguna manera sentir a los niños y a nosotros mismos, y que entremos en contacto con nuestros propios miedos, nuestra rabia y muestro deseo de felicidad personal. Así pues, los niños no tienen ante sí una especie de «modelos de maestros», sino personas normales que sienten dolor cuando, por descuido, se los pisa y lo dicen abiertamente.

Otra dificultad, a menudo inesperada, de la clase abierta que ya apunté brevemente es la circunstancia de que los niños no siempre valoran, tanto como nosotros habíamos esperado, nuestras buenas ideas y todo el trabajo sacrificado para realizarlas. Algunos de los materiales que confeccionamos para ellos apenas reciben su atención. A menudo también sucede que los materiales son utilizados para fines distintos de los que nosotros nos habíamos imaginado. En general, tenemos que estar preparados de antemano al hecho de que los niños tienen mucha más necesidad de jugar de lo que nosotros habíamos considerado que era posible. Esto vale en parte para los juegos didácticos, cuyo valor formativo puede servir para que nos tranquilicemos, pero mucho más para juegos libres que a nosotros nos parecen del todo inexplicables y a menudo «innecesarios» en los cuales nuestra participación es superflua e incluso muchas veces nos comunican que indeseada. De este tipo de juegos ya he hablado algunas veces. Aquí solamente quisiera señalar lo conflictivo que para un maestro puede resultar la visión de los niños jugando en la escuela con una entrega total. Así, por ejemplo, poco antes de que terminara el curso se produjo la siguiente escena: Un niño había arrancado a otro niño un rábano del jardín que éste cuidaba con todo su amor. El dueño empezó a defender su propiedad con bolas de barro. Y a partir de este pequeño suceso, de forma inesperada, se desencadenó una auténtica batalla en la que participaron entusiasmados todos los niños. Duró más de una hora. ¿Podíamos nosotros, los maestros, permitir que los niños «desaprovecharan» de este modo la valiosa mañana escolar? ¿No era más adecuado ahogar el estallido guerrero de los niños para que pudieran aprender «algo de provecho»?

Diariamente nos sometemos a la disciplina de anotar lo que observamos en la clase y de llevar un diario de cada niño y, en general, de los acontecimientos de la jornada escolar. Al escribir, recordar y reflexionar muchas veces nos sucede que, con posterioridad, comprendemos a algún niño en particular, situaciones y relaciones que con el barullo de la mañana registramos inconscientemente. Al anotar todas estas observaciones se nos ocurren nuevas ideas para este o aquel niño, podemos mirar con lupa los propios desaciertos y tomar decisiones para un cambio de actitud. A través de esta práctica, progresivamente, se nos agudiza nuestra atención que deberíamos dirigir tanto hacia lo particular como lo general. En lugar de recordar que esta mañana trabajaban en el jardín «unos diez niños», empezamos a ver ante nosotros cada uno de los niños —qué impresión nos hicieron sus movimientos, si adoptó un papel de líder, si imitó a otros, si argumentó o cómo resolvió los problemas.

Poco a poco, también aprendemos a distinguir cuál parece ser el origen de las múltiples y distintas acciones de los niños. ¿Siguen una necesidad originaria que —siguiendo las leyes de su propio crecimiento— los impulsa a la acción? ¿O su necesidad es, por así decirlo, de «segunda mano» y muestran interés por una actividad para conseguir la atención o el reconocimiento de los adultos o de otros niños? ¿Cómo podemos favorecer que cada niño haga cada vez más experiencias a través de aquellas actividades que se correspondan con su propio yo y así evitar que el proceso educativo cierre aquellos caminos del niño que, también en las situaciones confusas de su vida, lo conectan con su guía interior personal? Los niños que tienen la costumbre de informarse permanentemente de «lo que tienen que hacer después», o de adivinar qué se desea que haga porque los padres y los maestros son «los que mejor saben lo que es bueno para mí», con el tiempo hallarán su camino solo con grandes dificultades.

Como más trabajamos con el método activo, más claro nos resulta que no se trata de un sistema moderno, pero cerrado, que evita los problemas de la escuela tradicional y que, por eso, es mejor que el sistema antiguo. Como dice Schumacher en *Consejo para desaconsejados,* la educación no puede ser un «problema convergente» que se solucionará tan pronto como compatibilicemos de forma lógica todos los factores. Se trata mucho más de un ejemplo típico de «problema divergente», que no solamente tiene que ver con condiciones materiales, sino con la vida con todos sus distintos niveles de conciencia.

John Holt compara el nuevo maestro con un especialista que trabaja en una agencia de viajes. No prescribe a sus clientes adónde deben ir de viaje, sino que, educadamente, se informa de sus deseos y de sus posibilidades, colabora con ellos con sus conocimientos y relaciones y les ayuda a planear su viaje. Sin embargo, no les puede garantizar que el viaje será realmente un éxito, y no considera que sea su deber controlar si los turistas siguen todos sus consejos. Esta comparación me parece adecuada porque subraya la libertad de decidir y de actuar del «cliente». Sin embargo, no hace ninguna mención del grado de responsabilidad que nosotros, como adultos, tomamos porque para los niños ya no se trata solo de unas vacaciones, sino que lo que está en juego son las bases para toda su vida. Educadores como Pestalozzi, Rousseau y otros hablan incluso del principio del «amor», con lo cual el maestro es colocado en la situación de trascender todos los contrarios que, cuando se trata de problemas divergentes, deben conciliarse, si se quiere que la vida no resulte herida.

La experiencia en la escuela activa nos enseña que no solamente —como generalmente se supone— tenemos que trabajar con dos áreas de saber: la materia a enseñar y los métodos de enseñanza que, por cierto, a menudo andan cojeando detrás de los últimos conocimientos de la psicología. Según Schumacher, los campos de saber son cuatro: en primer lugar, mi propio interior; en segundo lugar, cómo me ven los otros; en tercer lugar, cómo es el interior del otro; en cuarto lugar, cómo es el otro —o el mundo— por fuera.

Normalmente, la pedagogía tiene sobre todo en cuenta el cuarto campo de saber: los conocimientos que extendemos ante los que aprenden y las reacciones típicas a estas situaciones de aprendizaje modulables mediante diversos métodos. Los trabajos de Piaget ya señalan claramente —si los comprendemos bien— que estos métodos de enseñanza que solamente tienen en cuenta las reacciones externas de los que aprenden a los estímulos de aprendizaje que se les ofrecen (véase las máquinas de aprender de Skinner y, en general, todo método que proceda del behaviorismo), a la larga, resultan perjudiciales para el crecimiento. Si como maestros queremos estar al servicio del crecimiento vivo, y no solamente de un proceso de aprendizaje mecánico, no podemos por menos que tomarnos en serio el «interior» del otro, en nuestro caso, del niño. Para Piaget, este interior es el lugar en el que se forman las estructuras de la comprensión y del pensamiento. Para Janov, es el origen de todos los sentimientos que, de forma inconsciente pero inevitable, determinan nuestras acciones y nuestro ser. Para otros es la sede de una profunda —o elevada— conciencia que espera ser despertada y de la cual pueden surgir acciones humanas que dejan atrás las leyes de las «necesidades insatisfechas».

Solo un adulto que ya haya entrado en contacto con su propio yo puede valorar la importancia de estas experiencias en otras personas y concederles el espacio que les corresponde. El maestro debe tener el mismo derecho a crecer que sus alumnos. De modo que él debe estar abierto e ir ganando siempre aspectos nuevos e interesantes del mundo. Sin lugar a dudas, esto sube sus ánimos. Un maestro que no conozca esta abertura seguro que pronto sentirá su trabajo como una molestia aburrida. Sin embargo, esta mirada hacia fuera que continuamente se renueva no tiene ningún valor real si no se corresponde con una ampliación del propio «espacio interior» del que surgen dirección y sentido.

Finalmente, pensemos en el segundo campo de saber: «cómo me ven los otros». Según Schumacher, este campo contiene una llave importante para llegar a la verdadera comprensión, sin que eso signifique que los otros tres pierdan fácilmente su equilibrio. Supongamos que con nuestro trabajo no solamente aspiramos tener un modo de subsistir y una pensión para la vejez, sino que queremos realizar algo verdaderamente bueno y valioso. En la escuela activa, los niños nos dan a cada paso muchas oportunidades para que examinemos nuestros ideales y la autenticidad de nuestras intenciones. Los niños no solamente nos dan señales ocultas a través de las cuales nosotros podemos saber su verdadera opinión y sus verdaderos sentimientos con respecto a nuestra persona y nuestras acciones, no ocurre como en la escuela tradicional donde a lo mejor sentimos como si a nuestras espaldas hubiese una gran agencia de noticias (parece ser que existen maestros que nunca escriben nada en la pizarra dando la espalda a los alumnos, sino que prefieren hacer las contorsiones más complicadas para poder tener la clase siempre a la vista). En la medida que consigamos ser con los niños «nosotros mismos», y no solamente representar un personaje del que salimos de nuevo al finalizar la clase, también los niños serán «ellos mismos» y nos mostrarán de forma totalmente abierta como reciben nuestras buenas intenciones.

Ahora me viene a la memoria un día, hacia el final del curso pasado, que se me ocurrió disponer una hermosa calavera sobre la mesa. Los niños mayores fueron invitados a intentar realizar una descripción de ella. Cuando les expliqué la cosa, me miraron frunciendo el ceño y preguntaron para qué servía semejante actividad. Intenté que no se me notara en apuros —verdaderamente había creído que compartirían conmigo la admiración por aquella calavera— pero ante la actitud crítica de niños de diez años era difícil encontrar una explicación sensata para el trabajo que les proponía. Seguro que se dieron cuenta de mi dilema porque una niña del grupo, generosa, me dijo: «A mí me parece una tontería describir una cosa así, pero es igual lo haré por ti, para hacerte feliz». Los otros mostraron su acuerdo con la opinión de su amiga y escribieron un trabajo absolutamente correcto pero que verdaderamente era incomparable con lo que normalmente escriben cuando sienten verdadero interés.

Siempre que durante mi trabajo con los niños me siento insatisfecha, de mal humor o me fatigo demasiado fácilmente, intento pensar de qué modo se ha visto trastornado el equilibrio entre estos cuatro campos de saber. Un inventario de este tipo solo lo consigo realizar si estoy dispuesta a entregarme a la situación presente y dejar aparcadas consideraciones relacionadas con una finalidad. Se trata de un ejercicio nada fácil. Mi forma de comprender la vida está mucho más marcada por mis propios años de escuela de lo que yo jamás hubiese imaginado. De forma inconsciente todavía hay en mí el ritmo de cuarenta y cinco minutos y el vago sentimiento de que la vida de verdad empieza cuando ya he terminado esto o aquello. Es sorprendente que los muchos años adultos que ya he pasado en Sudamérica, donde el sentido del tiempo es mucho menos marcado, no consigan desactivar los hábitos adquiridos en la infancia.

Vivir en el presente es algo de lo que nosotros, los adultos, debemos hacernos de nuevo conscientes y elaborarlo; sin esta vivencia, no podemos comprender lo natural que es para los niños. Así, poco a poco, a través de la práctica diaria en la escuela activa podemos aprender junto con los niños a vivir con este sentido del tiempo. Sin embargo, queda la dificultad de cómo podemos incluir a los padres de los niños en este «círculo mágico». Porque los padres envían a sus hijos a la escuela para que aprendan todo lo que después necesitarán en la escuela secundaria, después en la universidad y después en la vida —a la mayoría les parece que la vida empieza más tarde— «para que sepan orientarse, para que lleguen a ser algo, para que un día sean felices».

Este «para que» en el fondo significa que nosotros sabemos qué y para qué aprendemos y enseñamos. Pero si incluimos en nuestro «programa» los cuatro campos de saber, éste se convierte en un plan para un viaje hacia lo desconocido para el cual niños y adultos nos equipamos por igual.

¿PEDAGOGÍA O TERAPIA?

Hace unos años trabajé como maestra de música en una escuela tradicional. Muchas veces, en las reuniones que se hacían para comentar las calificaciones de los alumnos, me maravillaba ver cómo los maestros de otras asignaturas conseguían hablar de medias de notas, curvas de rendimiento y problemas de conducta sin dejar que apareciera absolutamente nada de la personalidad de los niños. Yo solo enseñaba en cada curso dos horas semanales y me hubiera gustado que los otros maestros me contaran cosas de la escuela. Pero la mayoría de ellos solo sabía dar información de aquellos niños que en su asignatura eran especialmente buenos o especialmente malos y de aquellos que, molestando permanentemente, sabían atraer la atención sobre sí mismos. En estas sesiones, la gran mayoría de niños era simplemente caracterizada por números con dos cifras después de la coma las cuales debían ser redondeadas de forma consensuada o bien por arriba o bien por abajo. Una vez, un maestro presentó las notas trimestrales de un niño de doce años que en comparación con las del trimestre anterior habían bajado notablemente. El vicedirector ya estaba dispuesto a redactar una recomendación en la que se recordaría al alumno que debía evitar poner en peligro su futura permanencia en la escuela. (Las escuelas buenas de aquí se permiten el lujo de escoger a sus alumnos cada dos años, cuando no siguen el curso o su comportamiento no se adecua a las normas.) Pero el maestro pidió de nuevo la palabra y propuso que se tuviera en cuenta la situación especial de aquel niño. Aquel trimestre su padre había sufrido un grave accidente de coche y desde entonces estaba paralítico. Era de suponer que estas circunstancias algo debían tener que ver con la bajada del rendimiento del alumno. El maestro sugirió si no sería mejor esperar con el envío del aviso para que el niño tuviera tiempo de reencontrar su equilibrio. La respuesta fue breve y sabia: «Nosotros no somos un instituto terapéutico, sino pedagógico». En el cuaderno de notas se adjuntó la observación y al final del curso escolar, el niño cambió de escuela.

En otra escuela de élite de Quito, una niña pequeña lanzó una piedra contra la cabeza de otro niño que iba al jardín de infancia. El pequeño sangró y lloró. Las madres de ambas criaturas fueron avisadas y acudieron a la cita inmediatamente: «¿Cómo pudo usted permitir que esta niña mala hiriera a mi pobre hijo?» —sonó la acusación contra la maestra despistada. La madre de la culpable preguntó a su hijita de cuatro años: «¿Por qué eres tan mala?». Los ánimos solo se calmaron cuando se aseguró que la niña mala sería inmediatamente expulsada de la escuela. ¿Solo son niños buenos y pacíficos los que se quedan en las mejores escuelas? ¿Adónde van los malos?

Una joven maestra que este año participó en nuestro curso de verano nos trajo de la escuela de élite en la que ella enseñaba los siguientes datos: de 56 niños entre seis y siete años (los dos primeros cursos), 31 están bajo tratamiento neurológico y/o psicológico; 17 de ellos toman regularmente sedantes por recomendación de los psicólogos escolares.

En Ecuador, la alfabetización de la población es uno de los primeros puntos del programa del gobierno. Pero a pesar de esto la escolarización obligatoria para todos solo puede llevarse a cabo de forma limitada. Sin embargo, los especialistas del Ministerio andan preocupados por ver cómo se puede ayudar a las escuelas ya existentes con «centros de aprendizaje» como los que en países desarrollados hace tiempo que se conocen. No se trata, por ejemplo, de centros para discapacitados, sino para niños clínicamente normales que o bien dan muestras de trastorno en su comportamiento o están bloqueados inexplicablemente en alguna área de conocimiento. Como los maestros ya tienen bastante con cumplir el programa y mantener la disciplina de sus clases, necesitan ayuda urgente para aquellos niños que tienen dificultades de adaptación. La demanda de psicólogos, neurólogos, o especialistas, que en circunstancias especiales pueden ir introduciendo también a los niños bloqueados la materia necesaria, no para de crecer. Sin embargo, por la experiencia de otros países, sabemos que estos niños «apartados» pronto se sienten etiquetados y por si con ello no bastara, las referencias a sus dificultades los persiguen a lo largo de todos sus certificados de notas hasta el final de su período escolar.

No obstante, a mí me parece que los efectos de este principio selectivo no solo son problemáticos para aquellos que están señalados como «distintos» y que tal vez por consejo del psicólogo escolar se acostumbran de pequeños a vivir con calmantes. Este estado de cosas me parece que también es trágico para los «normales», los «buenos», y «dóciles», que sistemáticamente aprenden a hacer siempre «lo correcto» y a protegerse de los «errores». Es cierto que los jóvenes de todos los países protestan cada vez más contra esta imagen de sí mismos cuidada a lo largo de tantos años, pero muchos de ellos solo han aprendido que están «en contra» y no saben a favor de qué están verdaderamente. ¿Cómo pueden, después de tantos años, hallar el camino hacia sí mismos y tomar su propia dirección? Desde pequeños han sido acostumbrados a que la orientación y la instrucción les llegara del exterior; les falta la seguridad de saber si y cuándo su propia brújula es de fiar. Por eso, cuando son jóvenes participan ahora en esto después en aquello, despotrican y luchan contra esto y lo otro y raramente se encuentran a gusto en su propia vida.

En último término ¿quién decide qué niños son «normales» y qué niños necesitan algún tipo de terapia? ¿Y de dónde proviene la necesidad urgente de aislar a los «otros» o a los «difíciles» y enviarlos a los especialistas? En los pueblos de Ecuador los discapacitados de todo tipo todavía forman parte de la vida normal de cada día. Dentro de la familia se encargan de ciertas tareas y participan en la vida pública. Pero en las ciudades, también aquí, ya se empieza en gran parte a ocultarlos y a someterlos a tratamientos «especiales».

Entre la gran cantidad de niños con distintas discapacidades y los normales, que se adaptan a las condiciones escolares dominantes, crece el número de los niños «ligeramente tocados». Sus problemas son denominados por los especialistas con una terminología que constantemente va cambiando. En las fichas informativas secretas de la escuela a las que, en muchos sitios, ni siquiera los padres tienen acceso, aparecen, desde la edad del jardín de infancia hasta el final de la escolaridad, contraseñas como «discapacidad para aprender específica», «trastorno del comportamiento», «trastornos cerebrales mínimos», «hiperactividad» y otros. Peter Schrag y Diane Kivoky han desenmascarado la hiperactividad como un mito e informan de que el número de niños que no se adapta a la norma general y que, por eso, se sospecha que sufren cierta anormalidad, crece sin cesar. Las valoraciones son muy variadas y en EE.UU. las cifras están entre un 10 y un 40 por ciento de la población escolar total.

En este estudio se aprecia claramente que, en la mayoría de casos, no existe ninguna prueba de que los niños padezcan trastornos psicológicos u orgánicos. Basta que un niño no se adapte al ritmo de aprendizaje exigido, que mantenga fuertemente sus convicciones personales o en la escuela no quiera sentarse y callar para que lo envíen a los psicólogos o a los especialistas del aprendizaje. El número de niños que durante toda su escolarización son tratados con calmantes crece con igual rapidez; no solamente en los EE.UU., sino también ya en Ecuador donde se arriesga todo para asegurar el futuro feliz de los niños mediante una formación en una «buena escuela». ¿Son todas estas enfermedades escolares una creación del número creciente de especialistas o los especialistas son llamados debido al número de «enfermos»? Una cosa es segura: Niños que llevan colgando carteles de «hiperactividad» o de «dificultad para aprender» y que cambian de una escuela tradicional a una escuela activa, muchas veces, ¡basta con una semana para que pierdan los síntomas típicos de su enfermedad!

En Ecuador también es inquietante el número de niños que, a pesar de ser declarados normales, todavía no son lo suficiente normales como para soportar sin perjuicios las exigencias de una escuela de primaria —o incluso de un jardín de infancia. En las escuelas de élite de Quito, mediante tests se eligen de entre aproximadamente cuatrocientos aspirantes de cuatro años, ochenta niños para el jardín de infancia. De estos ochenta, después pasan los cincuenta «mejores» a la escuela primaria y de éstos, treinta al primer curso. Se trata de niños de familias acomodadas sin problemas de alimentación u otros problemas de crecimiento. Ya en edad preescolar se sienten o bien «eliminados» o «elegidos» —ambas cosas bases muy cuestionables para una vida joven. Los niños eliminados encuentran siempre una plaza en una escuela de menos prestigio. En las capas medias y bajas —si es que estos niños son escolarizados— a menudo se dan graves problemas de alimentación o una falta de la cultura más elemental. Si los niños fracasan aquí ya no tienen ninguna oportunidad. Se quedan en grandes grupos sin ninguna esperanza de poder participar en el progreso del país. En *La Deseducación obligatoria* Paul Goodman destaca que, en otros tiempos, esta situación no habría significado para los afectados una infelicidad demasiado grande. En todos los campos de la vida, a menudo los rendimientos más extraordinarios procedían de los *«dropout»*. Aquellos individuos que no habían subido todos los peldaños del sistema escolar, por aquel entonces no tan público, tenían todavía abiertos diversos caminos. Hoy las cosas han cambiado: prácticamente no existe ningún camino hacia la felicidad, el éxito y la realización de todos los deseos que no pase por «la Madre Escuela, la única que nos hace bienaventurados».

Ahora bien, precisamente en esta institución obligatoria ya se traza pronto, demasiado pronto, el camino para toda una vida. En los niños que ya en los primeros años de su vida sufrieron carencias los problemas salen a la luz más rápidamente. En algunos casos puede tratarse de problemas previos a su nacimiento como, por ejemplo, los efectos de un parto antinatural, en otros, las consecuencias de un trato carente de amor cuando eran muy pequeños o todas aquellas inseguridades que los niños pequeños tienen que resolver en solitario porque los adultos vivimos en nuestro propio mundo y no comprendemos sus verdaderas necesidades.

Sin embargo, también aquellos niños que cuando fueron escolarizados tenían grandes expectativas, y estaban llenos de energía y curiosidad, muestran, a menudo a los pocos años, todo tipo de síntomas preocupantes: desde el «cansancio escolar» general, la disminución de la concentración y reducción de la curiosidad hasta dolores de cabeza, incontinencia de orina, dolores de estómago, resfriados con regularidad e incluso intentos de suicidio. Entre estos dos polos hallamos toda la gama de irritabilidad, falta de alegría de vivir y de autoconfianza, agresividad, cinismo y todas aquellas cosas que pueden hacer desagradable la vida de las familias y, en general, la vida pública. Admito que todo esto son síntomas de enfermedades muy extendidas en nuestro mundo civilizado, pero parece que la escuela es el lugar donde son cultivadas. Tomemos como ejemplo el malestar, cada vez más extendido, que los especialistas llaman «legastenia». Hans Jörg, en su introducción a la imprenta escolar, dice que en aquellas escuelas que se utiliza este método de trabajo ¡no se da ningún caso de legastenia! Trabajando con la imprenta los niños se levantan muy a menudo, se mueven de un sitio a otro, palpan las letras con las yemas de los dedos, componen y descomponen frases para imprimir y —aparte de que tienen la posibilidad de conversar animadamente los unos con los otros— realizan toda una serie de trabajos prácticos, que implican a todos los sentidos y que proporcionan al niño alegría por la propia actividad y por el resultado de sus esfuerzos.

Con ello nos acercamos un poco más al núcleo del problema. Nuestras experiencias en la escuela activa nos ofrecen pruebas suficientes de que, sin «principio de selección», es posible educar armónicamente a niños discapacitados y normales entre los cuales además habrá diferencias de temperamento y de inteligencia. Pero esto no es todo, también una y otra vez hacemos la experiencia de que niños que dan muestras de todo tipo de «pequeñas molestias» y que seguro que en una escuela tradicional o bien «tendrían que salir volando» o serían puestos en manos de especialistas, aquí pueden hallar un espacio vital en el que salen a la luz sus lados positivos y que les permite tranquilizarse y sanar. En la escuela activa no se obliga a los niños a tener un comportamiento contrario a su naturaleza infantil. Que los niños estén sentados y quietos y solamente hablen cuando son preguntados, es algo que solo se puede conseguir reprimiendo sus inclinaciones normales y es lo peor que se puede exigir a niños que interiormente ya se sienten «bajo presión». Según Piaget, la libertad de movimiento y la libertad para hablar del niño son fundamentales para la formación de estructuras de comprensión sanas. Una comprensión positiva de la realidad solo se dará en la medida que sean respetadas las necesidades naturales del niño. El comportamiento egocéntrico dura tanto tiempo como lo exige la presión de las necesidades insatisfechas. De modo que, en esta edad, la libertad de movimiento es ya imprescindible para introducir una terapia de los sentimientos reprimidos y para crear una relación duradera entre las estructuras emocionales y las estructuras intelectuales. En esta edad resulta imposible separar la «higiene de la personalidad», unida a los sentimientos, de los ideales intelectuales. La escuela debería dar constantemente a los niños la oportunidad legítima de liberarse de sus tensiones interiores, sea cual sea su origen. Y por la misma razón, la escuela debería evitar, por todos los medios, causar, ella también, este tipo de tensiones. Para nosotros no hay ninguna duda: Si a los niños les damos no solo el permiso para que se muevan, sino que diariamente les ofrecemos nuevos estímulos para que lo hagan espontáneamente y de una forma que se corresponda a su naturaleza infantil, la escuela reúne, de una vez, tanto principios terapéuticos como principios pedagógicos.

Esta práctica consistente en el trato libre con las cosas y con las personas incluye, calladamente, un factor muy provechoso: Mientras la escuela tradicional enfrenta a niños y a adultos de tal forma que en ningún momento permite evitar el encuentro (un niño tendrá que soportar a un maestro antipático todo un año escolar del mismo modo que un maestro tendrá que soportar en clase a un niño difícil), en la escuela activa este vis-a-vis inevitable se transforma en un triángulo: los niños, los maestros y el «ambiente preparado» o el «material» interactúan en un campo dinámico. Cada uno, según su mentalidad, tiene ocasión de buscar al otro o, por momentos, evitarlo. Imaginemos que nos hallamos en un espacio totalmente vacío con nuestro propio hijo o con el hijo de otra persona. Probablemente no haya una situación más difícil que la de un adulto que se ha de aproximar a un niño de forma directa, sin nada. Sin embargo, si tenemos alguna cosa en la mano que despierta el interés del niño éste no tardará mucho en permitirnos acceder a su círculo mágico personal.

Cada día vemos como niños «olvidan todos sus sufrimientos» y «se curan a sí mismos» cuando, ocupados con cosas que ellos mismos han elegido y que mantienen su interés, se pierden de tal modo, llegan a un grado tal de concentración que —aunque solo sea pasajeramente— logran sentir que forman una unidad con el mundo. Este sentimiento de formar una unidad con el mundo —que los adultos generalmente hemos olvidado y enterrado hace tiempo— es el sortilegio que puede curar todas las dolencias de la infancia. Pero su fórmula secreta debe hallarla cada niño por sí mismo y aplicarla en las dosis que él mismo se recete. Nosotros, los adultos, no podemos desde fuera inventar terapias para los niños y administrárselas.

Pero ¿cuál es el papel que debe desempeñar el adulto en este proceso terapéutico-pedagógico? El rol del adulto se deriva de un cambio de actitud que hace posible considerar cada uno de los comportamientos del niño como «normales» —en el sentido de que se trata de la respuesta inteligente del organismo infantil a las condiciones de su vida. De modo que si queremos cambiar el comportamiento del niño porque para los otros resulta difícil de soportar, debemos cambiar las condiciones de su entorno y dejar al niño que halle respuestas nuevas, y al gusto de todos, a estas nuevas condiciones. Nosotros nos acercamos con todo el respeto a cada niño y le hacemos sentir que lo aceptamos, incluso cuando el mismo niño se siente lleno de conflictos. Si para proteger a otros niños o a los objetos que deben estar al servicio de todos, debemos corregir a un niño, lo acercamos a nosotros y, si nos deja, intentamos abrazarlo. Así, el niño siente que su persona es aceptada y le resulta más fácil relacionar la corrección con su acto inadecuado sin que él mismo se sienta agredido.

Cuando se trata de un niño supertímido que desconfía de los adultos, de momento, le damos ocasiones para que él solo y, a ser posible, con otros, encuentre ocupaciones interesantes. Sin poner en peligro su integridad, intentamos ponernos en contacto con él, mediante miradas, ligeras caricias o una palabra amable. De vez en cuando le recordamos: «Si me necesitas, puedes llamarme». Un niño de siete años tardó todo un año hasta llamarme por primera vez y mostrarme lleno de alegría su trabajo. Nuestra disponibilidad a hacer con los niños «juegos tontos» es una ayuda importante para entrar en contacto incluso con los más tímidos. Si, por ejemplo, un niño tímido ve que otro niño, jugando, nos empuja, al principio tal vez solo se quede con la boca abierta. En sus ojos podemos leer si, en el fondo, también desearía llegar a jugar así alguna vez. Más tarde nos atrevemos a acercarnos con pequeños gestos y, sin tocarlo, invitarlo a jugar con nosotros. Así, poco a poco, va consolidándose la confianza. A lo mejor tarda semanas o meses, pero llega un día en el que también un niño así se abre al mundo y al prójimo con un gran sentimiento de felicidad.

La libertad de movimientos y las carreras son muy importantes precisamente para los niños agresivos y los «hiperactivos». Sin embargo, no siempre consiguen trabajar la tierra con una azada o, llenos de rabia, chutar una pelota. Un día, a un niño de siete años le cogió un ataque de rabia; nosotros le dimos un viejo colchón y un sacudidor de alfombras para que descargara su furia pero el niño dijo a gritos: «¡No quiero pegar a un colchón! ¡Quiero pegar a al g u i e n!» Necesitó un hombre fuerte, que fue capaz de mantener con él un verdadero combate, pero que no dejó que este combate terminará en nuevas confusiones y sentimientos de culpa, sino en un abrazo que fue estrechándose. Al final de esta terapia individual improvisada el niño lloró durante mucho rato en el regazo de su nuevo amigo y entre sollozos dijo: «Todos los adultos son unos mentirosos, mentirosos, mentirosos...».

Cada año descubrimos que unos cuantos de nuestros niños —la mayoría de ellos hijos de familias que no pasan ningún apuro económico— son pequeños ladrones. Roban la comida de sus compañeros, material escolar y artículos de oficina. Cuando nos damos cuenta de estas inclinaciones —la mayoría de veces por las quejas de otros niños— intentamos no solo mostrar más afecto a estos malhechores, sino que, además, para esta finalidad tenemos a la vista de los maestros una cesta con frutas, galletas y cachivaches. De vez en cuando, uno de nosotros llama a su lado al pequeño ladronzuelo y le regala bajo el sello del secreto y dándole un pequeño abrazo una cosita: una concha, un par de canicas o algo para comer, depende de cual parece que sea la necesidad primordial del niño. Esta medicina acostumbra a dar muy buenos resultados. Poco a poco, el niño se siente querido, aceptado y, en contra de lo que se esperaba, obsequiado. Se creó una relación entre su auténtica necesidad de amor y aceptación y su solución sustitutiva de calmar esta necesidad, a menudo insatisfecha, con cosas robadas. A través de nuestra aceptación, y no a mediante castigos, el niño encuentra la fuerza para cambiar su conducta y hacer verdaderas amistades.

Así pues, en esta situación, la presencia del adulto adquiere un nuevo significado: no el de un doctor que diagnostica y receta la medicina adecuada, sino el de un espíritu protector bueno que crea condiciones nuevas y más benefactoras para los niños, en las cuales ellos se pueden encontrar a sí mismos y estructurarse de nuevo. Durante este proceso, el adulto está a disposición del niño por si éste necesita ayuda, pero no determina desde fuera el curso del proceso. Cada nivel de conciencia nuevo supone abandonar y separarse de antiguos hábitos. Esto acostumbra a llevar consigo un sentimiento de dolor. Otra persona que haya experimentado en ella misma estos cambios puede transmitir la sensación de seguridad sin, por ello, robar al niño el fantástico sentimiento de la superación personal o del triunfo.

De modo que el espacio de la clase comunitaria puede y debe estar al servicio de todos los niños, de los sanos y de los enfermizos. En casos muy especiales, a los que más adelante me referiré brevemente, puede ser necesario el complemento, durante un tiempo, de una terapia individual. Pero veamos primero un par de ejemplos de niños que vinieron a nuestra escuela con dificultades y a los que el ambiente de la escuela activa les ha resultado muy beneficioso:

Santiago vino a nuestra escuela a la edad de seis años. Anteriormente había estado en tres jardines de infancia, allí lo calificaban de hiperactivo y de peligrosamente agresivo. El primer día de clase, cuando nos dimos cuenta ya había desparramado por toda la instalación una cantidad considerable de material didáctico, había abierto el corral de los conejos y perseguido a las llamas, había repartido patadas a los perros, los gatos y a la mayoría de los compañeros de clase y al poco rato estaba agotado y llorando en brazos de un maestro. A partir de ahora se refugiaba en los brazos de un maestro cada vez que el mundo amenazaba caérsele encima. Por lo demás, hacía experiencias de carácter positivo en un enorme montón de arena, ideaba los proyectos más fantásticos con agua, puentes, barro y piedras, cada día cazaba insectos, se subía a los árboles y jugaba a fútbol hasta caer de agotamiento. Un poco más adelante se apasionó haciéndose un pequeño jardín.

Cuando empezó a mostrar interés por los materiales diferenciados, se hizo una colección de piedras, durante tres semanas construyó barcos con madera de balsa que después hacía navegar en el estanque. Poco a poco sus movimientos se tranquilizaron. Podía trabajar durante un cuarto de hora en la imprenta escolar con lo que, en un mes, aprendió a leer fluidamente. El material Montessori para calcular le fascinaba tanto como le frustraba porque las muchas esferas y cadenas se le escapaban una y otra vez de la mesa trazando grandes arcos. También aquí, lentamente consiguió poner un poco más de orden a sus movimientos, sin embargo, pronto desarrolló la tendencia de pasar a calcular de cabeza, así acortaba el difícil manejo del delicado material. Me parece que no hace falta aclarar que también su comportamiento social mejoró claramente y que pronto se convertiría en el compañero requerido por todos los pequeños muchachos emprendedores. Cuando paseando, algún niño se lastima o lo pica una abeja, Santiago es el primero que se ofrece para consolar y ayudar. Esto no es nada extraño porque, por propia experiencia, sabe qué significa el dolor.

Poco después de su llegada conseguimos mantener las primeras conversaciones con la madre. Con ello se puso de manifiesto que, desde los catorce años, ella misma había sido tratada con calmantes para que se tomara la vida con más tranquilidad. Siempre había considerado que formaba parte de la intelectualidad y, además, se casó con un sociólogo. Cuando estaba encinta se opuso de una forma terrible a la maternidad. Durante dos años no pudo liberarse de una cierta aversión contra su propio hijo. Todavía se acuerda perfectamente de escenas en las que a la mínima ocasión pegaba a su pequeño hijo desmesuradamente. Un psicólogo intentó explicarle que su comportamiento perjudicaba a su hijo. Desde entonces ella y su marido se esfuerzan por dedicar al muchacho una «atención positiva». Sin embargo, cuando expresa sus sentimientos de forma directa se percibe que todavía los tiene muy reprimidos —seguro que también por los efectos de los calmantes. De modo que se dedica al niño de una forma muy intelectual y potencia todos aquellos movimientos del niño que demuestran su inteligencia. Así es que Santiago, desde el primer día de su vida, lucha por su derecho a ser él mismo.

Otro niña que, en una escuela tradicional, hace tiempo que ya habrían enviado a los especialistas es Alba. Cuando con cuatro años vino a nuestra escuela ya hacía mucho que estaba acostumbrada a su papel de «niña mala de la familia». Nunca se cansaba de luchar contra todo y contra todos. Era la eterna revoltosa, lo rompía todo y nunca jugaba feliz para sí sola como los otros niños de su edad. A través de ocupación práctica su comportamiento se hizo poco a poco más soportable, sin embargo, seguía siendo mucho menos armónica y más cambiante que todos los otros niños de su edad. Su hermana mayor, que había estado en nuestro jardín de infancia y después la habían enviado a otra escuela, regresó a nuestra escuela de primaria cuando Alba tenía seis años. Inmediatamente el comportamiento de Alba empeoró de una forma visible. A su lado, el comportamiento de la hermana parecía tranquilo y ejemplar. A la edad en la que otros niños ya hacía tiempo que aprendían a leer y a escribir, a Alba todavía le resultaba imposible estar sentada más de cinco minutos. Sin embargo, mientras tanto había adquirido una gran concentración y aprendido a ser muy precavida y perseverante para todos los trabajos prácticos.

A lo largo de estos años tuvimos un contacto muy estrecho con los padres. Se puso de manifiesto que Alba había nacido con un problema de cadera. Por prescripción del médico, los dos primeros años de su vida tuvo que vivir día y noche con un cojín entre las piernas. Al mismo tiempo, sus padres, con su nuevo negocio de artículos de ferretería, iban sobrecargados de trabajo. A menudo, la niña, en su postura incómoda que le impedía gatear y aprender a andar, daba muestras de impaciencia, cosa que los padres generalmente sentían como un «comportamiento insoportable». Así fue como Alba creció, aparte de con sus limitaciones motóricas, también con la sensación de ser una intrusa indeseada. Continuamente la comparaban con su hermana, ella sí que era buena, decían los padres. Cuando Alba ya pudo moverse espontáneamente por su casa y los padres empezaron a observarla con más atención se sorprendieron de que la niña prefería estar tumbada en la cama y, como un bebé, mover arriba y abajo las piernas. Así es como recuperaba lo que no pudo hacer durante los primeros años de su vida. Poco a poco, Alba sintió la seguridad de que también en casa serían respetadas sus necesidades y de que no la obligarían a hacer trabajos escolares. No tardó mucho en dar por sí sola muestras de interés por todo lo que se pudiera aprender. Pero cuando los padres se dieron cuenta de esto inmediatamente la quisieron animar para que progresara más rápido. Inmediatamente volvió a refugiarse en su naturaleza rebelde. De nuevo convencimos a los padres de que lo más importante para Alba era un amor y una aceptación totales, sin condiciones. Solo así, se sentiría lo suficientemente segura para poder aprender como los otros niños. Con el tiempo ha aprendido a leer y ahora cada semana se lleva para casa un libro de la biblioteca.

La libertad para moverse, el juego libre y la experiencia de que las decisiones de los niños en el ambiente preparado deben ser respetadas tienen efectos tanto terapéuticos como pedagógicos. El papel más importante de este proceso lo realiza el juego simbólico libre. Todos los maestros lo potencian de una forma consciente porque contiene una «terapia de juego» espontánea y natural tanto para los niños sanos como los enfermos. Los niños que han desaprendido este tipo de juego a lo mejor necesitan mucho tiempo hasta que se atreven a recuperar ante nuestros ojos lo perdido. Cuanto mayor sea el niño, más vacilará en su decisión para el juego libre, sin embargo, a la larga, ningún niño por debajo de los doce puede resistirse a la invitación. Si los adultos estamos cerca de los niños que juegan, nuestra observación respetuosa, nuestra atención y, ocasionalmente, nuestro reflejo verbal les aporta un suplemento de seguridad para dejar salir sus problemas personales y librarse de ellos. Sin embargo, en la escuela activa tenemos que hacer muchas otras cosas y no siempre podemos dedicar a este aspecto la atención que se merece. Por eso, en casos especiales, de conformidad con los padres hemos llegado a la decisión de prestar ayuda mediante terapia individualizada en la sala de juegos. Esta terapia de juego no-dirigida la describe ampliamente Virginia Axline. Aunque nosotros, a través de la información de los padres y de nuestras propias observaciones, conocemos algunas cosas del problema del niño afectado, en esta terapia, no hacemos ningún diagnóstico. Lo importante es que el niño se sienta libre para expresarse libremente en el juego. El adulto se limita a repetir, a menudo sin comentarios explicativos, las acciones y las palabras del niño que juega y le permite avanzar en sus expresiones y en su propio diagnóstico hasta allí donde lo permite su propia integridad.

David, que con nueve años vino a nuestra escuela a causa de su hiperactividad, daba escasas muestras de mejoría incluso después de unas semanas con nosotros. No podía permanecer con una ocupación más de diez minutos y continuamente intentaba martirizar o molestar a los otros niños. Así que, junto con los padres, nos decidimos por la terapia de juego, que debía ser apoyada a través de continuas conversaciones con ellos. Así fue apareciendo en pequeñas porciones la prehistoria del niño que hasta entonces habían mantenido lo más oculta posible: Hasta los cinco años David había sido un niño alegre y tranquilo, en todos los aspectos tan normal que los padres lo dejaban, sin ningún tipo de dudas, al cuidado de la criada y ellos hacían su propia vida. Cuando David tenía cinco años la criada se suicidó en su presencia. Cuando los padres llegaron a casa todavía tuvieron tiempo de llevar a la mujer al hospital para que muriera allí. Poco después de este suceso, David perdió el habla y empezó a mostrarse absolutamente miedoso. Un psicólogo recomendó una escuela para niños psíquicamente enfermos. Mediante la terapia que allí se aplicaba David recuperó poco a poco el habla, pero su comportamiento se hizo cada vez más insoportable. Nunca más se le pudo dejar solo. En más de una ocasión intentó tirarse a un coche y, en general, la impresión que daba era cada vez más loca.

Después de cinco sesiones de terapia de juego, David ya se atrevió a expresar con muñecas lo que había sucedido en su interior durante cuatro años. Como a menudo ocurre con los niños normales a la edad de cinco años, que creen ser la causa de todo lo que sucede a su alrededor, David había tenido que vivir durante años con la insoportable convicción de que él era el causante de la muerte de la criada. El sentimiento de culpa había empeorado todavía más a causa del estado de confusión que habían creado los padres ya que éstos, sin saber qué hacer, habían ido inventando historias distintas sobre la desaparición de la empleada. A través de estos intentos de simulación habían echado a perder cada una de las ocasiones en las que su hijo hubiese podido confiarles su sufrimiento. En las sucesivas situaciones de terapia de juego, David pudo sacar fuera su sentimiento de culpa en versiones siempre diferentes. Casi sin darnos cuenta abandonó su comportamiento hiperactivo y, en la atmósfera libre de la escuela, se inventó nuevas posibilidades para deshacer sus tensiones.

A menudo discutimos entre nosotros sobre si la escuela activa, con sus posibilidades para que el niño estructure de una forma nueva su comportamiento, solo tiene sentido si también las condiciones familiares empiezan a adaptarse a sus necesidades. A pesar de todos nuestros esfuerzos, no todos los padres pueden o quieren realizar cambios que favorecerían a sus hijos. Sin embargo, a nosotros nos parece que incluso en los casos en los que el niño día tras día tiene que regresar de nuevo a una situación más bien perjudicial para él y en los que la escuela activa se convierte más en un lugar para la terapia que para el aprendizaje, esta experiencia positiva transmite al niño fuerza para soportar mejor la situación familiar. Lo cierto es que, como mínimo, un niño así no crece convencido de que la vida es un callejón sin salida, sino que sabe que existen salidas. Nosotros esperamos que su experiencia en la escuela activa le dé coraje para que durante su vida no cese de buscar alternativas.

EPÍLOGO — MIRADA RETROSPECTIVA

Han pasado 34 años desde el comienzo del «Pesta», y 29 años desde que escribí «Educar para Ser» en alemán, que es mi idioma materno.

Nuestro primer hijo Leonardo, que fue quien dio el primer impulso para nuestra búsqueda de una relación más coherente con los niños, tiene ahora 45 años. Gracias a su llegada a este mundo descubrimos que la vida familiar adquiere otra calidad de vida cuando se crean ambientes aptos para las necesidades de un niño y se respetan sus actividades espontáneas. Sin embargo, a pesar de ampliar estos ambientes para otros niños de su edad y comprobar sus beneficios, no se nos había ocurrido que estas bases para una educación respetuosa a la vida son también válidas en las etapas escolares. Cuando Leonardo tuvo seis años, no vacilamos en mandarlo a una escuela normal. Aunque seis años más tarde, al darnos cuenta de las diferencias entre la vitalidad de Leonardo y nuestro segundo hijo, para quien habíamos iniciado el preescolar del «Pesta», dimos a Leonardo la opción de no volver al colegio. Gracias a esta oferta Leonardo comenzó a tomar otra vez decisiones personales importantes y a dedicarse a tiempo completo a lo que realmente le interesaba. Desde esta época, con excepción de dos años en los cuales todavía acompañó a sus primos a un colegio formal y de algunos intentos de estudiar en una universidad en los Estados Unidos, Leonardo ha vivido siempre en calidad de «autodidacta». Ha viajado por gran parte del mundo —durante algunos años inclusive como capitán de un barco velero—, se ha dedicado a investigar muchos campos, ha publicado una serie de libros y películas documentales, construido casas de madera poco comunes, ha fundado una empresa de productos biodegradables y ha trabajado como asesor de diferentes profesionales. Se casó con una mujer escocesa que vino a Ecuador por su interés en una educación diferente, y

Esta niña tiene puestos sus cinco sentidos en su experimento.

ahora somos abuelos de tres nietos preciosos que desde el comienzo han sido respetados por sus padres.

Nuestro segundo hijo, Rafael, tiene ahora 35 años. Desde los dos y medio hasta los 18 años ha pasado en el «Pesta» sin jamás sentarse en un pupitre. También él ha hecho muchos viajes por el mundo, y todo lo que ahora sabe y practica lo ha aprendido por experiencias e intereses propios. Al decidir quedarse en Ecuador ha convertido la casa en la que vivíamos como familia, al lado del «Pesta», durante quince años, en un restaurante de fin de semana. Se podría decir que es un «Restaurante Pesta» porque tiene también ambientes preparados para niños. Ahí sus clientes pueden gozar de un ambiente relajado rodeado por la naturaleza, comer con luz de día o, si así lo desean, a oscuras en una cueva 9 metros bajo tierra, servidos por no-videntes (el único restaurante a oscuras de América del Sur). Durante la semana la casa sirve como «escuela de español» para personas extranjeras. Todas estas iniciativas, inclusive la construcción de muebles y la transformación del edificio, las hizo sin haber estudiado formalmente y le dan la oportunidad de vivir con felicidad y ganas de seguir desarrollando nuevas ideas.

El Centro Experimental Pestalozzi descrito en este libro ha seguido creciendo a través de los años. Gracias a nuestra disposición de abrirnos a experiencias imprevistas, caímos en la cuenta de que el pensamiento formal no puede ser la máxima meta de los hombres y nos atrevimos a abrir campo también para los jóvenes creando ambientes y experiencias variadas para ellos. Así descubrimos poco a poco cuáles son las necesidades auténticas en esta etapa de desarrollo, las que podríamos resumir en pocas palabras: «¿Quién soy yo en este mundo?» (ver mis libros *Calidad de vida* y *La vida en una escuela no directiva*).

Después de 12 años de vivir en simbiosis con el «Pesta» en una casa arrendada, y justo cuando los dueños no renovaron nuestro contrato de arrendamiento, gracias a eventos inesperadas nos fue posible adquirir un terreno amplio, pero barato, a dos kilómetros de distancia y construir una serie de edificios más apropiados para los ambientes preparados de preescolar, primaria, secundaria y el trabajo con adultos. Este cambio en el año 1989 coincidió con el reconocimiento oficial por el Ministerio de Cultura de nuestro trabajo como «Educación Básica Ecuatoriana sin Grados», un reconocimiento que logramos por medio de nuestras argumentaciones basadas en investigaciones neuro-biológicas y de la psicología del desarrollo. Con estos cambios aumentó el número de «alumnos» de 160 a 200 niños y jóvenes entre los 3 y los 18 años. Este reconocimiento oficial cubrió solo las etapas hasta los 15 años y, al comienzo casi todos los jóvenes se cambiaron a un colegio tradicional para sacar su bachillerato. Pero pronto la mayoría regresó al «Pesta», porque «no querían perder el tiempo siguiendo órdenes de adultos que muchas veces ni comprenden lo que están enseñando». Los jóvenes que decidieron regresar al «Pesta» aprovecharon con más intensidad las posibilidades de combinar diversas experiencias prácticas con el trabajo con materiales concretos y con estudios formales. Para esta etapa encontramos una nueva fórmula, la que llamamos «La Red de Autodidactas», en la cual participaron también jóvenes y varios adultos de otros entornos. Muchos de estos «autodidactas» del «Pesta», al cumplir 18 años, sacaron un bachillerato «extra-escolar» en el Ministerio de Educación, y todos con las mejores calificaciones. Pero pocos lo hicieron para comenzar a estudiar inmediatamente, sino para poder defenderse de los frecuentes cuestionamientos de que «sin título no se puede seguir adelante». Archivaron su título de bachiller en casa y aprovecharon esta «época sensible» para viajar por el mundo, aceptar cualquier oportunidad de trabajo para ganarse la vida, enterarse de tantas diferentes maneras de interactuar, y decidían iniciar estudios más formales en cuanto comprendían cuál era su vocación de contribuir a las necesidades del planeta. Cuando alguien les preguntaba cómo les era posible adaptarse a las exigencias de este mundo después de haber vivido en una escuela no-directiva, contestaban con mucha firmeza: «En esos años ha crecido un espacio de libertad tan grande dentro de mí, que ninguna situación adversa me lo puede quitar». Todavía hoy nos visitan «ex-pestas» que ahora son adultos, para contarnos sus experiencias y para reflexionar sobre el significado de sus vivencias en el «Pesta». Hace poco nos vino a ver un hombre joven cuyos padres, por sus propios problemas personales, tenían muchas limitaciones para darle una atención adecuada, y nos contó: «En los últimos meses he pasado por una terrible crisis psicológica y de salud, pero ahora mis compañeros del «Pesta» se turnan para acogerme en su hogar y darme el apoyo que mis padres no han sido capaces de brindarme».

En todos estos años hemos podido compartir nuestras experiencias con comunidades indígenas resistentes a adaptarse a las crecientes presiones del mundo globalizado, también con gente de barrios pobres de Quito que trabajan con niños abandonados y con visitas y practicantes de otros países. Durante 20 años hemos ofrecido cursos de verano en Alemania, Austria, Suiza, Tirol del Sur, Holanda y, últimamente, en muchos lugares de España. Posiblemente la dificultad más fuerte de las iniciativas que se han inspirado en nuestro trabajo ha sido el malentendido de interpretarlo como un «método mejor», en lugar de un camino para abrirse a la vida; en algunos casos también por la confusión entre libertad y libertinaje, sin tomar en serio que las actividades espontáneas requieren de una atención muy cuidadosa en ambientes favorables, lo que conlleva procesos de maduración para todas las generaciones e implica un esfuerzo personal de investigar y de profundizar en los diferentes niveles de maduración humana y la pregunta crítica: «¿cuál es el rol de los humanos en esta tierra?»

En el «Pesta» se unieron muchos factores para tomar una de las decisiones más difíciles de nuestra vida: cerrar esta escuela tan exitosa, donde los padres ya se acostumbraron a delegar gran parte de la responsabilidad por sus hijos en nosotros «los expertos en educación alternativa». Ahora nos concentramos en la creación de un entorno social en el cual los mismos padres tienen la posibilidad de capacitarse y cooperar entre ellos para dedicarse personalmente a sus hijos. Uno de los factores que llevó a esta decisión ha sido el derrumbe económico en Ecuador, al final del siglo pasado. Durante años habíamos logrado mantener un equilibrio económico con becas y moneda alternativa, para facilitar que también familias con pocos recursos puedan gozar de esta clase de educación. Pero con la dolarización del país en el año 2000, solamente el 24% de las familias podían apoyar los costes de la escuela, y por las crecientes presiones económicas la mayoría de los padres ya no tenían ni tiempo ni fuerzas para dedicarse a sus hijos. El otro factor era nuestra experiencia de intentar, desde el año 1993, con una economía alternativa y el ejemplo de algunas comunidades indígenas que con nuestro apoyo se hicieron cargo de la educación de sus hijos, a pesar de la creciente presión de enviarlos a las escuela públicas, que los preparan para que se sometan al mundo globalizado.

En el año 2005 iniciamos con algunas familias del «Pesta», dispuestas a arriesgarse a una experiencia desconocida, un nuevo proyecto en un terreno que hasta entonces servía de «programa de vivienda» para padres y maestros. Como el colapso económico hizo imposible cubrir las deudas de este programa, la única solución era vender el terreno del «Pesta» para poder hacer un nuevo comienzo. Esto es lo que ahora llamamos «El Proyecto Integral León Dormido». En este proyecto estamos combinando una economía solidaria con el respeto a los procesos de vida, lo que incluye educación, agricultura, salud y la posibilidad de crear ambientes relajados favorables a que también los adultos sigan desarrollando su potencial humano durante toda la vida. Tenemos la suerte de que incluso nuestros tres nietos vienen al «Centro para Actividades Autónomas» (CEPA) del León Dormido donde los padres «aprenden» con sus hijos, y de que como abuelos podemos presenciar y apoyar su proceso de crecimiento y en nuestra edad avanzada crecer juntos con ellos.

En este entorno social podemos ahora ofrecer a grupos de personas de Ecuador y de otros países lo que antes se conocía como «cursos», pero que ahora llamamos ofertas de «Activación de un Paradigma de la

Vida», ofertas en las cuales podemos compartir nuestras experiencias de muchos años y nuestras aspiraciones para un futuro más feliz, tomando conciencia que los hombres tenemos la responsabilidad de cuidar de la vida personal y de nuestro planeta.

BIBLIOGRAFÍA

VIRGINIA AXLINE: *Kinder-Spieltherapie im nicht-direktiven Verfahren*. München: Reinhardt 1972 *[Terapia de juego*. Diana, México].

— Dibs. *Die wunderbare Entfaltung eines menschlichen Wesens*. München: Knaur Taschenbuch 1982 [Dibs en busca del yo. Diana, México].

EDWARD DE BONO: *Der Denkprozeß*. Reinbek: Rowohlt Taschenbuch 1975.

— *Das spielerische Denken*. Reinbek: Rowohlt Taschenbuch 1972.

— *Aprende a pensar.* Barcelona: Plaza & Janés 1993.

HEINRICH DAUBER, ETIENNE VERNE (eds.): *Freiheit zum Lernen. Alternativen zur lebenslanglichen Verschulung. Die Einheit von Leben, Lernen, Arbeiten*. Reinbek: Rowohlt Taschenbuch 1976.

MICHAEL DEAKIN: *The Children on the Hill*. London: Quartet Books 1973.

JOHN DEWEY: *Progressive Education* (1928). Reeditado en: MARTIN S. DWORKIN (Ed.): *Dewey on Education*. New York: Teachers College Press 1965.

DAVID ELKIND: *Child Developement and Education*. Oxford: Oxford University Press 1976.

CÉLESTIN FREINET: Todos sus libros. Se ha citado de:

— *Méthode naturelle de lecture*. Cannes: Edition de l'Ecole Moderne 1961 *[Método natural de lectura*. Barcelona: Laia 1982].

— *L'enseignement du calcul*. Cannes: Edition de l'Ecole Moderne 1962 *[La enseñanza del cálculo*. Barcelona: Laia 1979].

HANS G. FURTH, HARRY WACHS: *Denken geht zur Schule. Piagets Theorie in der Praxis*. Winheim: Beltz 1978.

PAUL GOODMAN: *Compulsory Mis-Education*. New York 1964 *[La des-educación obligatoria*. Barcelona: Fontanella 1976].

JOHN HOLT: Todos sus libros. Se ha citado de:

— *What Do I Do Monday*? New York 1970.

IVAN ILLICH: *Celebration of Awareness*. New York 1970.

ARTHUR JANOV, E. MICHAEL HOLDEN: *Das neue Bewußtsein*. Frankfurt: Fischer 1976.

— *Revolution der Psyche*. Frankfurt: Fischer 1976.

— *Das befreite Kind. Grundsatze einer primärtherapeutischen Erziehung*. Frankfurt: Fischer Taschenbuch 1977.

JÜRG JEGGE: *Angst macht krumm*. Reinbek: Rowohlt Taschenbuch 1983.

JÜRG JEGGE: *Dummheit ist lernbar.* Reinbek: Rowohlt Taschenbuch 1983.
HANS JÖRG: *Von der Eigenfibel zur Arbeitslehre. Einführung in die Schuldruckerei.* Wuppertal-Ratingen-Kastellaun: Henn 1970.
C.G. JUNG: *Erinnerungen, Traume, Gedanken.* Olten und Freiburg im Breisgau: Walter 1971 *[Recuerdos, sueños, pensamientos.* Barcelona: Seix Barral 1996].
— *The Undiscovered Self.* (Recopilación de las conversaciones entre C.G.Jung y Carleton Smith, Director del National Arts Foundation. New York y Scarborough) Ontario: Mentor Books 1957.
ARTHUR KOESTLER: *Janus. A Summing up.* London 1978 *[Jano.* Madrid: Debate 1981].
HERBERT KOHL: *On Teaching.* New York: Bantam Books 1976.
— *The Open Classroom. A Practical Guide to A New Way of Teaching.* New York 1969.
— *36 Children.* New York: The American Library 1967.
— *Reading, how to.* Harmondsworth: Penguin 1974.
GEORGE B. LEONARD: *Education and ecstasy.* New York 1968.
JERRY MANDER: *Four Arguments for the elimination of television.* New York 1978 *[Cuatro buenas razones para eliminar la televisión.* Barcelona: Gedisa 1981].
SYBIL MARSCHALL: *Art.* En: GEOFFREY HOWSON (Ed.): *Primary Education in Britain Today.* New York: Teachers College Press 1969.
MARIA MONTESSORI: Todos sus libros.
JOSÉ ORTEGA Y GASSET: *Biología y pedagogía* (1921) En: *Obras Completas.* Madrid: Alianza-Revista de Occidente 1983-1989.
C.N. PARKINSON: *Parkinsons Gesetz und andere Untersuchungen über die Verwaltung* [La Ley de Parkinson y otros ensayos. Barcelona: Ariel 1962].
JOSEPH CHILTON PEARCE: *Der nüchste Schritt der Menschheit*: Arbor 1994 *[El próximo paso de la Humanidad].*
JEAN PIAGET: Todos sus libros.
ROBERT ROSENTHAL, LENORE JACOBSEN: Pygmalion im Unterricht. Lehrerer*wartungen und Intelligenzentwicklung der Schüler.* Weinheim: Beltz 1971 *[Pigmalión en la escuela.* Madrid: Marova 1980].
CARL SAGAN: *The Dragons of Eden.* New York 1977 [Y *llegaréis a ser como dioses.* Barcelona: Crítica 1993].
MIKE SAMUELS: *Seeing with the Mind's Eye.* New York: Random House 1975.
PETER SCHRAG, DIANE DIVOKY: *The Myth of the Hyperactive Child.* New York: Dell 1975.
E.F. SCHUMACHER: A *Guide for the Peplexed.* London 1977 *[Guía para los perplejos. Madrid: Debate 1986].*
— *Small is Beautiful.* London 1977 *[Lo pequeño es hermoso.* Madrid: Hermann Blume 1987; Barcelona: Orbis 1983].
— *Good work.* New York 1979. *[El Buen trabajo.* Madrid: Debate 1980].

CHARLES SILBERMAN: *The Open Classroom Reader.* New York: Vintage Books 1973.
GORDON RATTRAY TAYLOR: *The Natural History of the Mind.*
ALVIN TOFFLER: *Der Zukunftsschock. Strategien für die Welt von morgen.* München: Goldmann Taschenbuch 1983 *[El «shock» del futuro.* Esplugues de Llobregat: Plaza & Janés 1990].
— *Die dritte Welle. Zukunftschance. Perspektiven für die Gesellschaft des 21. Jahrhunderts.* München: Goldmann Taschenbuch 1983 *[La Tercera ola.* Esplugues de Llobregat: Plaza & Janés 1993].
CHARLES TART: *Hellwach und bewußt leben:* Arbor 1995 *[El despertar del «self».* Barcelona: Kairós 1990].